PH**E** 24

Perpetuum mobile

AF275277

PHoto**ESPAÑA**

Festival internacional
de fotografía y artes visuales

Masahisa Fukase, Aitor Ortiz,
Barbara Brändli,
Giacomo Puccini, **Alcalá de Henares**,
Alejandro Marote, Alfredo Cáliz,
David Trullo, Boris Savelev,
Alcobendas, Álvaro Laiz,
Antonio Guerra, Bego Antón,
Elena de la Rúa, **Almería**,
Gerardo Custance, Erwin Olaf,
Germán Gómez, Albertine Meunier,
Laura San Segundo, **Barcelona**,
Alejandría Cinque, Linarejos Moreno,
Paloma Navares,
Lola Guerrera, Mar Sáez, David
Goldblatt, **Cartagena**, Jon Cazenave,
Cristina Garrido, Cristóbal Ascencio,
Pilar Aymerich, Jorge Fuembuena,
filip custic, Sofía Crespo,

Rebecca Mutell, Martí Llorens,
Juan Millás, Lucía Herrero,
Madrid, Jon Gorospe, Lúa Ribeira,
Iwan Baan, Widline Cadet,
Marina Núñez, Consuelo Kanaga,
Santander, Miguel Ángel
Tornero, Elliott Erwitt,
María Cañas, **Valladolid**,
Gonzalo Juanes, Javier Campano,
Catara Rego, **Zaragoza**, Paula Anta,
Nicolás Combarro, Patricia Bofill,
Irene Zottola, Ricardo Cases,
Javier Vallhonrat,
Christian Franzen, Ira Lombardía,
Roberto Aguirrezabala,
Ciudad de México,
Ixone Sádaba, Juanan Requena,
Soledad Córdoba

Patrocinadores

Con el apoyo de

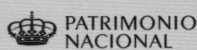 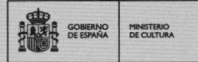

Patrocinadores Principales

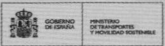 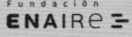

 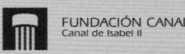

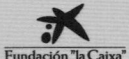 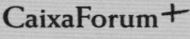

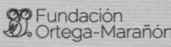

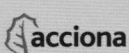 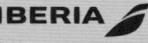

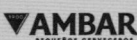

PHoto**ESPAÑA**

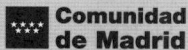 Comunidad de Madrid

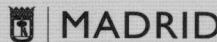 MADRID

Instituciones

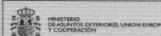 MINISTERIO DE ASUNTOS EXTERIORES, UNIÓN EUROPEA Y COOPERACIÓN

 aecid

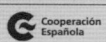 Cooperación Española

 AC/E ACCIÓN CULTURAL ESPAÑOLA

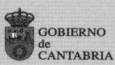 GOBIERNO de CANTABRIA

 SANTANDER CIUDAD

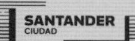

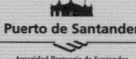 Puerto de Santander Autoridad Portuaria de Santander

 FUNDACIÓN SANTANDER CREATIVA

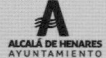 ALCALÁ DE HENARES AYUNTAMIENTO

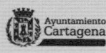 Ayuntamiento Cartagena

 Ayuntamiento de Valladolid

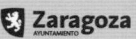 Zaragoza AYUNTAMIENTO

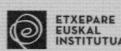 ETXEPARE EUSKAL INSTITUTUA

 BASQUE. ART.

 Centros de Arte, Cultura y Turismo Cabildo de Lanzarote

Patrocinadores

Instituciones internacionales

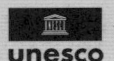   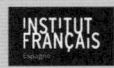

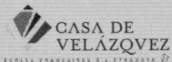 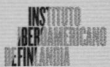

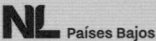 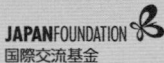

 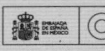 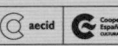 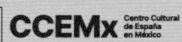

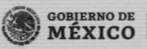 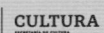 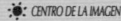

PHoto**ESPAÑA**

Entidades patrocinadoras

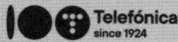

LOEWE
FUNDACIÓN

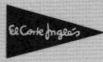

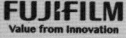

Patrocinadores

Sedes

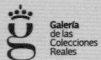 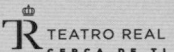

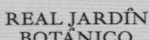 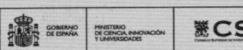

 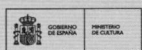 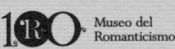

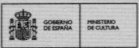 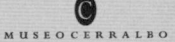

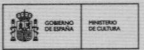

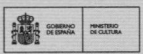 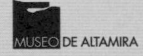

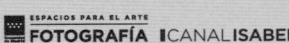 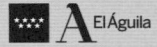

 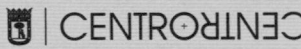

 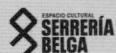

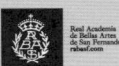

Sedes

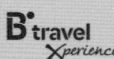

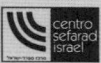

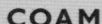

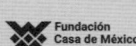

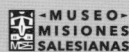

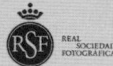

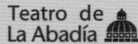

Teatro de
La Abadía

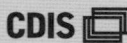

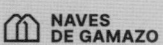

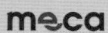

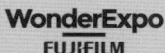

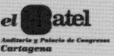

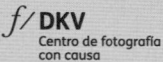

Patrocinadores

Entidades colaboradoras

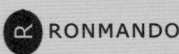 ERWIN OLAF

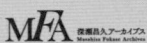 HUIS MARSEILLE

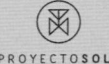 c&fe.

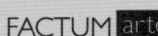 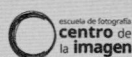

 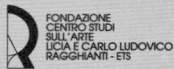

 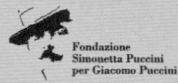

CLUB MATADOR [H]ARTE

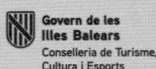 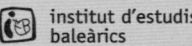

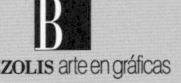

Medios

EL PAÍS ⠿ EL INDEPENDIENTE

PHOTO **British Journal of Photography**

ARTE **fisheye**

Ⓛ LEICA FOTOGRAFIE INTERNATIONAL

Aesthetica **NUEBO**

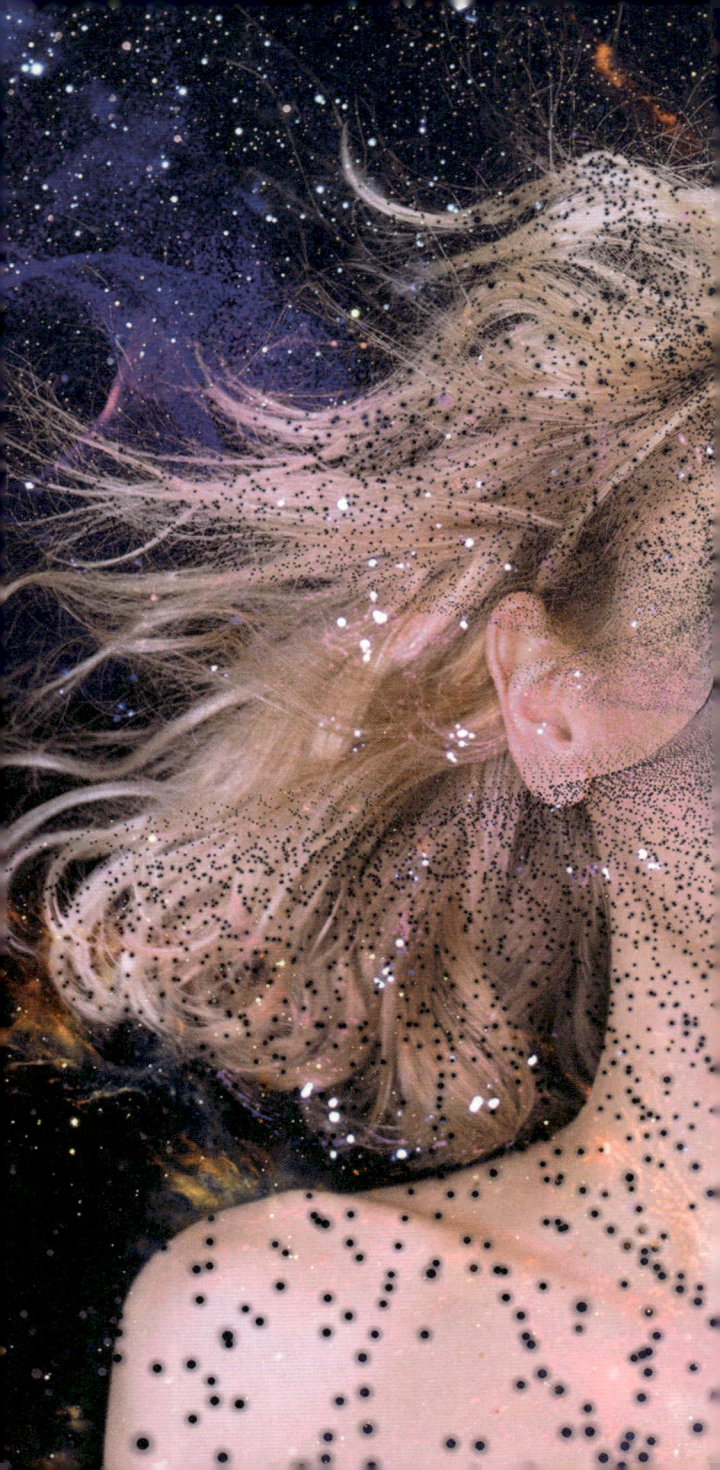

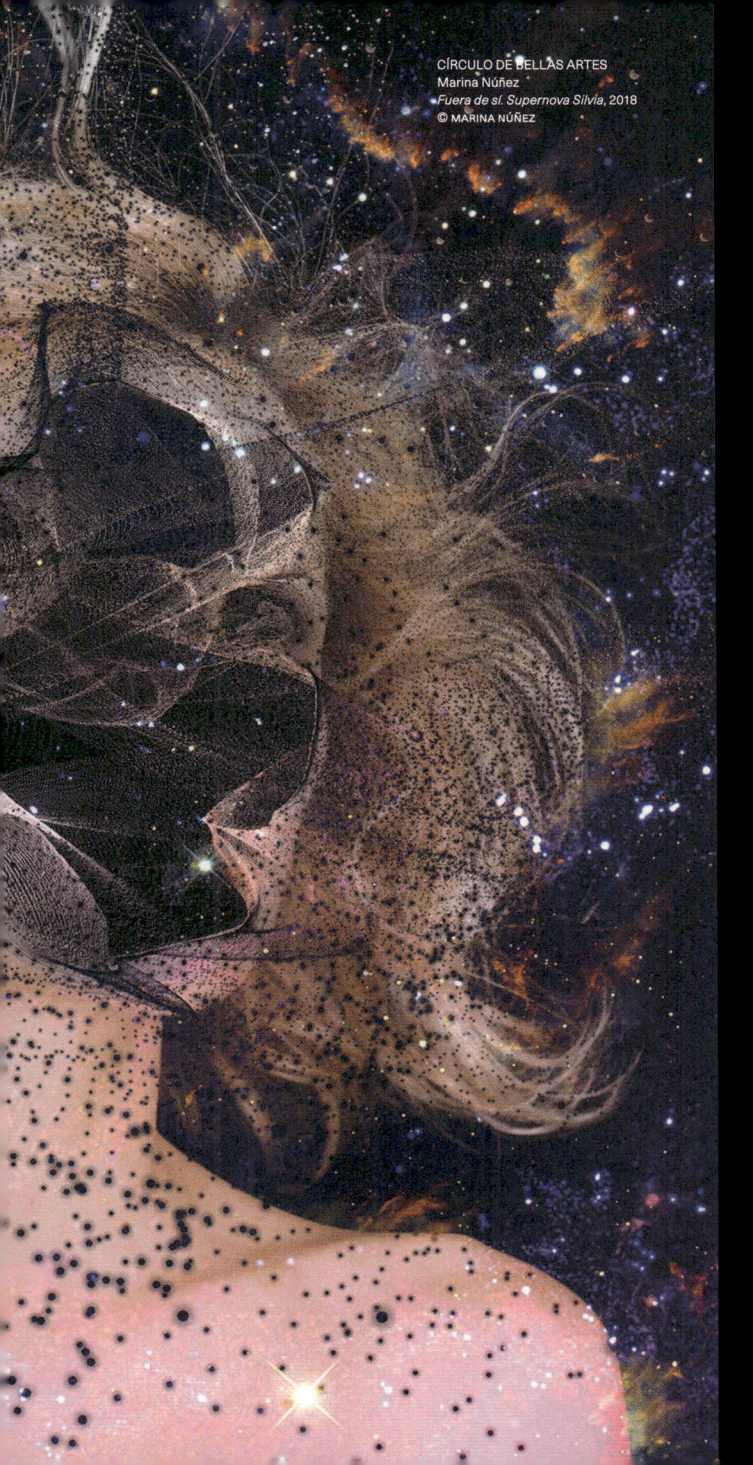

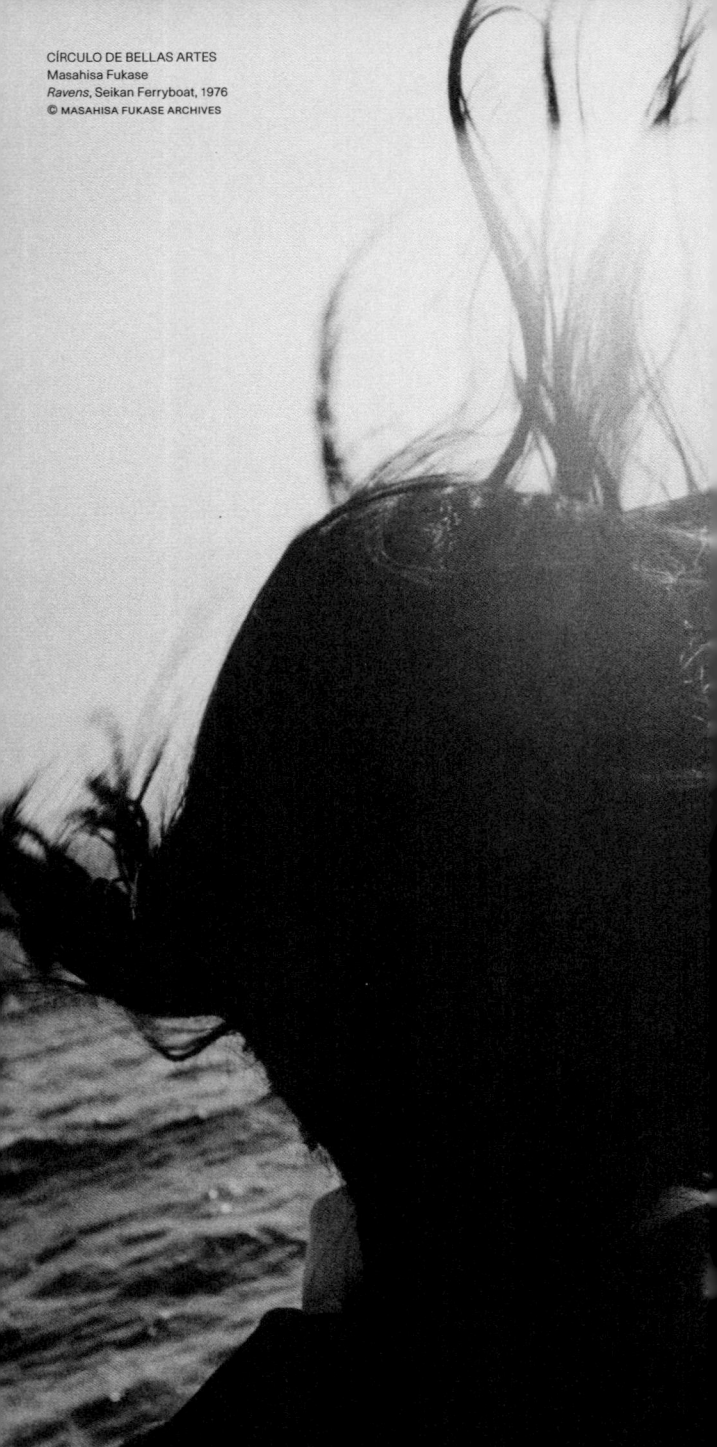

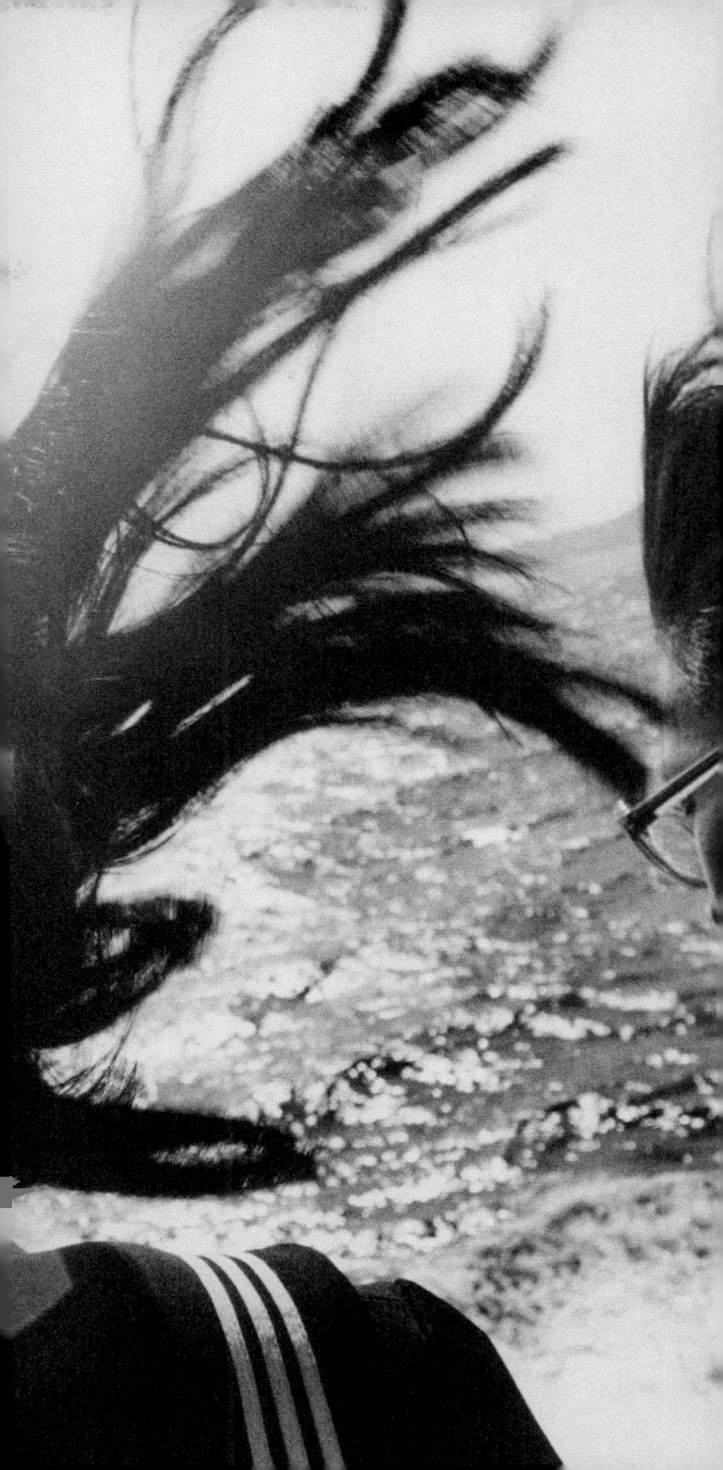

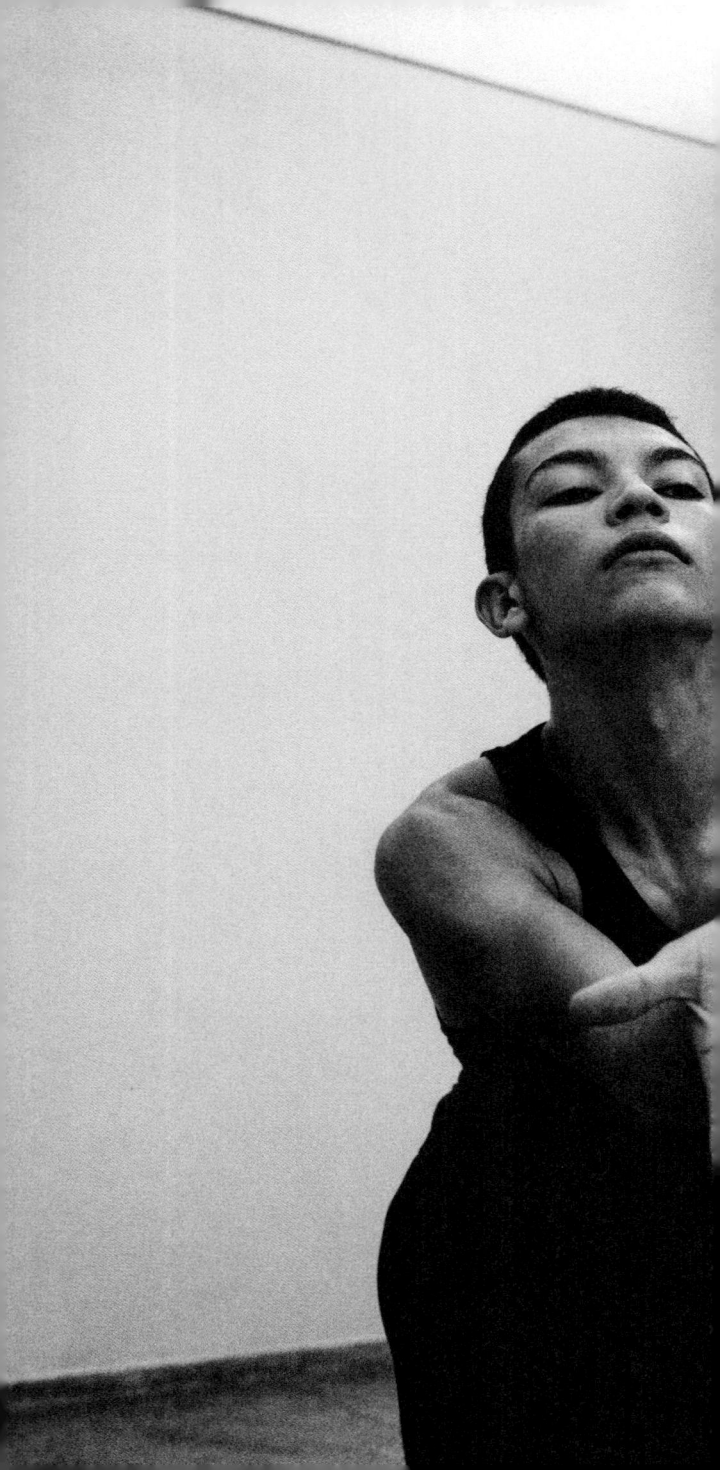

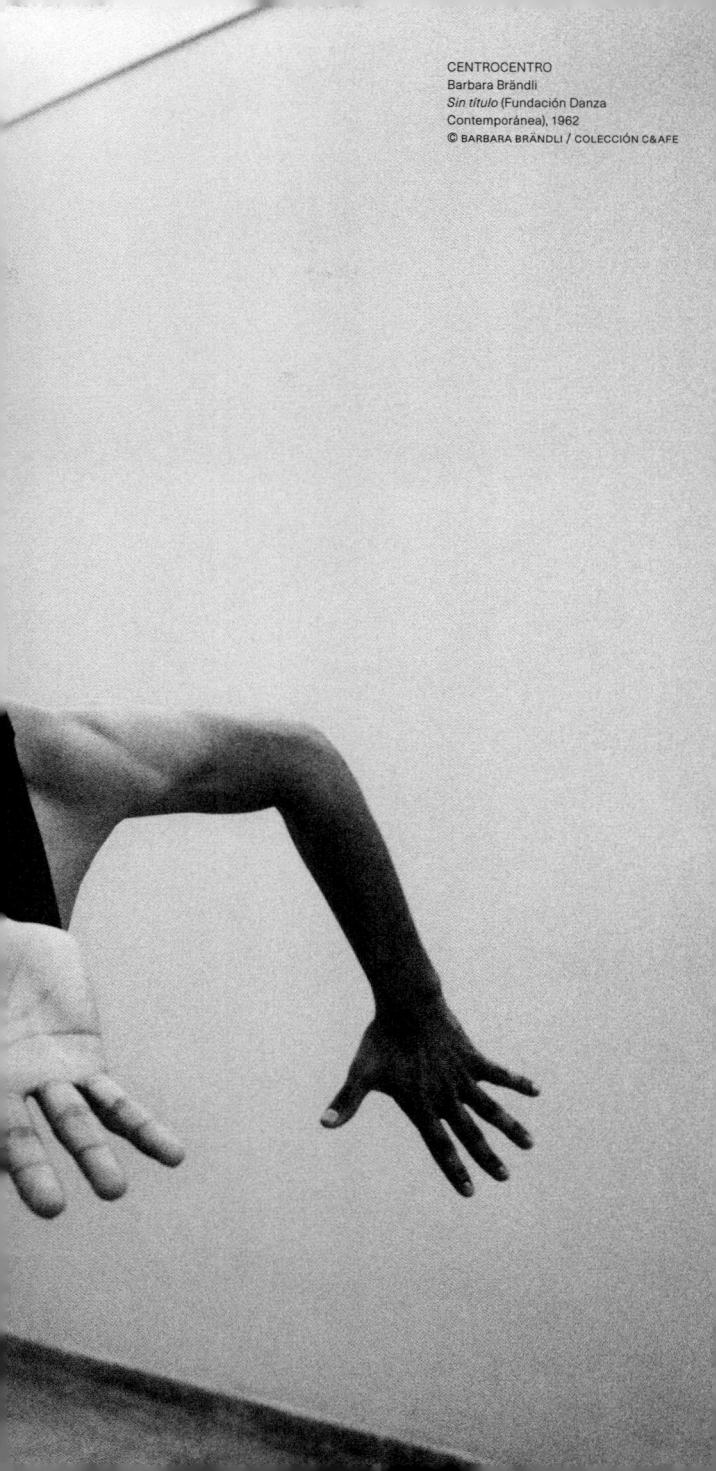

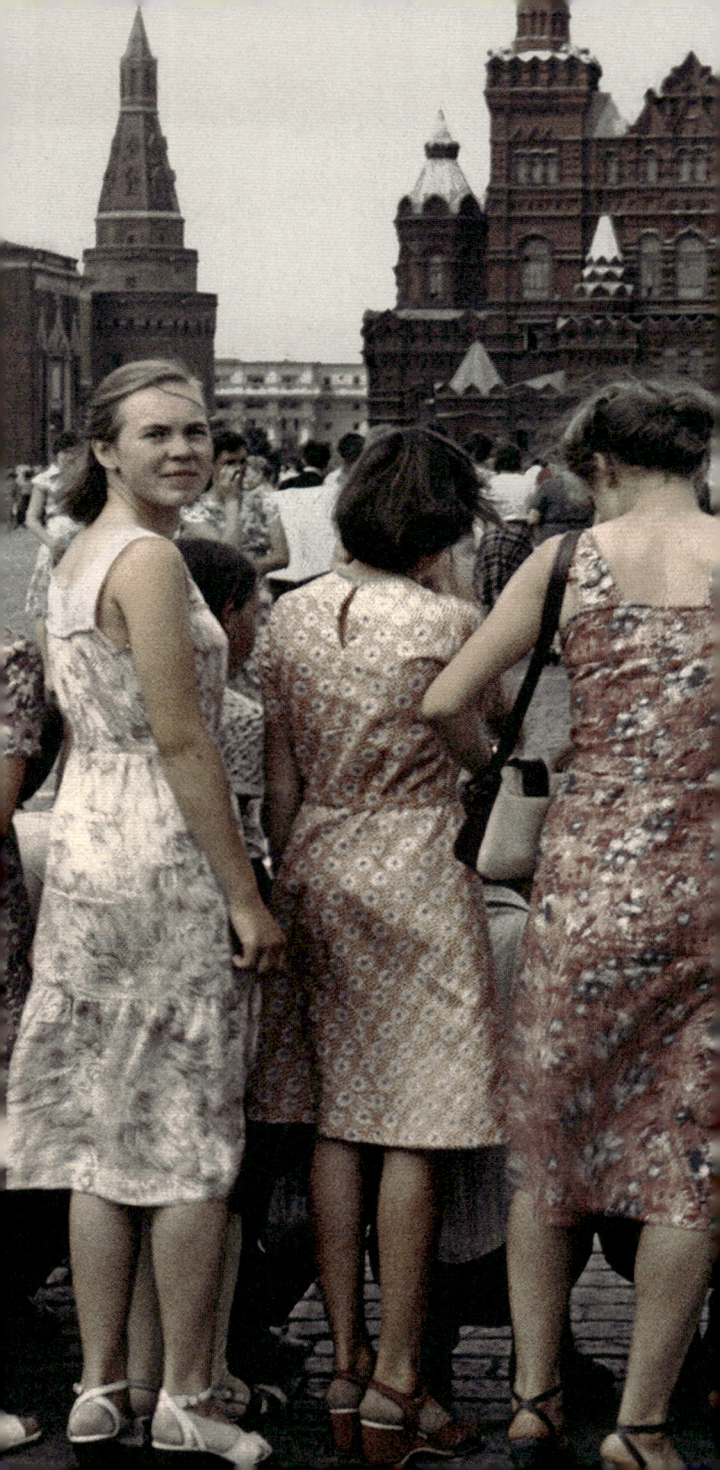

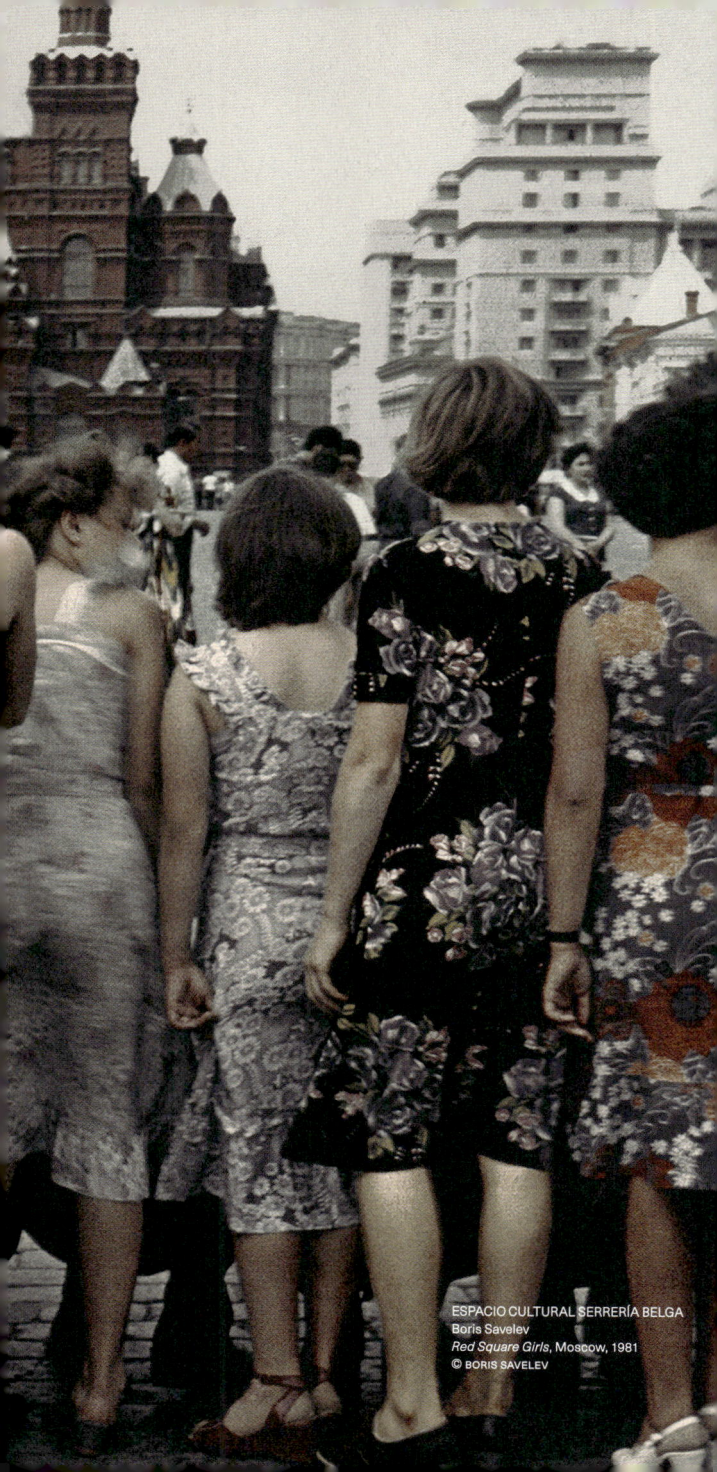

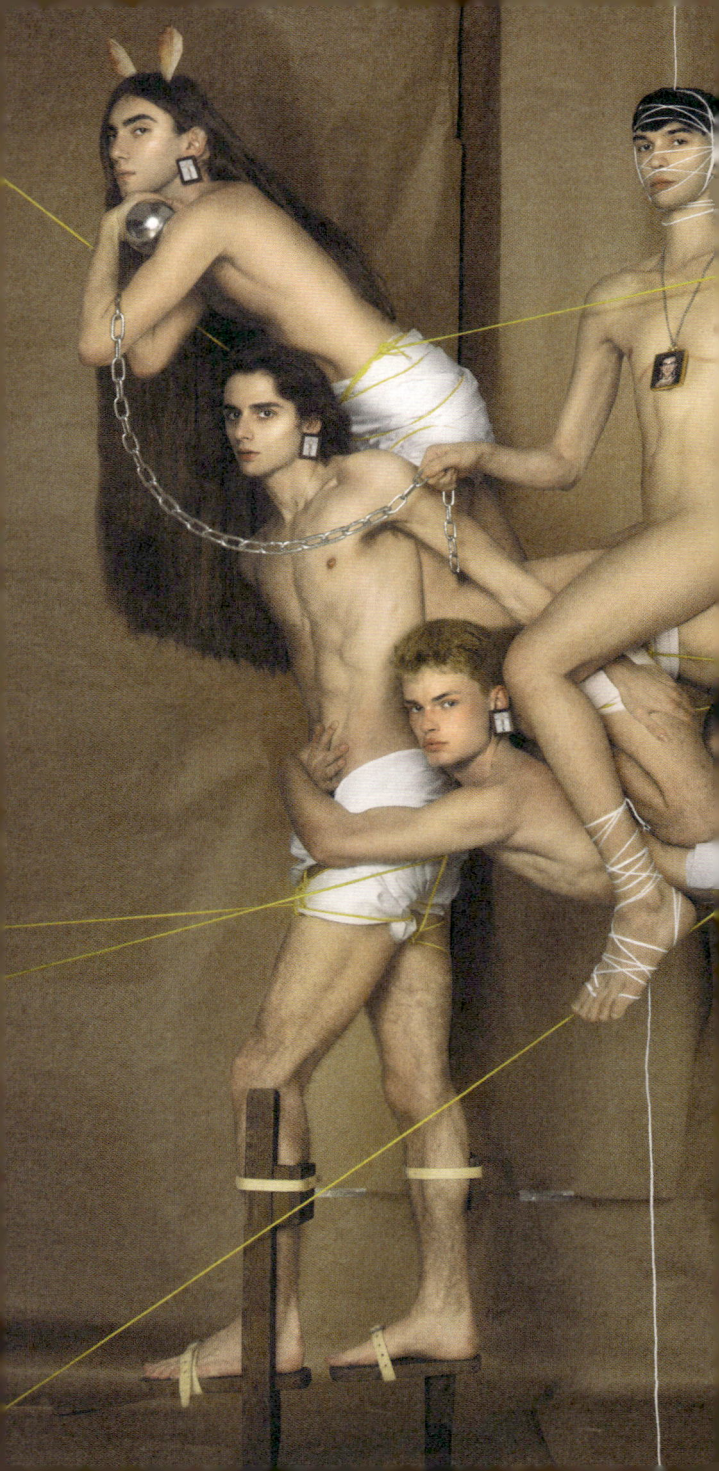

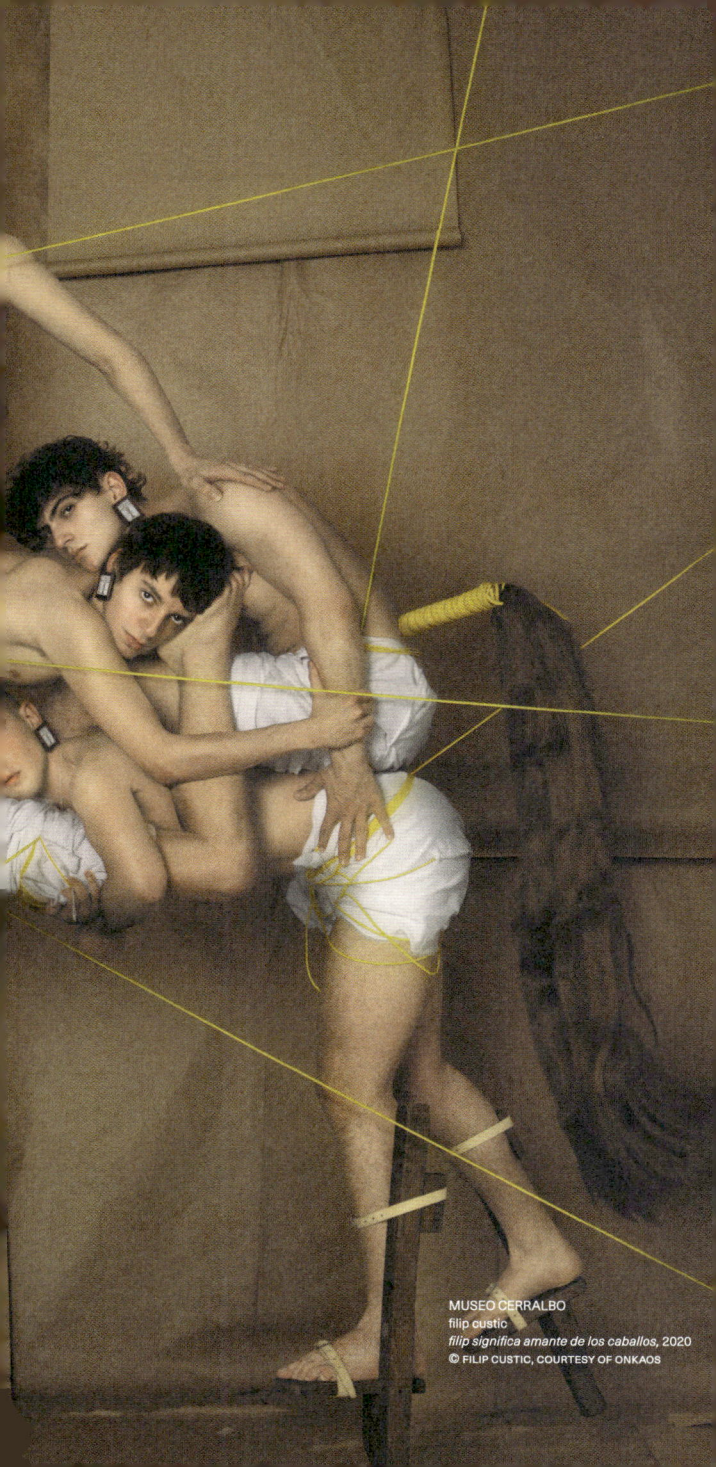

MUSEO CERRALBO
filip custic
filip significa amante de los caballos, 2020
© FILIP CUSTIC, COURTESY OF ONKAOS

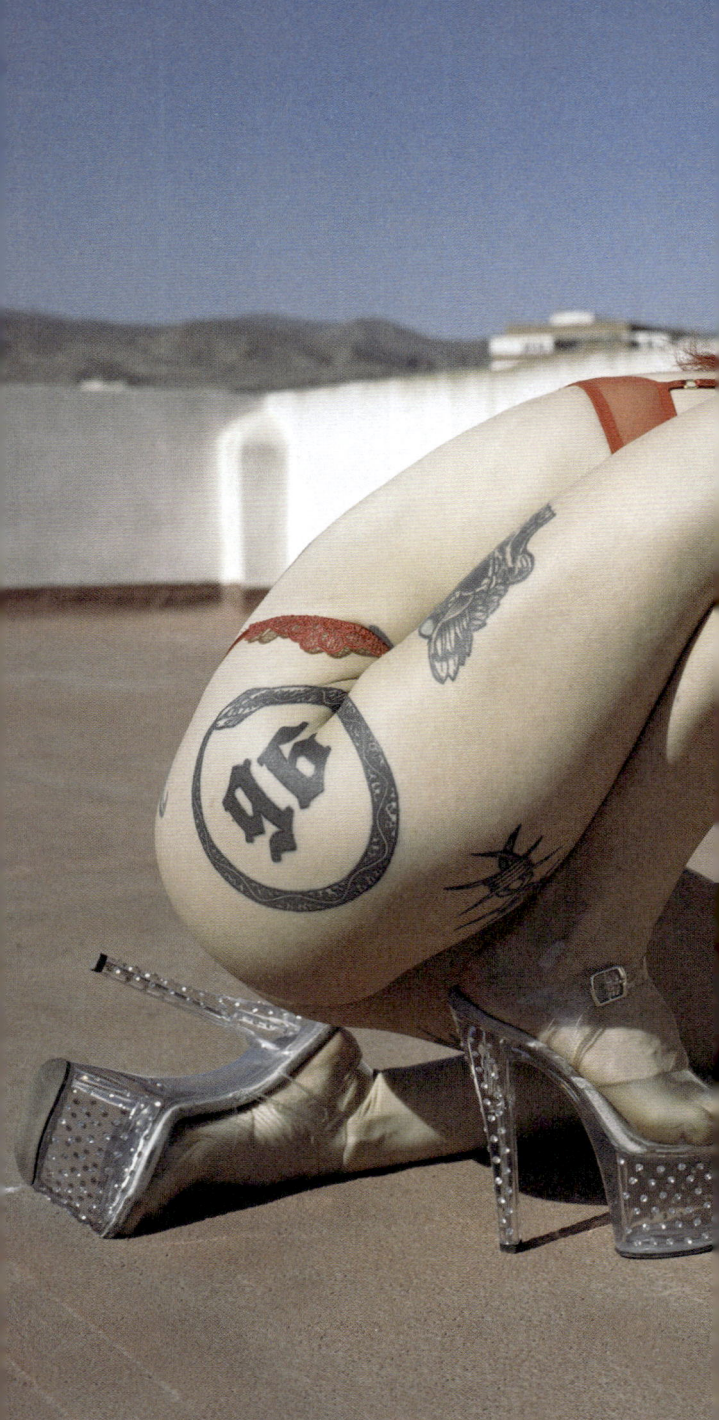

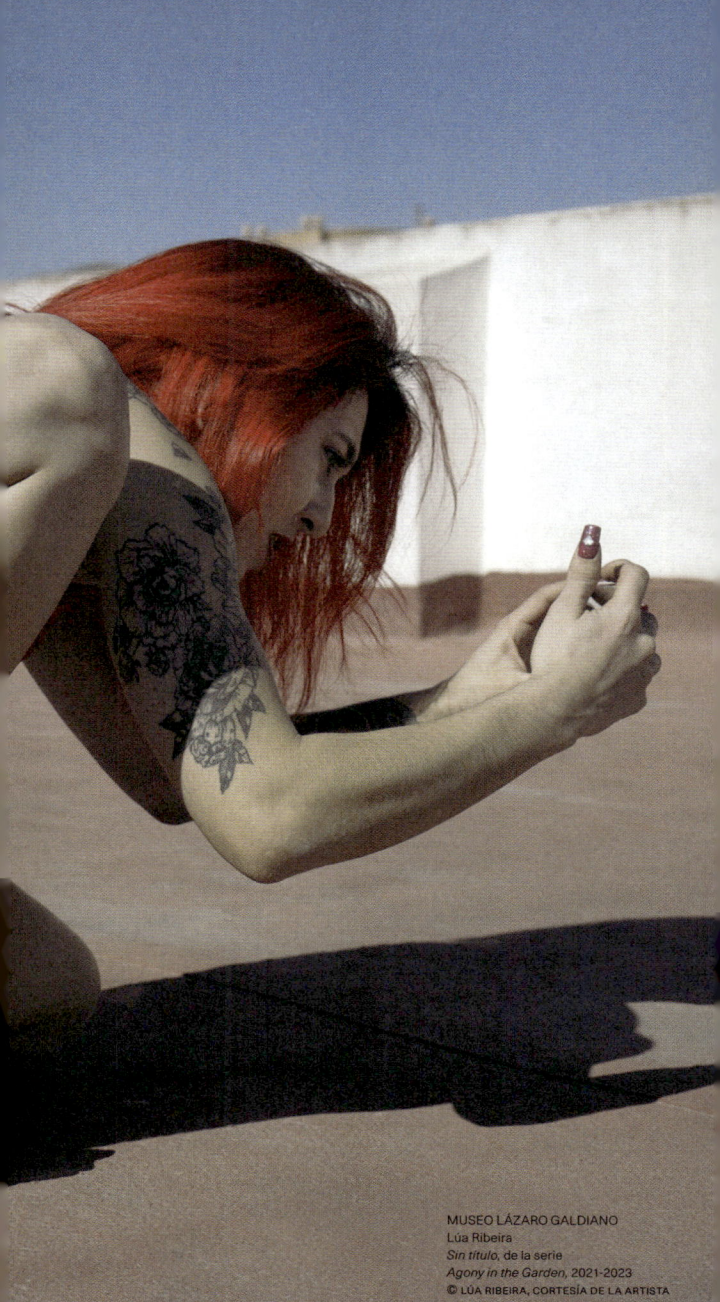

MUSEO LÁZARO GALDIANO
Lúa Ribeira
Sin título, de la serie
Agony in the Garden, 2021-2023
© LÚA RIBEIRA, CORTESÍA DE LA ARTISTA

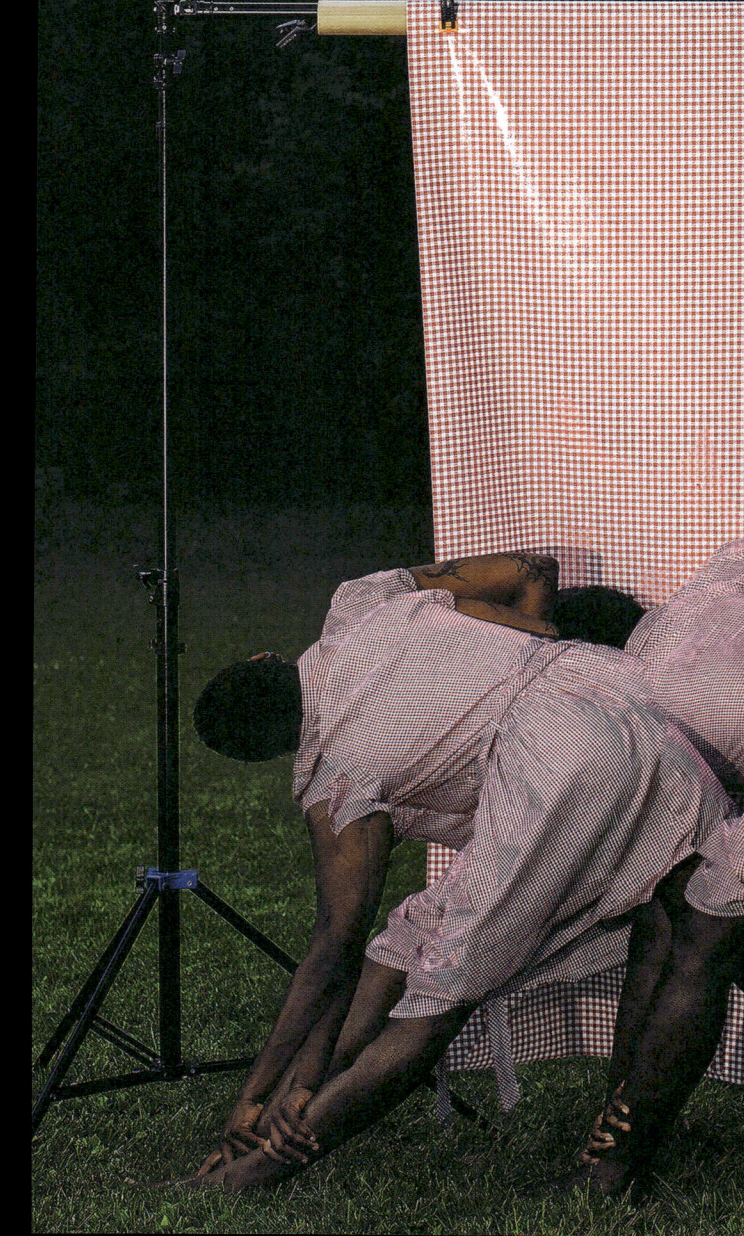

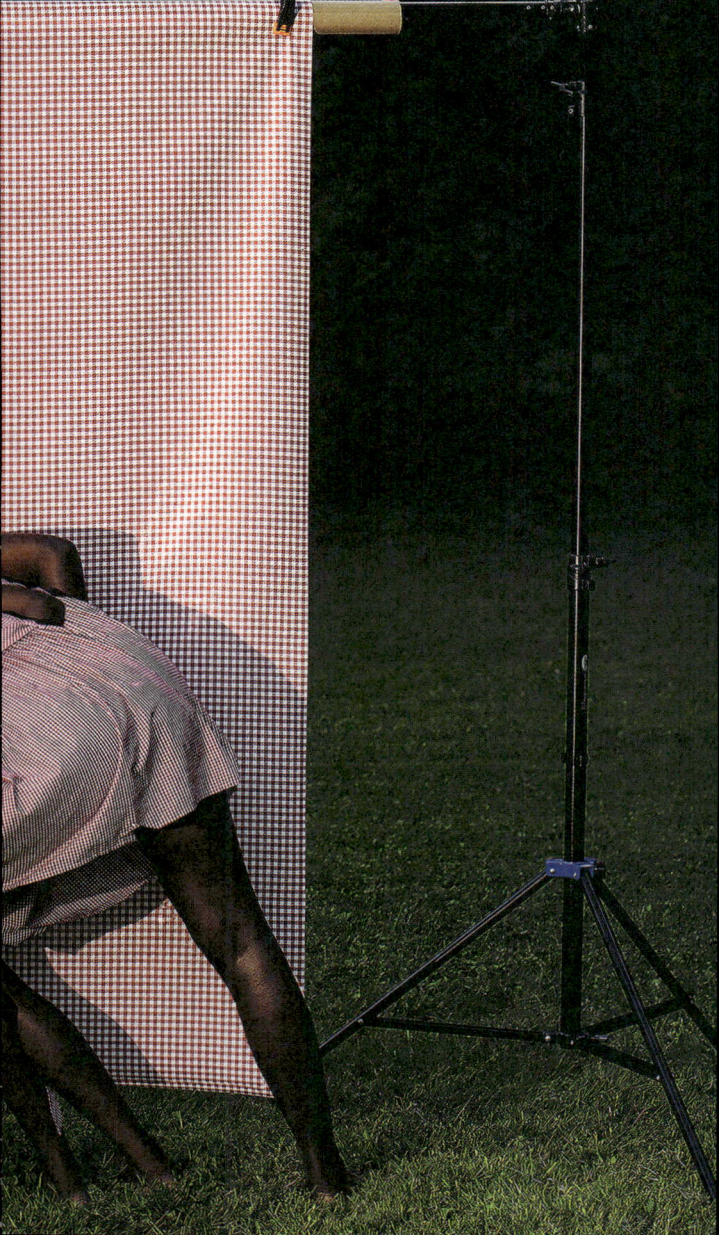

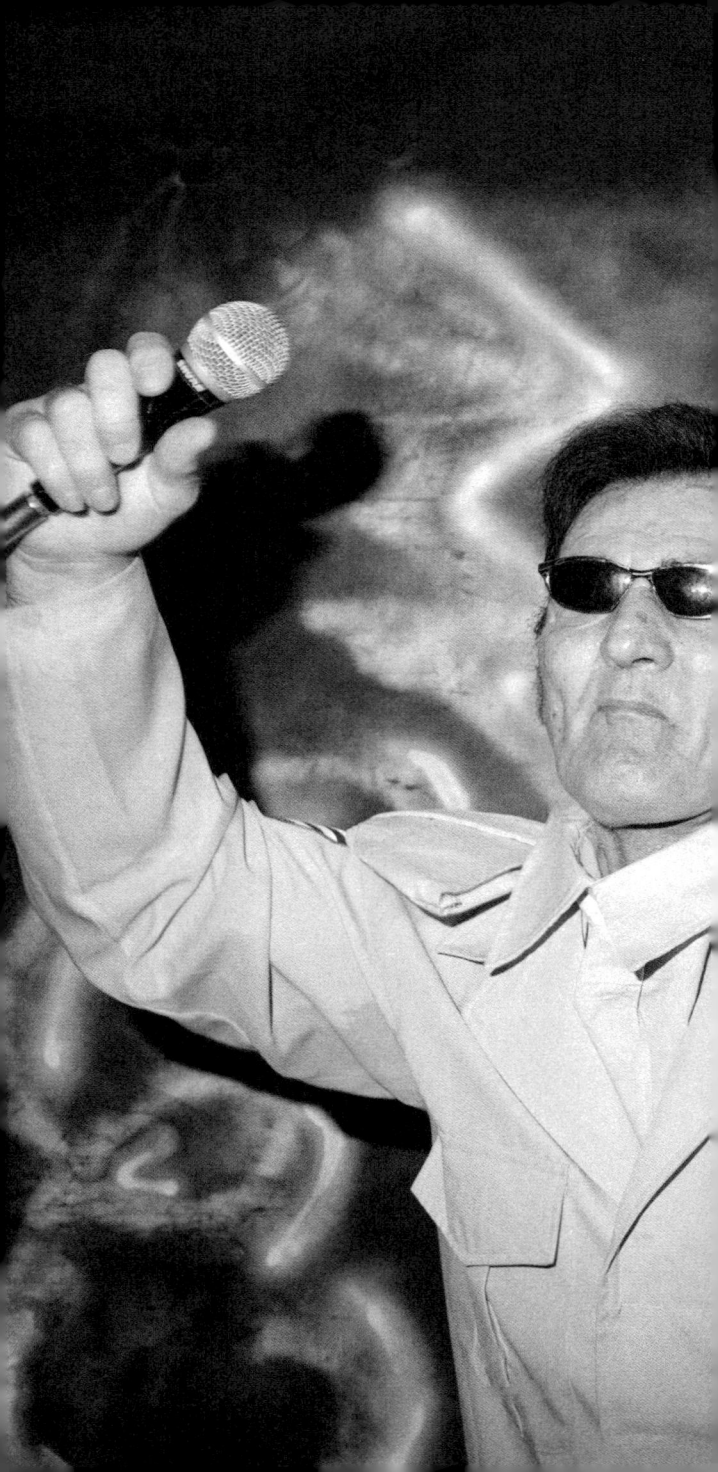

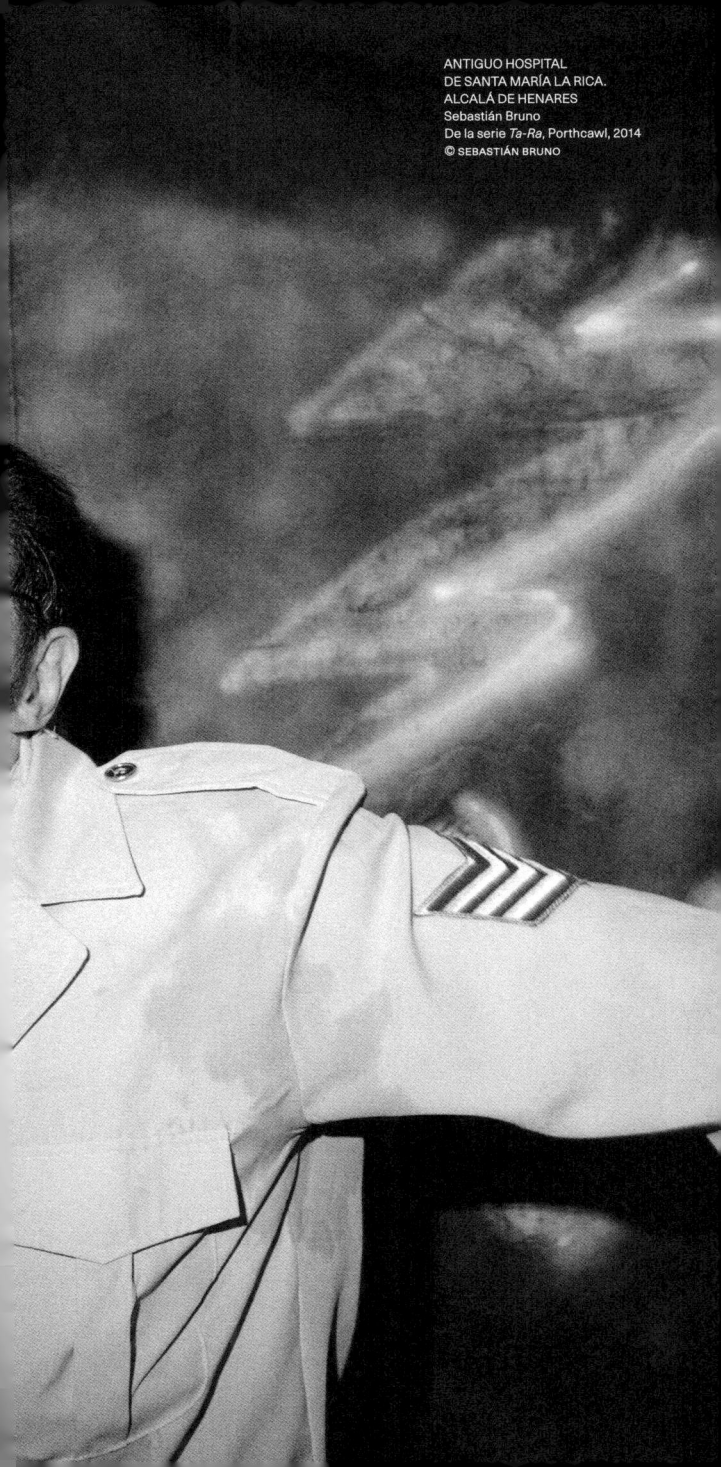

XXVII Festival internacional
de fotografía y artes visuales
10 mayo – 29 septiembre

PHoto**ESPAÑA** 2024

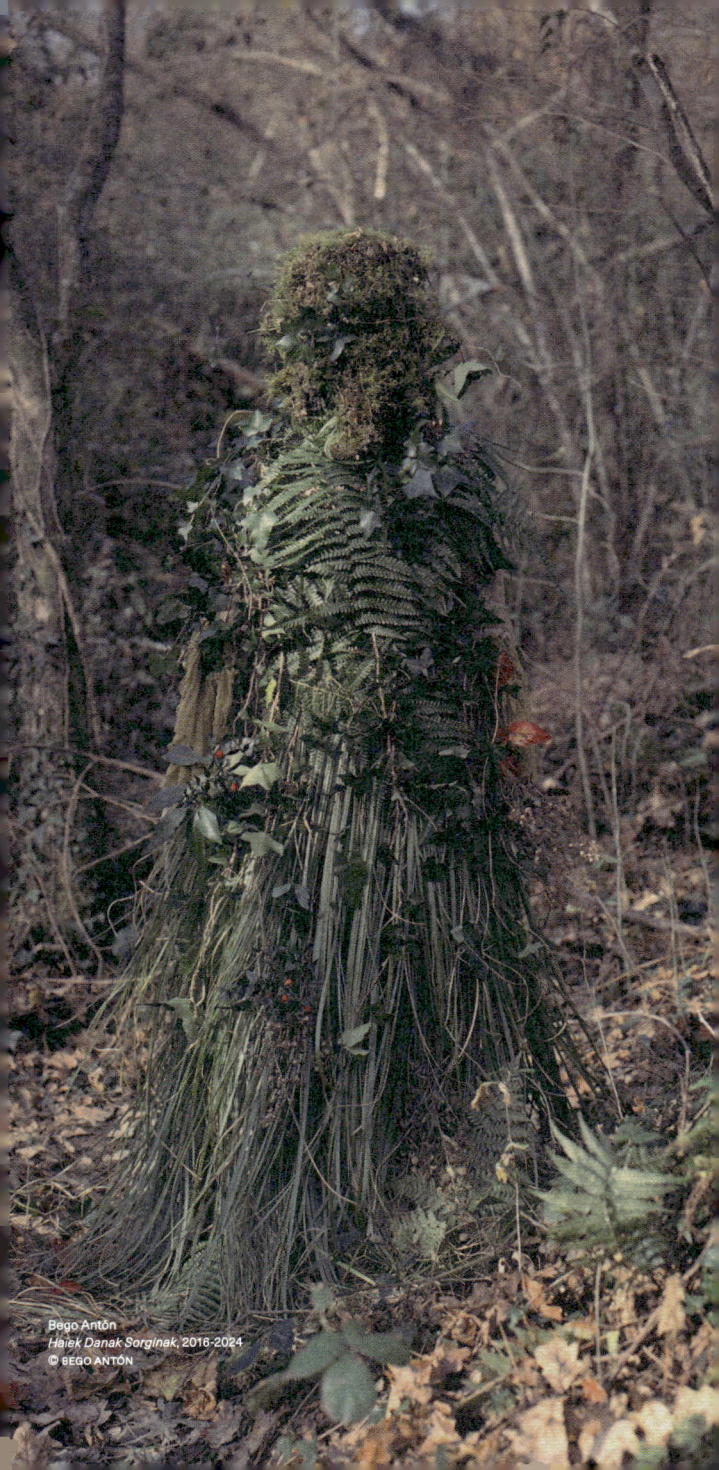

Bego Antón
Haiek Danak Sorginak, 2016-2024
© BEGO ANTÓN

Tres razones para existir

ALBERTO ANAUT
Presidente de PHotoESPAÑA. *In memoriam*

1998 es el principio de un sueño. El nacimiento de PHotoESPAÑA, un Festival Internacional de Fotografía que tendrá lugar todos los años en Madrid, supone una gran noticia para el mundo de la imagen en nuestro país. Al filo del nuevo milenio, el arte más rabiosamente contemporáneo, el arte que más sensibilidad tiene para recoger el latido de nuestro tiempo, da un paso adelante. La presentación de PHE98 sitúa a Madrid dentro del circuito internacional de grandes festivales, es un escaparate para la fotografía española y permite mostrar al público el trabajo de los creadores más interesantes del panorama mundial. Tres razones para existir.

PHotoESPAÑA nace de la sociedad. Quienes impulsamos PHE98 estamos convencidos de que la cultura no debe supeditarse a la actuación de los poderes públicos; creemos en la iniciativa privada, en la sociedad civil, y hemos convocado a cuantas empresas compartan nuestras ideas y nuestra pasión por la imagen a hacer realidad este proyecto.

La creación del Festival es una iniciativa de La Fábrica, empresa de gestión cultural que ha puesto en marcha una organización a la que se han sumado instituciones estatales, autonómicas y municipales, junto con un buen número de empresas privadas y públicas. Todos juntos han decidido hacer realidad PHE98. Todos ellos, con su esfuerzo y con su impulso, son los responsables de que Madrid y España se conviertan en un punto de encuentro anual para el mundo de la Fotografía y de que esta primera edición de nuestro Festival haya despertado tantas expectativas.

71 exposiciones, una docena de grandes museos y salas institucionales, 42 galerías de arte, 10 espacios recuperados para el arte. Estas son las cifras de la primera edición de PHotoESPAÑA. Grandes museos junto a pequeñas galerías de arte, pasando por gigantescas estaciones de tren literalmente invadidas por fotografías. La Castellana, la avenida más emblemática de Madrid, convertida durante un mes en una gran exposición. Una ciudad tan abierta y vital como Madrid donde la calle se va a convertir en una gran fotografía.

El Festival llega con toda la ambición por delante, pero con toda la humildad necesaria para saber que nuestro proyecto es hijo de otros muchos esfuerzos y tiene todavía mucho camino por recorrer. PHotoESPAÑA pretende impulsar el mercado de la fotografía en España, facilitar a todos los creadores una plataforma para mostrar sus imágenes y establecer un certamen plural, donde cada año se concentre, con un halo de magia, la enorme pasión que la fotografía es capaz de despertar. Ese es el reto. Bienvenido a PHotoESPAÑA.

* Texto publicado originalmente en la primera Guía Oficial PHE98

Three Reasons for Existing

ALBERTO ANAUT
President of PHotoESPAÑA. *In memoriam*

1998 is the beginning of a dream. The birth of PHotoESPAÑA, an international photography festival that is to be held in Madrid every year, is exciting news for the world of the image in Spain. On the verge of the new millennium, the most rabidly contemporary art, the art that is the most sensitive to capturing the pulse of our time, is taking a step forward. The launch of PHE98 places Madrid on the international circuit of major festivals, becomes a showcase for Spanish photography and enables the public to see the work of the most interesting creators on the global scene. Three reasons for existing.

PHotoESPAÑA springs from society. Those of us promoting PHE98 are convinced that culture should not be subordinated to the action of the public authorities; we believe in private initiative, in civil society, and we have invited companies that share our ideas and our passion for the image to bring this project to fruition.

The creation of the Festival is an initiative of La Fábrica, a cultural management company that has launched an organisation which has been joined by state, regional and municipal institutions, along with the good number of private and public enterprises. Together they have decided to make PHE98 come true. With their effort and drive, all of them are responsible for the fact that Madrid and Spain are becoming a meeting point for the world of photography, and for the fact that this first edition of our Festival has inspired such high expectations.

Seventy-one exhibitions, a dozen major museums and institutional galleries, forty-two art galleries, ten spaces revived for art: these are the figures from the first edition of PHotoESPAÑA. Large museums next to small art galleries, not to mention colossal train stations literally invaded by photographs. La Castellana, the most iconic avenue in Madrid, will turn into a huge exhibition for one month. A city as open and vital as Madrid, where the street turns into a huge photograph.

The Festival is coming with all the ambition for its future, but with all the humility needed to know that our project has sprung from many other efforts and still has a long road ahead. PHotoESPAÑA aims to promote the photography market in Spain, provide all creators with a platform where they can display their images and establish a plural event where every year the enormous passion that photography is capable of arousing coalesces, with an aura of magic. Welcome to PHotoESPAÑA.

* Text originally published in the first PHE98 Official Guide.

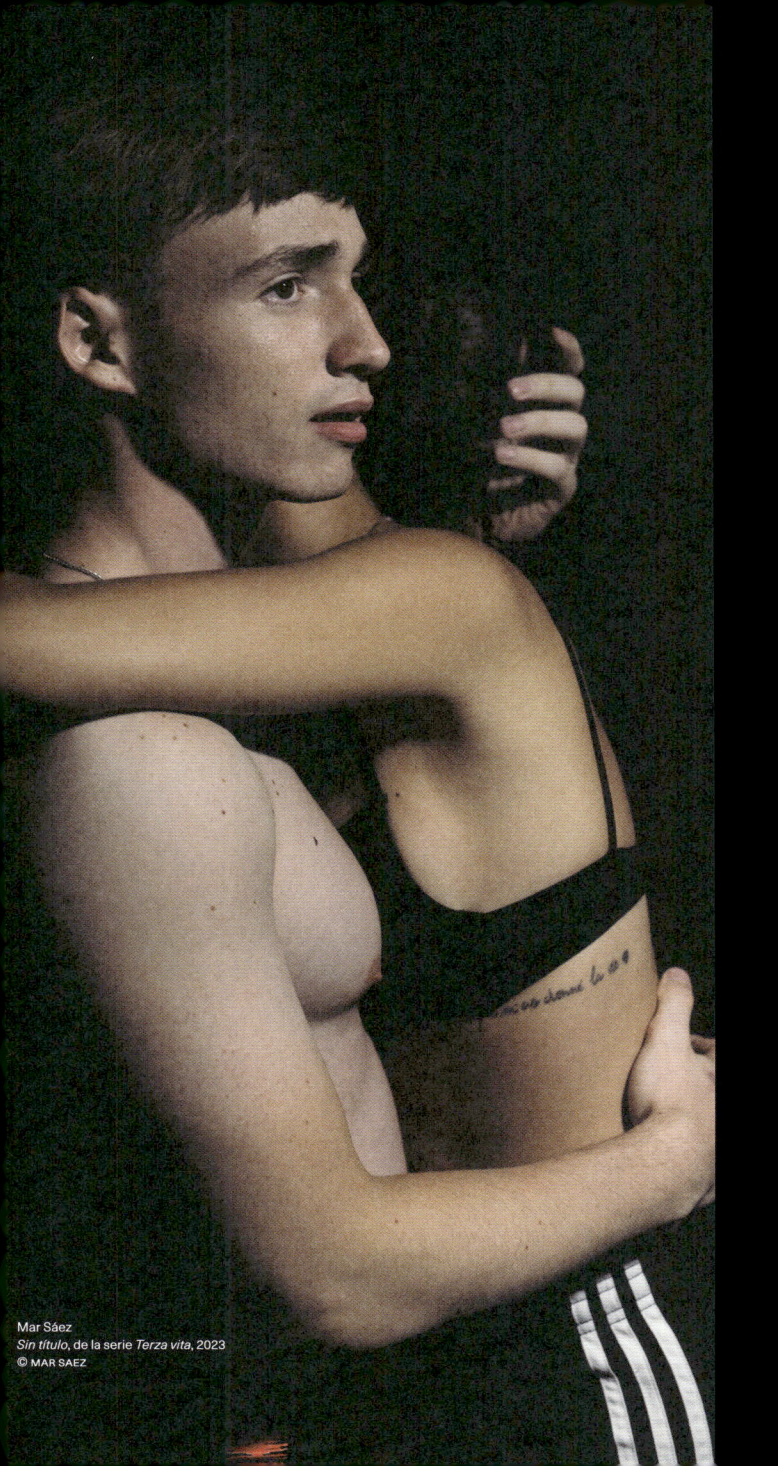

Mar Sáez
Sin título, de la serie *Terza vita*, 2023
© MAR SAEZ

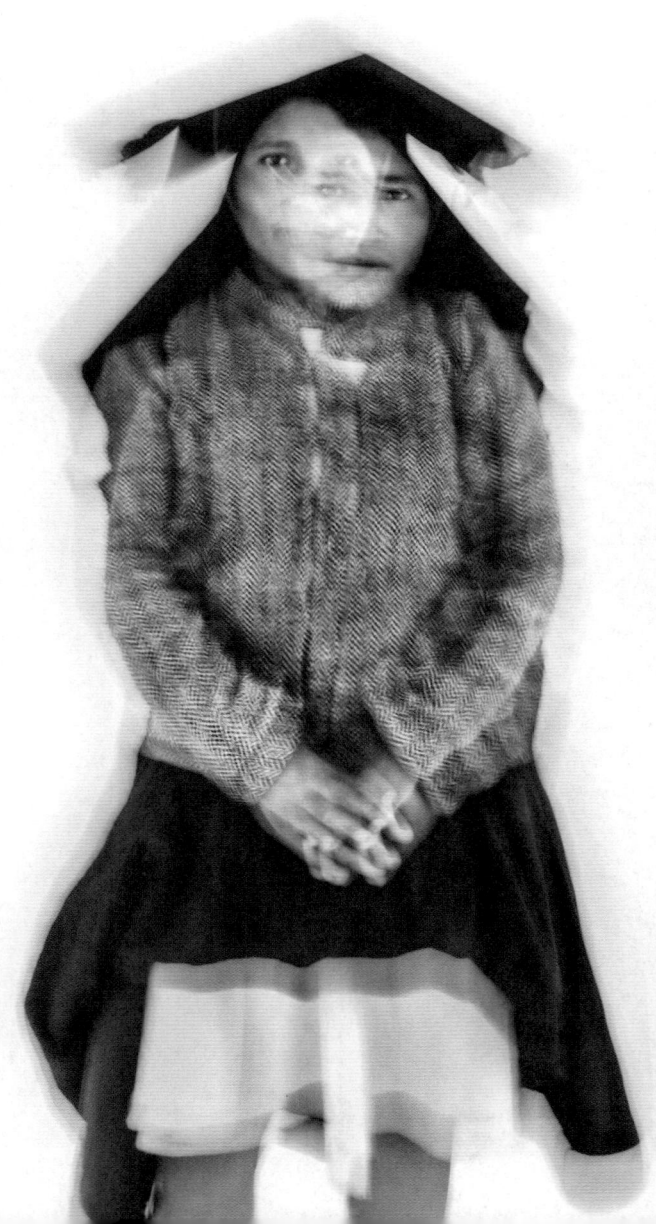

Perpetuum mobile

MARÍA SANTOYO
Directora de PHotoESPAÑA 2024

En 2024 y tras más de veinticinco años desde su fundación, el festival de fotografía y artes visuales PHotoESPAÑA inicia una nueva era. Nadie pone ya en duda la importancia de la fotografía en la práctica artística internacional; ni el profundo impacto de la imagen en nuestra sociedad contemporánea. El interés que suscita la creatividad visual en todas las esferas no deja de crecer; es una forma de expresión al alcance de todos que se encuentra en un punto de inflexión emocionante, cargado de futuro.

Nos encontramos en un punto de integración y de tránsito en el cual la fotografía ha demostrado ser uno de los lenguajes más persistentes y cohesionadores que existen. La fotografía nació hace casi doscientos años declarándose un "arte democrático", y tanto su evolución tecnológica y creativa como su función representativa han confirmado dicha condición. La sociedad es inherente al hecho fotográfico, y la fotografía es una práctica social inherente: hacer y ver imágenes responde a una pulsión colectiva. De hecho, la fotografía ya no se limita a representar el entorno, sino que lo construye y deconstruye; es capaz de proyectar futuros susceptibles de suceder. La pregunta adecuada hoy no es ¿qué es la fotografía?, sino más bien ¿qué puede llegar a ser?

PHotoESPAÑA quiere responder a dicha pregunta con una respuesta posible: *perpetuum mobile*, movimiento perpetuo. La fotografía, como aquella máquina utópica de energía infinita que intentaron concebir tanto alquimistas del renacimiento como ingenieros de la modernidad, es un medio dinámico, fluido, inagotable, en permanente transformación.

PHE 24 busca expandir la noción de la fotografía y mostrar la extraordinaria creatividad y diversidad de la práctica artística visual consolidada desde los inicios del milenio tanto dentro como fuera de nuestras fronteras. En este nuevo ciclo, PHotoESPAÑA quiere dedicar especial atención a las nuevas prácticas, formatos y canales de creación y producción; a las figuras emergentes del panorama internacional, que hoy redescubre y enfatiza identidades y colectivos considerados periféricos en el siglo pasado en virtud de su género, origen o condición sexual; a la libertad y transdisciplinariedad de la generación de artistas nacidos en la España democrática, pero también y por supuesto, a las grandes firmas de las décadas anteriores que han hecho de la expresión visual un arte atemporal.

Esta edición celebra el movimiento DE la fotografía, el movimiento EN la fotografía y la fotografía de los movimientos. Los del cuerpo, los civiles, los históricos, los de los fotógrafos y fotógrafas en el ejercicio de su profesión. Invitamos al público a unirse a nuestro movimiento y sumarse a la celebración.

Bienvenidos, bienvenidas a PHotoESPAÑA.

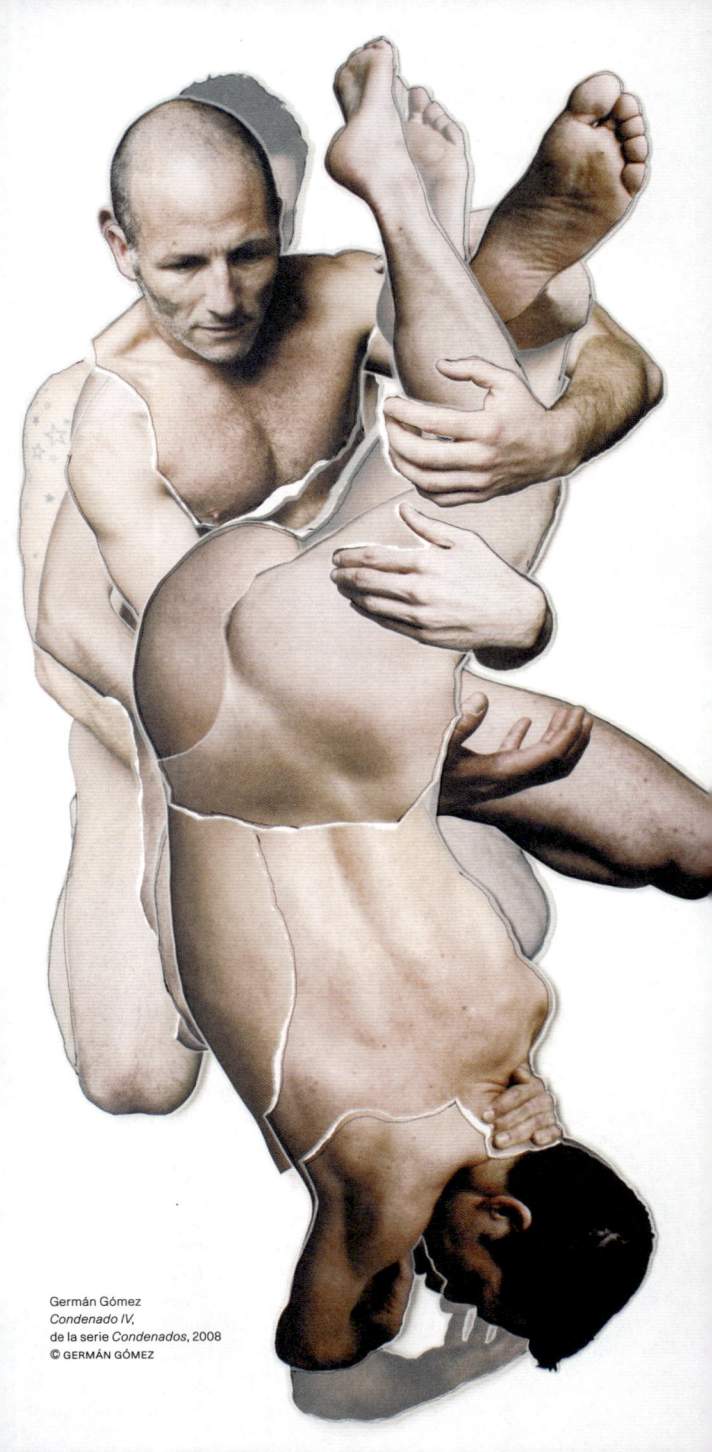

Germán Gómez
Condenado IV,
de la serie *Condenados*, 2008
© GERMÁN GÓMEZ

Perpetuum mobile

MARÍA SANTOYO
Director of PHotoESPAÑA 2024

In 2024 and after more than twenty-five years since its founding, the photography and visual arts festival PHotoESPAÑA begins a new era. No one doubts anymore the importance of photography in international artistic practice; nor the profound impact of the image in our contemporary society. The interest aroused by visual creativity in all spheres continues to grow; it is a form of expression within everyone's reach that is at an exciting turning point, full of future.

We are at a point of integration and transit in which photography has proven to be one of the most persistent and cohesive languages in existence. Photography was born almost two hundred years ago declaring itself a "democratic art", and both its technological and creative evolution and its representative function have confirmed this condition. Society is inherent to the photographic act, and photography is an inherent social practice: making and seeing images responds to a collective drive. In fact, photography is no longer limited to representing the environment, but constructs and deconstructs it; it is capable of projecting futures that are likely to happen. The appropriate question today is not what is photography, but rather what can it become?

PHotoESPAÑA wants to answer this question with a possible answer: *perpetuum mobile*, perpetual motion. Photography, like that utopian machine of infinite energy that both Renaissance alchemists and modern engineers tried to conceive, is a dynamic, fluid, inexhaustible medium in permanent transformation.

PHE 24 seeks to expand the notion of photography and to show the extraordinary creativity and diversity of the visual artistic practice consolidated since the beginning of the millennium both inside and outside our borders. In this new cycle, PHotoESPAÑA wants to devote special attention to the new practices, formats and channels of creation and production; to the emerging figures of the international scene, which today rediscovers and emphasizes identities and collectives considered peripheral in the last century by virtue of their gender, origin or sexual condition; to the freedom and transdisciplinarity of the generation of artists born in democratic Spain, but also and of course, to the great signatures of the previous decades that have made visual expression a timeless art.

This edition celebrates the movement OF photography, the movement IN photography and the photography of movements. Those of the body, the civilian, the historical, those of photographers in the exercise of their profession. We invite the public to join our movement and join the celebration.

Welcome to PHotoESPAÑA.

PHoto**ESPAÑA** 2024

Madrid

Sección Oficial

Madrid

Madrid

Festival Off

Madrid
Sección Oficial

Perpetuum mobile

CÍRCULO DE BELLAS ARTES_SALA GOYA
29.05 – 01.09.2024

Aitor Ortiz, Alejandro Marote, Alfredo Cáliz, Álvaro Laiz, Antonio Guerra, Bego Antón, Elena de la Rúa, Gerardo Custance, Germán Gómez, Ira Lombardía, Irene Zottola, Ixone Sádaba, Jon Cazenave, Jon Gorospe, Juanan Requena, Linarejos Moreno, Lola Guerrera, Mar Sáez, María Cañas, Marina Núñez, Miguel Ángel Tornero, Nicolás Combarro, Patricia Bofill, Paula Anta, Ricardo Cases, Roberto Aguirrezabala y Soledad Córdoba

La generación surgida en las primeras décadas del siglo XXI es la más madura y creativa de cuantas han existido en la historia de la fotografía española, también la mejor formada y la más numerosa. Pero hay una característica que la diferencia de las anteriores: la masiva presencia de las mujeres en un territorio que a lo largo de la historia había estado habitado mayoritariamente por hombres. Comparada con la que se hizo visible tras la dictadura, esta generación sí se ha nutrido de referentes nacionales e internacionales y se ha aventurado

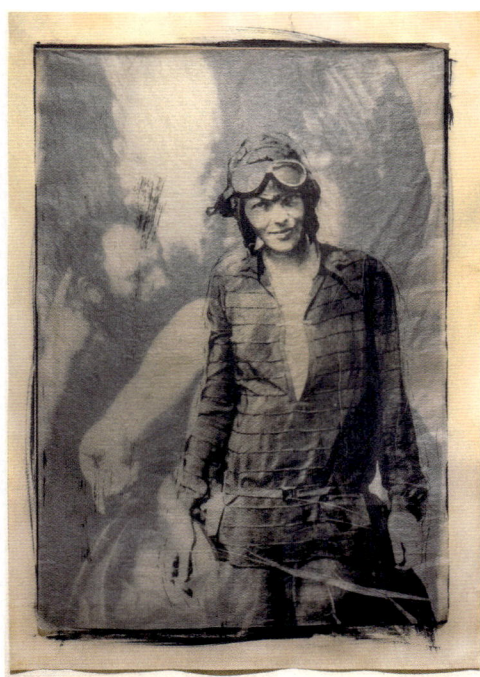

Irene Zottola
Ícara, 2023
© IRENE ZOTTOLA

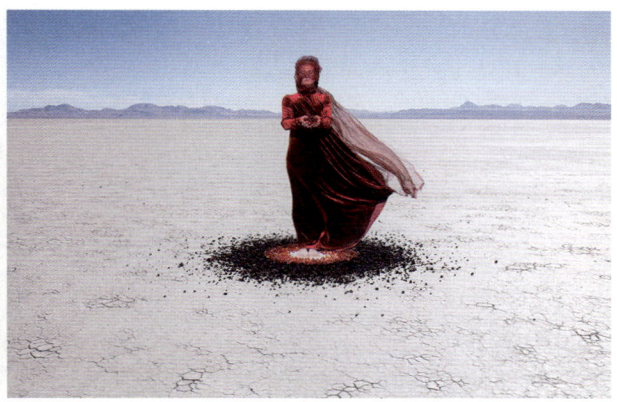

Soledad Córdoba
Rito XXVII, 2019
© SOLEDAD CÓRDOBA

con naturalidad a experimentar con hibridaciones formales, que desbordan la bidimensionalidad de las fotografías, y conceptuales, asumiendo la naturaleza subjetiva y polisémica que deriva del uso y lectura de las imágenes.

Perpetuum mobile propone una estructura abierta, una suerte de jardín de especies, que ilustra ese ensanchamiento de los límites de la creación fotográfica y las incesantes mutaciones que han ido transformando a lo largo de casi dos siglos el estatuto fundacional del medio: la mímesis de la realidad. La mayoría de quienes integran esta generación se desentienden de sancionar lo que es real o no. Generan imágenes que se mueven en las fronteras de la ficción, se sirven de procedimientos antiguos que añaden tiempo y memoria a sus imágenes y exhiben nuevos soportes de representación, los que se han activado mediante las tecnologías digitales, para relacionarse con el presente y el pasado. Construyen estructuras complejas de imágenes que apelan a la inestabilidad de las identidades y al carácter mutante de las certezas. Se sirven de la «intención intuitiva» para articular lo particular y lo universal, la materia y el espíritu desde nuevos parámetros de expresión.

The generation that emerged in the early decades of the twenty-first century is the most mature and creative in the history of Spanish photography, as well as the best trained and largest. But there is one feature that distinguishes them from their predecessors: the massive presence of women in a terrain that had historically been primarily inhabited by men. Compared to what became visible after the dictatorship, this generation has been brought up on national and international referents and has naturally ventured to experiment with formal hybridisations which outstrip the two-dimensionality of photographs, and with conceptual hybridisations, accepting the subjective, polysemic nature stemming from the use and interpretation of images.

Perpetuum mobile suggests an open structure, a kind of spice garden which illustrates this pushback of the boundaries of photographic creation and the incessant mutations that have transformed the medium's original status—as a means of copying reality—over the course of almost two centuries. Most members of this generation refuse to sanction the distinction between the real or unreal. They

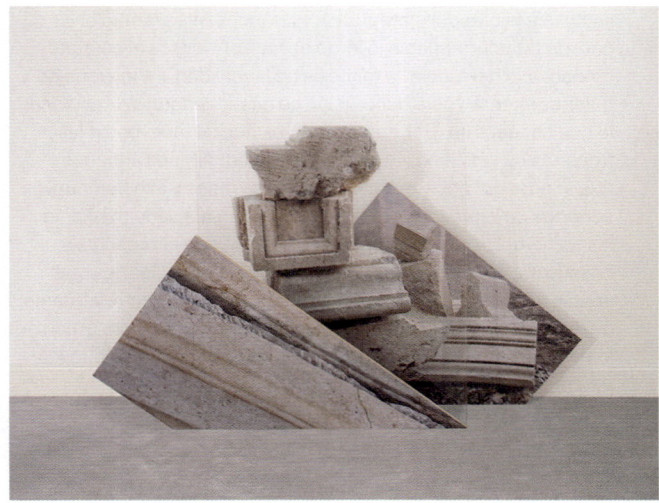

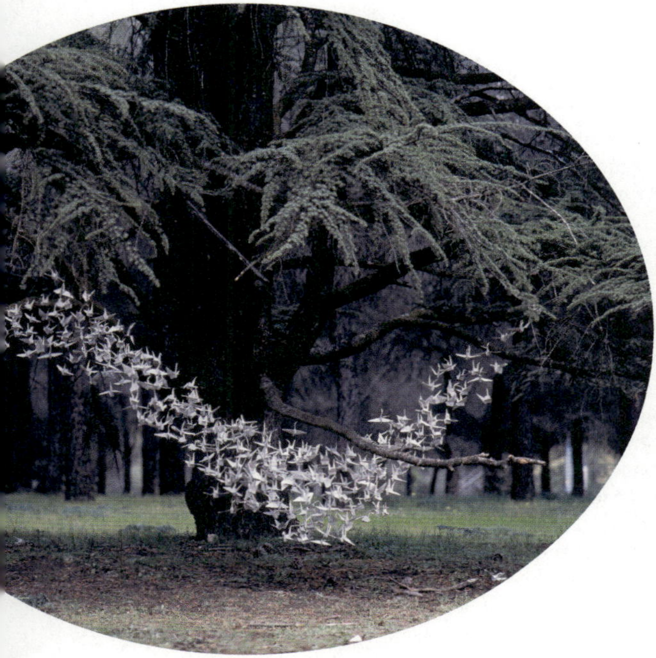

Lola Guerrera
Delicias en mi jardín,
2012
© LOLA GUERRERA

Antonio_Guerra
*Comportamiento
para un simulacro 7,*
2017-2018
© ANTONIO GUERRA

create images that hover on the edges of fiction, draw from old procedures which layer time and memory onto their images and exhibit new representational supports, those activated by digital technologies, to interact with the present and past. They build complex structures of images that appeal to the instability of identities and the mutating nature of certainties. They use 'intuitive intuition' to articulate the particular and the universal, matter and spirit, from new parameters of expression.

01 **Círculo de Bellas Artes**
Alcalá, 42
28014 Madrid
Lunes cerrado
www.circulodebellasartes.com

Comisario
Alejandro Castellote

Organiza
Círculo de Bellas Artes
y PHotoESPAÑA

Colabora
Instituto Vasco Etxepare

Masahisa Fukase
Ravens 烏

CÍRCULO DE BELLAS ARTES_SALA MINERVA
29.05 – 08.09.2024

Masahisa Fukase (Hokkaido, Japón, 1934 -2012) irrumpió en la escena fotográfica japonesa en los años 60, desafiando las convenciones de la época y explorando temas emocionales y personales en una sociedad en transformación. Fusionó sensibilidad artística con destreza técnica, siendo un innovador en la difusión de su obra a través de revistas y fotolibros, los cuales también estarán presentes en esta exposición.

Su extensa serie *Ravens,* 烏 (1975-1986) es, en conjunto, una obra maestra que trasciende fronteras culturales y temporales. En ella, Fukase explora la soledad, la melancolía y la obsesión en un dramático viaje personal. Las imágenes de cuervos, en blanco y negro, capturan la dualidad de la vida y la muerte, resonando profundamente en el espectador.

La importancia de *Ravens,* serie que por primera vez se expone de manera exclusiva en España, radica en su capacidad para evocar emociones y reflexiones existenciales a partir de la búsqueda interior de Fukase como artista. Al identificarse con los cuervos, nos invita a explorar el alma humana. *Ravens* [*Karasu,* en el original en japonés] ha influenciado a generaciones de fotógrafos, consolidando a Fukase como pionero de la fotografía del Yo.

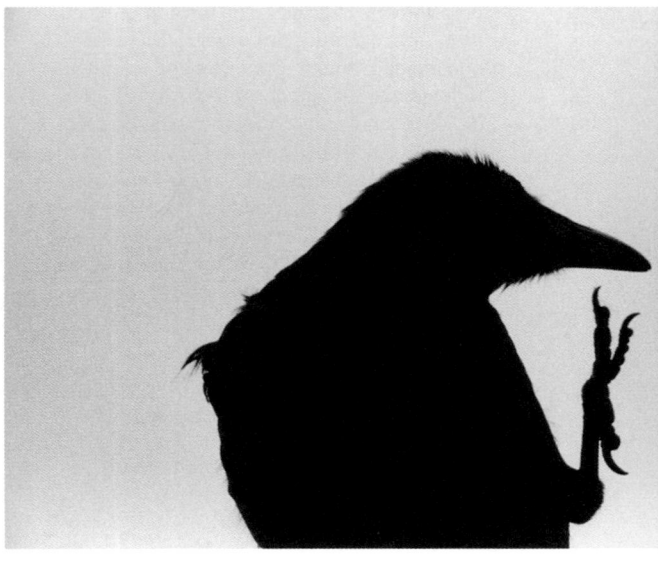

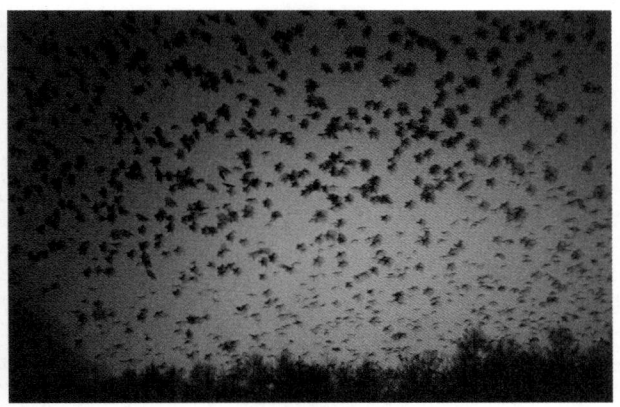

Masahisa Fukase
Ravens, Noboribetsu Hot Spring, 1977
© MASAHISA FUKASE ARCHIVES

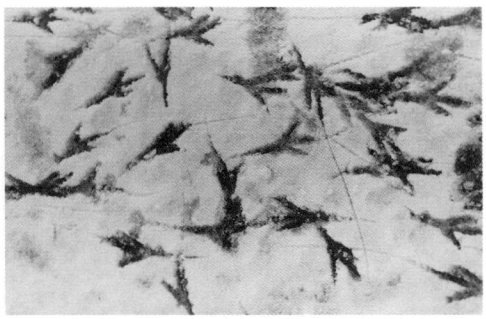

Masahisa Fukase
Ravens, Erimo Cape, 1976
© MASAHISA FUKASE ARCHIVES

Masahisa Fukase
Ravens, Wakkanai, 1975
© MASAHISA FUKASE ARCHIVES

Msahisa Fukase (Hokkaido, Japón, 1934 -2012) emerged onto the Japanese photography scene in the 1960s, challenging the conventions of the time and delving into emotional and personal themes in a society undergoing transformation. He melded artistic sensitivity with technical prowess, innovating the dissemination of his work through magazines and photobooks, which will also be featured in the exhibition.

His extensive series *Ravens*, 烏 (1975-1986) is a masterpiece that transcends cultural and temporal boundaries. In it, Fukase explores solitude, melancholy, and obsession in a dramatic personal journey. The black and white images of crows capture the duality of life and death, resonating deeply with the viewer.

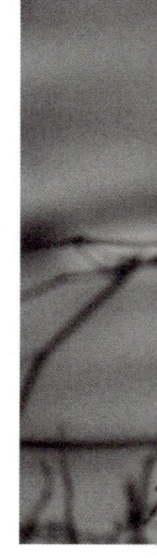

The significance of *Ravens* (we present for the first time in Spain an exhibition dedicated exclusively to this series) lies in its ability to evoke emotions and existential reflections stemming from Fukase's inner artistic quest. By identifying with the crows, he invites us to explore the human soul. *Karasu* has influenced generations of photographers, solidifying Fukase's pioneering role in self-reflective photography.

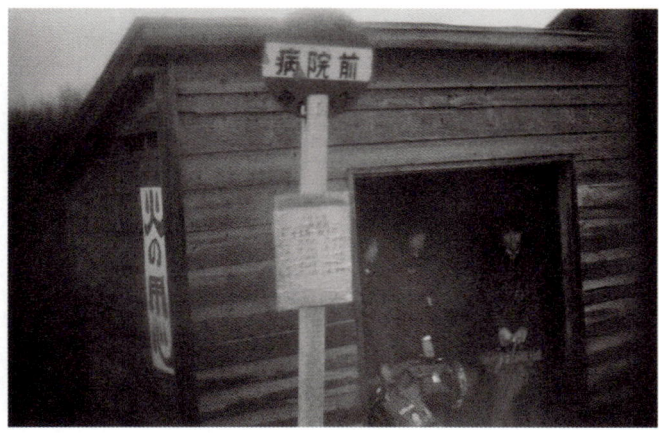

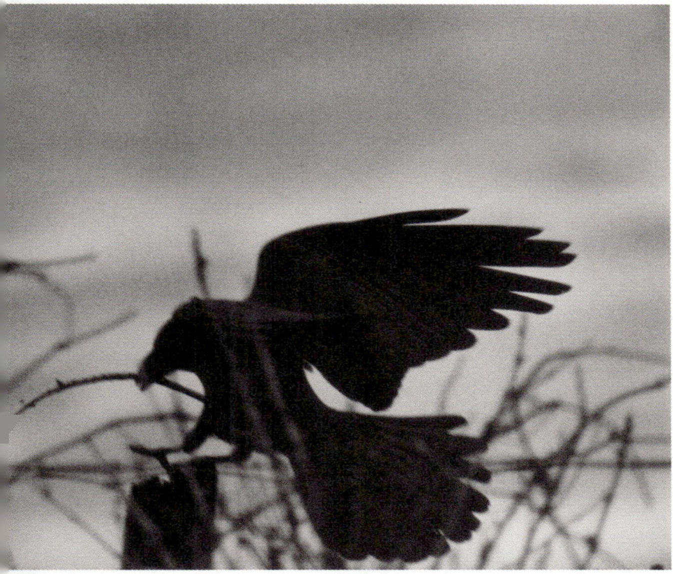

Masahisa Fukase
Ravens, Erimo Cape, 1976
© MASAHISA FUKASE ARCHIVES

Masahisa Fukase.
Ravens, Noboribetsu
Hot Spring, 1977
© MASAHISA FUKASE ARCHIVES

01 **Círculo de Bellas Artes**
Alcalá, 42
28014 Madrid
Lunes cerrado
www.circulodebellasartes.com

Comisarios
Tomo Kosuga y Lorenzo Torres

Organiza
Círculo de Bellas Artes,
Ayuntamiento de Santander, Centro
de Documentación de la Imagen de
Santander (CDIS) y PHotoESPAÑA

Colabora
Fundación Japón

Barbara Brändli
Poética del gesto, política del documento

CENTROCENTRO
20.06 – 22.09.2024

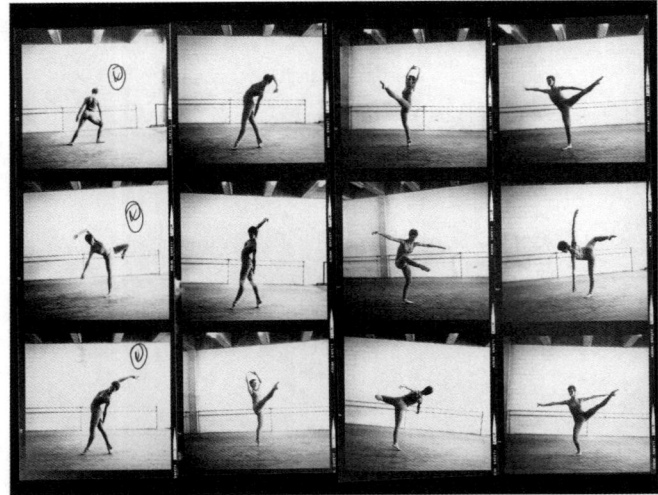

Barbara Brändli nació en Suiza (Schaffhousen, 1932), pero se convirtió en fotógrafa en Venezuela, donde vivió y trabajó hasta el año de su desaparición (Caracas, 2011). A lo largo de cinco décadas, ante su lente posaron artistas, músicos, actores, bailarines, artesanos, modelos, políticos y empresarios de la sociedad venezolana. Si bien Brändli es reconocida internacionalmente gracias a su libro *Sistema nervioso* (1975), incluido por Martin Parr en su selección de los mejores fotolibros (*Fenómeno fotolibro*, 2017), su legado contiene material fotográfico (y no fotográfico) inestimable para la memoria histórica latinoamericana.

El valor de la obra de Brändli no se reduce a su relevancia como "documento histórico", también reside en la manera en que ella entendió la fotografía documental. El hecho de haber sido bailarina *amateur* y de haber trabajado como modelo para revistas y diseñadores antes de convertirse en fotógrafa le permitió comprender la importancia del gesto y la pose. Al mismo tiempo, le condujo a experimentar en carne propia el proceso de desposesión al que el "sujeto" fotografiado es sometido al ser convertido en "objeto" de representación.

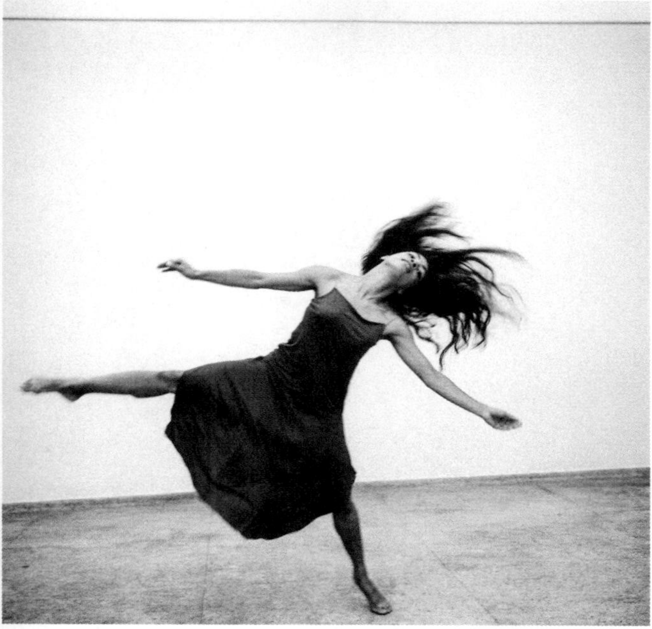

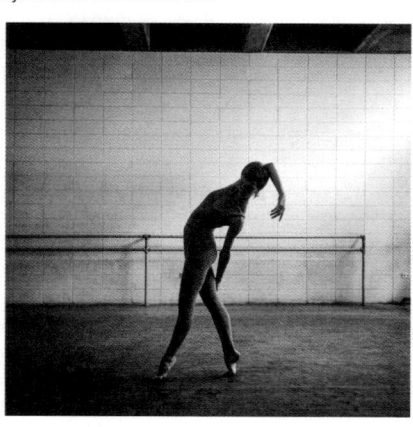

Probablemente para superar esta posición, Brändli puso en práctica una metodología de trabajo y una ética de vida que nos invitan a ver en sus proyectos las bases de una redefinición de la actividad documental: del fotógrafo como cazador al fotógrafo como tejedor de relaciones. Los proyectos documentales de Brändli, como *Los hijos de la luna* (1974), *Los páramos se van quedando solos* (1981) y *Así con las manos* (1979), son el resultado de largos años de trabajo en los que la autora convivió con aquellos que no se convertirían en objetos de sus fotografías, sino en sujetos de sus historias.

Barbara Brändli
Sin título, (Fundación
Danza Contemporánea),
Caracas, 1962
© BARBARA BRÄNDLI /
COLECCIÓN C&FE

Barbara Brändli
Sin título, (Sonia Sanoja,
Fundación Danza
Contemporánea),
Caracas, 1962
© BARBARA BRÄNDLI /
COLECCIÓN C&FE

Barbara Brändli
Sin título, (Mirjam Berns,
Taller de Danza
Contemporánea
de Caracas), 1971
© BARBARA BRÄNDLI /
COLECCIÓN C&FE

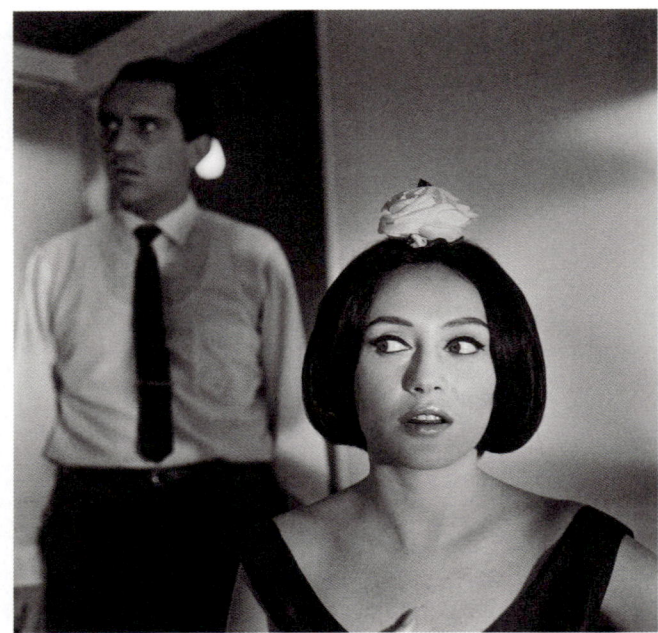

Barbara Brändli
Sin título, (Sara, Chez Paul), 1964
© BARBARA BRÄNDLI / COLECCIÓN C&FE

Barbara Brändli was born in Switzerland (Schaffhausen, 1932) but became a photographer in Venezuela, where she lived and worked until her disappearance (Caracas, 2011). Over the course of five decades, artists, musicians, actors, dancers, craftspeople, models, politicians and businessmen from Venezuelan society posed before her camera. Even though Brändli is known internationally for her book *Sistema nervioso* (1975), which Martin Perr included in his selection of the best photography books (*Fenómeno fotolibro*, 2017), her legacy contains photographic (and non-photographic) materials that are priceless for Latin American historical memory.

The value of Brändli's works is not limited to their prominence as 'historical documents' but also lies in the way she approached documentary photography. The fact that she had been an amateur dancer and had worked as a model for magazines and designers before becoming a photographer enabled her to understand the importance of gesture and pose. At the same time, it led her to experiment in her own flesh with the process of alienation that the photographed 'subject' is subjected to when turned into an 'object' of representation.

Probably to overcome this position, Brändli used a working methodology and a life ethics that encourage us to glimpse in her projects the foundations of a redefinition of the documentary activity: from the photographer as hunter to the photographer as weaver of Probably to overcome... Brändli's documentary projects, like *Los hijos de la luna* (1974), *Los páramos se van quedando solos* (1981) and *Así con las manos* (1979), are the outcome of many years of work in which the author coexisted with those who became not the objects of her photographs but the subjects of their stories.

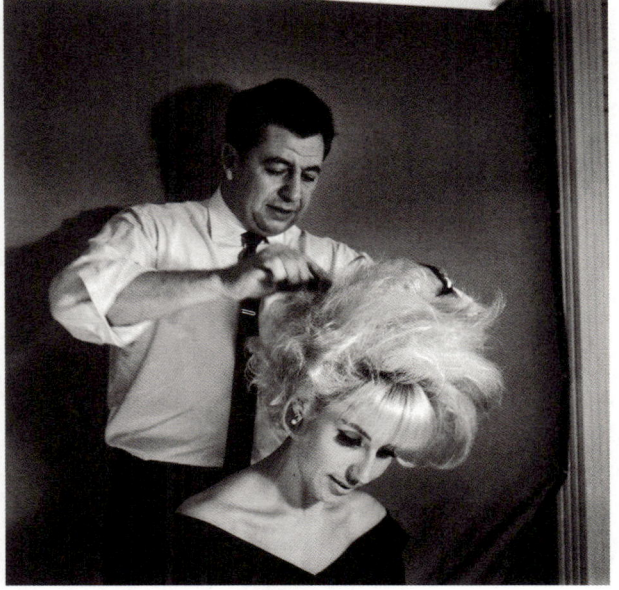

Barbara Brändli
Sin título, (Arturo Revlon), 1964
© BARBARA BRÄNDLI / COLECCIÓN C&FE

 CentroCentro
Plaza de Cibeles, 1
28014 Madrid
Lunes cerrado
www.centrocentro.org

Comisario
Alejandro León Cannock

Organiza
Ayuntamiento de Madrid,
CentroCentro, Colección C&FE
y PHotoESPAÑA

La Señorita. Los inicios del deporte femenino 1915-1936

FUNDACIÓN ORTEGA-MARAÑÓN
20.06 – agosto 2024

Lilí Álvarez (Roma, 1905- Madrid, 1998) es una figura fundamental de la historia del deporte español. Aunque destacó fundamentalmente como tenista y patinadora, practicó otros muchos deportes como el esquí, el alpinismo y el automovilismo. Fue, además, la primera mujer española que participó en unos Juegos Olímpicos, los de París de 1924.

Esta exposición quiere conmemorar el centenario del olimpismo femenino español en la antigua Residencia de Señoritas, que acogió a figuras esenciales de la vanguardia artística, literaria, política, intelectual y social femenina desde su fundación en 1915 hasta la Guerra Civil. El proyecto centra su atención en la figura de Álvarez, pero se explora los inicios de la práctica deportiva en España y su vinculación con la modernidad tanto en el ámbito privado como en el profesional.

A finales del siglo XIX y principios del XX comienza a permear en las sociedades avanzadas occidentales la noción de lo que es saludable y del buen físico, popularizándose gracias a la aparición de los gimnasios modernos. La asociación del deporte con el ocio moderno elitista se generaliza en la Inglaterra del siglo XIX coincidiendo con el proceso de industrialización en el que conceptos como la eficiencia, la productividad y la competitividad aparecen en la sociedad proliferando los clubes y campeonatos y la profesionalización de estas prácticas por un amplio espectro social.

La inclusión de la mujer en el ámbito del deporte en el primer tercio del siglo XX fue minoritaria y exigió un enorme esfuerzo y sacrificio personal de aquellas deportistas quienes, como Álvarez, abrieron un camino que todavía a día de hoy tiene retos que afrontar para alcanzar la plena igualdad.

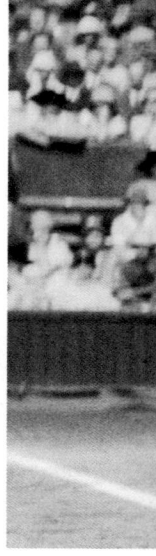

Autoría desconocida
Lilí Álvarez.
Archivo familiar, sin fechar
© CORTESÍA DE JAIME
LÓPEZ CHICHERI DABÁN

Autoría desconocida
Wimbledon.
Archivo familiar, 1926
© CORTESÍA DE JAIME
LÓPEZ CHICHERI DABÁN

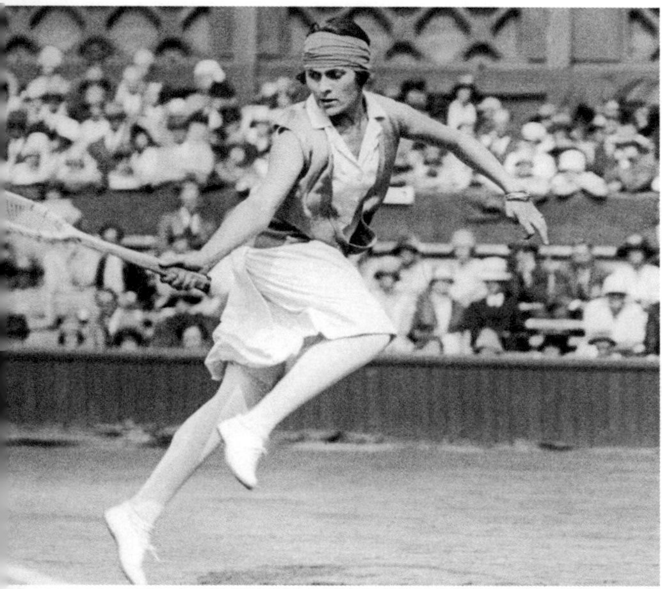

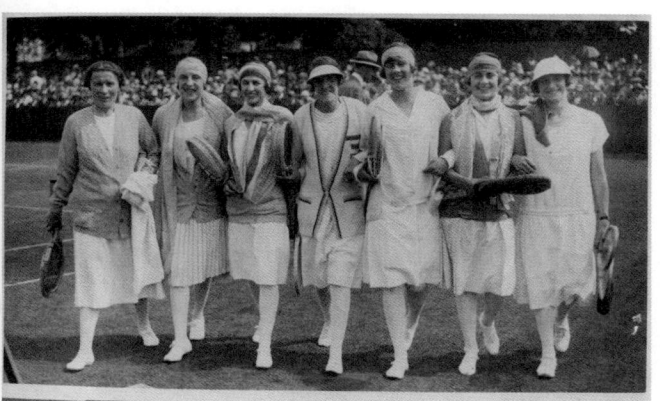

Lilí Álvarez (Rome, 1905–Madrid, 1998) is an essential figure in the history of sport in Spain. Even though she mainly excelled as a tennis player and skater, she practised many other sports like skiing, climbing and car racing. She was also the first Spanish woman to participate in the Olympics, specifically the 1924 Paris Olympics.

This exhibition aims to commemorate the centennial of Spanish women participating in the Olympics at the former Residencia de Señoritas, which used to house prominent women in the artistic, literary, political, intellectual and social avant-garde from when it was founded in 1915 until the Civil War. The project spotlights Álvarez but also explores the start of the practice of sport in Spain and its association with modernity both in the private and professional spheres.

In the late nineteenth and early twentieth centuries, the notion of health and a good physique began to permeate advanced Western societies and spread via the appearance of modern gyms. Sport's association with modern, elitist leisure spread in England in the nineteenth century, dovetailing with the industrialisation process—which brought society concepts like efficiency, productivity and competitiveness—with the spread of clubs and championships and the professionalisation of these practices across a broad swath of society.

Only a few women were included in sport in the first third of the twentieth century, and it required an enormous effort and personal sacrifice for women athletes like Álvarez, who were pioneers on a road that even today poses hurdles until full equality is reached.

Fundación Ortega Marañón
Fortuny, 53
28010 Madrid
ortegaygasset.edu

Comisaria
Lucía Laín

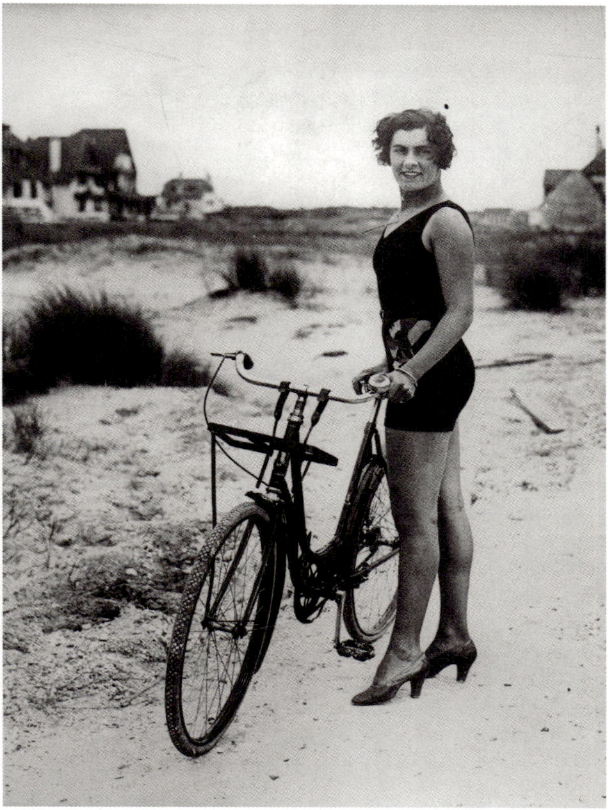

Organiza
Fundación Ortega Marañón
y PHotoESPAÑA

Colabora
Archivo Histórico Nacional,
Archivo General de la Aministracion
Archivo Nacional de Francia,
Archivo de ABC, Arxiu Nacional
de Catalunya, Arxiu Fotrografic
de Catalunya, Archivo Municipal de
Vitoria, Archivo Histórico Provincial
de Palencia y la Biblioteca de
INEF de la Universidad Politécnica
de Madrid

Giacomo Puccini
Puccini fotógrafo

TEATRO REAL
30.06 – 22.07.2024

Esta exposición gira en torno a una gran pasión –hasta ahora inédita– del insigne compositor italiano: la fotografía. El descubrimiento de esta disciplina, que Giacomo Puccini (Lucca, 1858 – Bruselas, 1924) inicia alrededor de 1894, cuando su práctica prolifera entre aficionados entusiastas, añade una pieza clave al conocimiento sobre su figura.

En la producción de Puccini se descubren pasajes de sugestivo lirismo en los que la naturaleza se convierte en protagonista al tiempo que la figura humana se reduce comúnmente a una pequeña silueta en la inmensidad del paisaje. Son composiciones visuales bien calibradas, en ciertos casos asimilables a las obras de amigos pintores, pero siempre provistas de un barniz personal.

Cuando se encuentra lejos de Italia, Puccini parece dejarse seducir por los lugares que visita con una lucidez que transciende las actitudes del mero turista. En Nueva York queda impresionado por el urbanismo y por los grandes puentes; en Egipto, por los paisajes y sus pobladores más, si cabe, que por los monumentos. Es la cotidianeidad lo que despierta su curiosidad.

Giacomo Puccini
Retrato múltiple de Giacomo Puccini, Studio Schemboche, Roma, sin fechar
© GIACOMO PUCCINI / ARCHIVO GIACOMO PUCCINI, TORRE DEL LAGO

Giacomo Puccini
Vista de Nueva York con el recién construido Singer Building al fondo, 1910
© GIACOMO PUCCINI / ARCHIVO GIACOMO PUCCINI, TORRE DEL LAGO

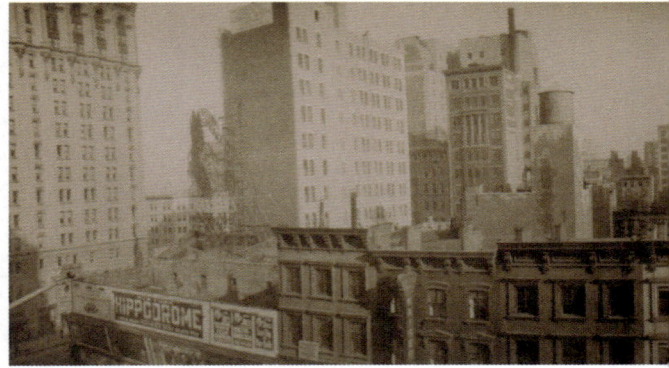

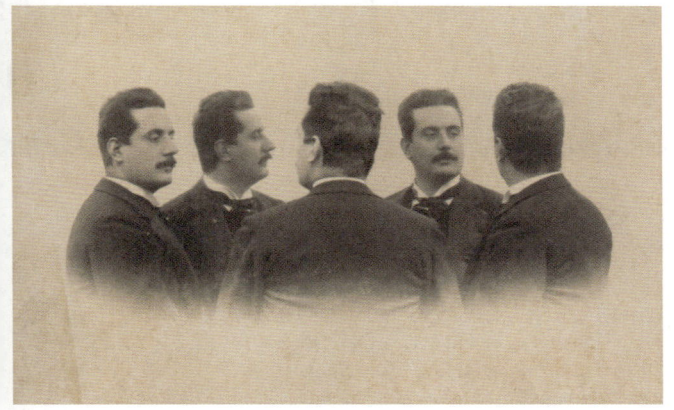

No son tampoco escasas las fotografías en las que Puccini captura su sombra. No se trata de una figura cualquiera, sino de esa reconocibilísima silueta masculina que —tocada con su inseparable sombrero, ligeramente ladeado— hoy ha pasado a la historia. Constituyen estas instantáneas perfecto ejemplo del celo dispensado a la construcción de la propia imagen, de la que será por completo consciente y de la que, habiendo vislumbrado precozmente las posibilidades que la fotografía le brindaba, se servirá como medio para acrecentar su popularidad.

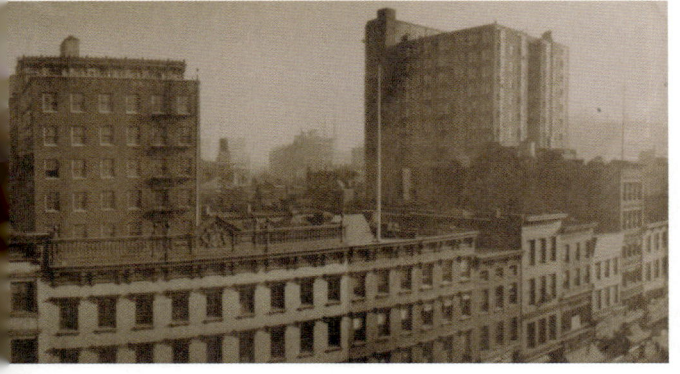

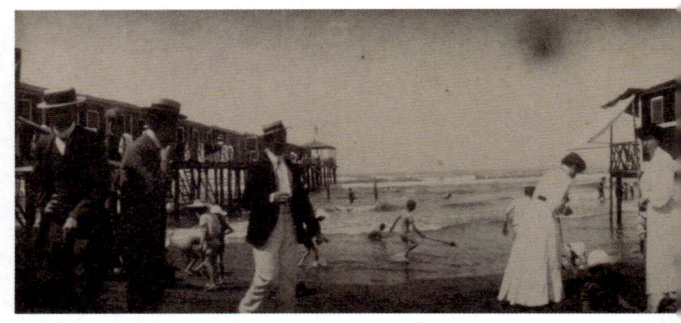

This exhibition revolves around a great passion—until now hardly known—of the illustrious Italian composer: photography. The discovery of this discipline, in which Giacomo Puccini started dabbling in around 1894, when it was spreading among enthusiastic amateurs, adds key information to our knowledge of him.

In Puccini's works, we discover suggestively lyrical passages in which nature comes to the fore, while the human figure is often reduced to a tiny silhouette in the immensity of the landscape. They are well-calibrated visual compositions, some of them comparable to the works of his painter friends, but always with a personal touch.

When he was far from Italy, Puccini seems to have been seduced by the places he visited with a lucidity that goes beyond the attitudes of a mere tourist. In New York, he was impressed by the urban planning and the large bridges, in Egypt by the landscapes and their denizens even more than by the monuments. Everyday life is what sparked his curiosity.

Nor is there a dearth of photographs in which Puccini captures his own shadow. It is not just any figure but that easily recognisable male silhouette which—topped by his inseparable hat, slightly tilted to the side—has gone down in history. These snapshots are a perfect example of his passion used to construct his own image, which he was totally conscious of and which, having seen the possibilities afforded him by photography early on, he would use as a medium to boost his own popularity.

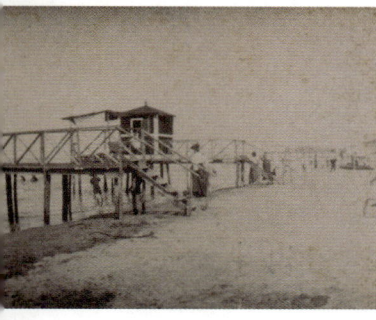

Giacomo Puccini
En la playa de Viareggio,
sin fechar
© GIACOMO PUCCINI /
ARCHIVO GIACOMO PUCCINI,
TORRE DEL LAGO

Giacomo Puccini
Fachada de la Villa Puccini
en Boscolungo all'Abetone,
con la sombra del autor abajo
a la derecha, 1903–1909
© GIACOMO PUCCINI /
ARCHIVO GIACOMO PUCCINI,
TORRE DEL LAGO

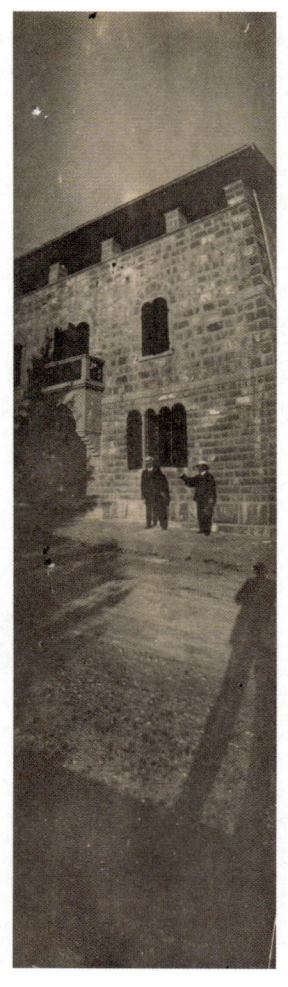

 Teatro Real
Plaza de Isabel II, s/n
28013 Madrid
Exposición sujeta a acceso a los
espectáculos del Teatro Real
www.teatroreal.es

Comisarios
Gabriella Biagi Ravenni, Paolo
Bolpagni y Patrizia Mavilla

Organiza
Teatro Real y PHotoESPAÑA

Coproduce
Istituto Italiano di Cultura di Madrid,
bajo el auspicio de Ambasciata
d'Italia Madrid

Colabora
Fondazione Ragghianti de Lucca,
Fondazione Simonetta Puccini
per Giacomo Puccini de Torre del
Lago y Centro Studi Giacomo Puccini
de Lucca

David Trullo
Álbum de salón y alcoba

MUSEO NACIONAL DE ARTES DECORATIVAS
24.04 – 22.09.2024

A partir de una colección olvidada que contenía fotografías públicas –o de salón– y escenas privadas –o de alcoba– de una pareja en los años 20 y 30 del siglo pasado, el artista visual David Trullo realiza esta propuesta, que es el resultado de abrir una cápsula del tiempo inadvertida y ponerla en contexto con las piezas del museo y de otras colecciones para explorar los límites de la intimidad, llevando al espectador a sobrepasarlos.

Además de poner en contexto un "tesoro redescubierto", la instalación ofrece una revisión sobre la forma de exhibición e interpretación de la documentación fotográfica. Asimismo, plantea reflexionar sobre nuestros propios archivos: qué conservamos y qué escondemos, cómo construimos e inventamos nuestra propia historia.

La instalación constituye, en sí misma, un álbum que recoge la intimidad y la vida pública de las décadas de 1920 y 1930, combinando fotografías y documentación de lo más variopintas, con elementos de la cotidianidad de su tiempo. Cuenta con piezas y archivos de varias colecciones privadas, del Museo Sorolla, del Muséu del Pueblo d'Asturies, del Museo Nacional del Teatro de Almagro o del Museo de Historia de Madrid, entre otros.

Entre "el salón" y "la alcoba" se traza un recorrido que va desde la conservación de los álbumes íntimos –entre los que destaca un positivo de Kaulak–, pasando por los primeros avances de la fotografía para aficionados, hasta llegar a la 'fotografía galante', más o menos erótica, y a otros géneros de la cultura popular.

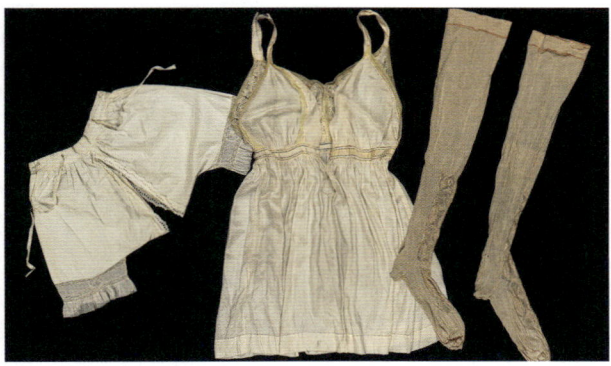

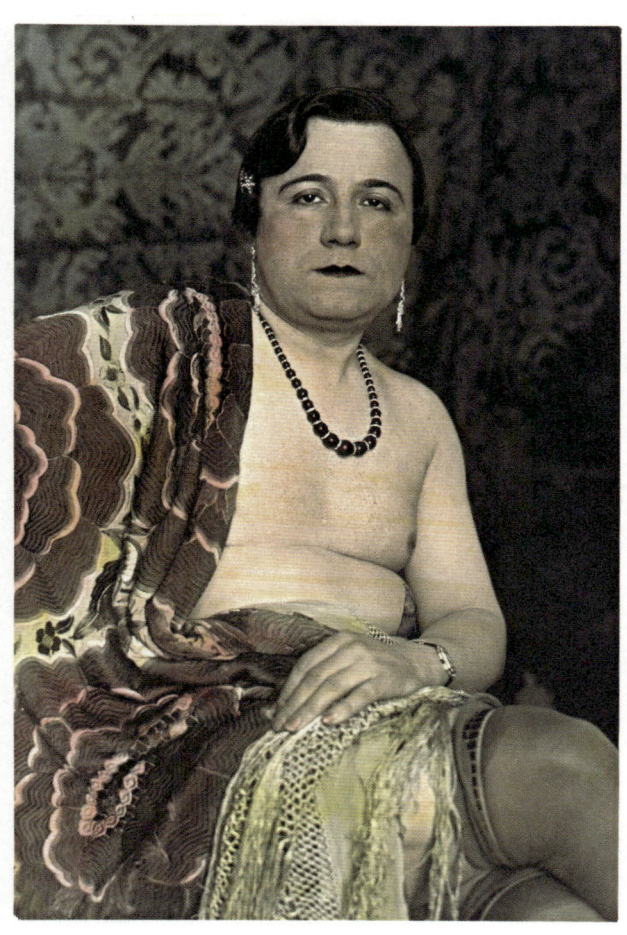

Autoría desconocida
Retrato, ca. 1935
© MUSEO NACIONAL
DE ARTES DECORATIVAS

*Pololos y combinación
de algodón y medias de
punto de seda*, ca. 1930
© MUSEO NACIONAL
DE ARTES DECORATIVAS /
FOTO DE FABIÁN ÁLVAREZ

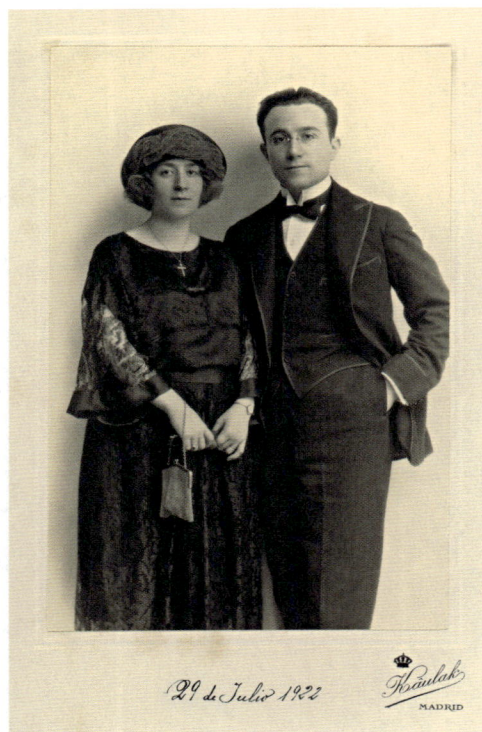

Starting with a forgotten collection containing public—or ballroom—photographs and private—or bedchamber—scenes of a couple in the 20s and 30s, visual artist David Trullo creates this proposal, which is the result of opening an unnoticed time capsule and putting it in context with pieces from the museum and other collections to explore the limits of intimacy, leading the viewer to go beyond them.

As well as putting a 'rediscovered treasure' into context, the installation offers a review of how photographic documentation is exhibited and interpreted. It also raises questions about our own archives: what we preserve and what we hide, how we construct and invent our own history.

The installation is in itself an album that captures the intimacy and public life of the 1920s and 1930s, combining the most varied photographs and documentation with elements of the everyday life of the time. It includes pieces and archives from various private collections, the Museo Sorolla, the Muséu del Pueblo d'Asturies, the Museo Nacional del Teatro de Almagro and the Museo de Historia de Madrid, among others.

Between "the ballroom" and "the bedchamber", the exhibition traces a journey that goes from the conservation of intimate albums—among which a positive by Kaulak stands out—through the first advances in amateur photography, to 'gallant photography', more or less erotic, and other genres of popular culture.

Póster promocional de Rosalío. Montaje de positivos fotográficos
© COLECCIÓN DE RAMÓN GATO

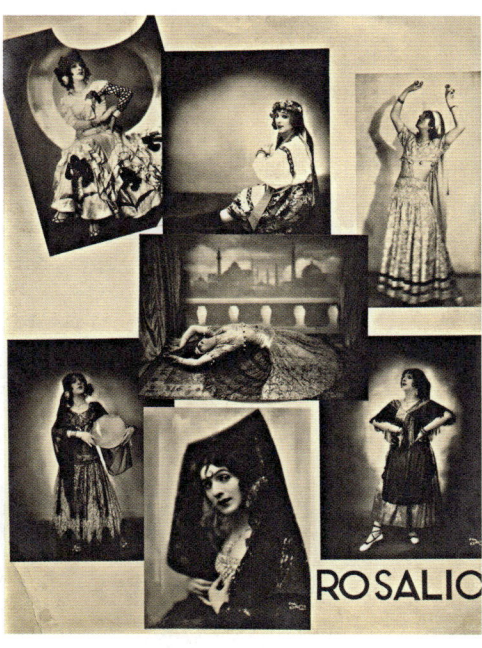

 Museo Nacional de Artes Decorativas
Montalbán, 12
28014 Madrid
Lunes cerrado
www.cultura.gob.es/mnartesdecorativas

Comisario
David Trullo

Organiza
Ministerio de Cultura. Museo Nacional de Artes Decorativas

Colabora
PHotoESPAÑA

Boris Savelev
Viewfinder. Una forma de mirar

ESPACIO CULTURAL SERRERÍA BELGA
27.05 – 14.07.2024

La mirada de Boris Savelev (Chernivtsi, Ucrania, 1947) se formó en la Unión Soviética en la década de 1970, como parte de un grupo de fotógrafos que trabajaban de forma independiente, fuera del sindicato oficial de fotógrafos. Cuando se materializó la Perestroika, marchantes de Estados Unidos y Europa recorrieron Moscú y San Petersburgo en busca de "voces auténticas". *Ciudad secreta: fotografías de la URSS de Boris Savelev* (Thames y Hudson, 1988) fue fruto de ese impulso y constituye la primera monografía que apareció en Occidente dedicada a un fotógrafo no oficial de la extinta URSS.

Ahora, esta exposición se presenta como la retrospectiva más amplia de Savelev hasta la fecha. Recorre las seis décadas en las que ha capturado lo cotidiano haciendo -no sólo tomando- fotografías: desde sus inicios, en blanco y negro, con su Iskra 6x6 y su Leica, pasando por el color de los años 80 tanto con la película Orwochrom soviética como con la Kodachrome occidental, hasta la incorporación de lo digital, que maneja con la misma maestría que la fotografía analógica.

Boris Savelev
Cafe Ion, Moscow, 2009
© BORIS SAVELEV

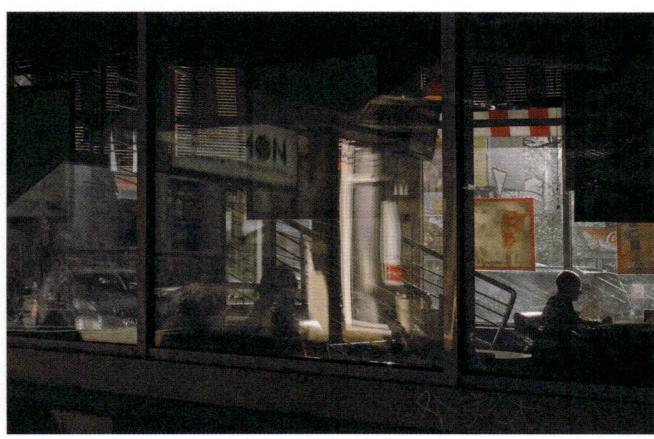

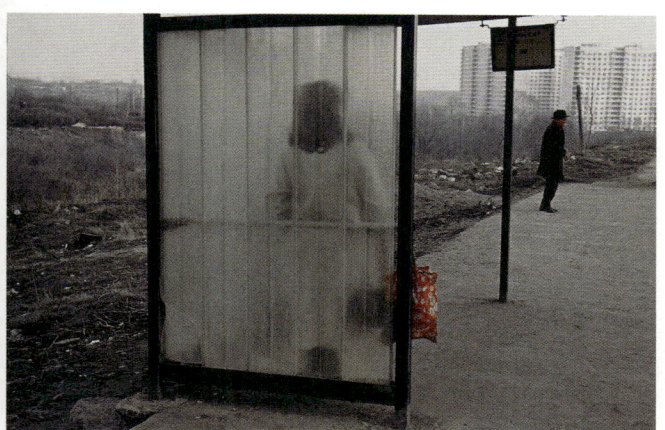

Boris Savelev
Broken Slide, Moscow, 1982
© BORIS SAVELEV

El artista otorga una gran relevancia a la relación entre la
fotografía que se toma y su representación física. La gran
complejidad y el ligero relieve superficial que caracteriza gran
parte de sus impresiones es el resultado de un método único,
en el que la imagen se imprime en múltiples capas sobre una
base de *gesso* como el usado en la pintura tradicional.

Boris Savelev
Mayonnaise, Chernivtsi, 1989
© BORIS SAVELEV

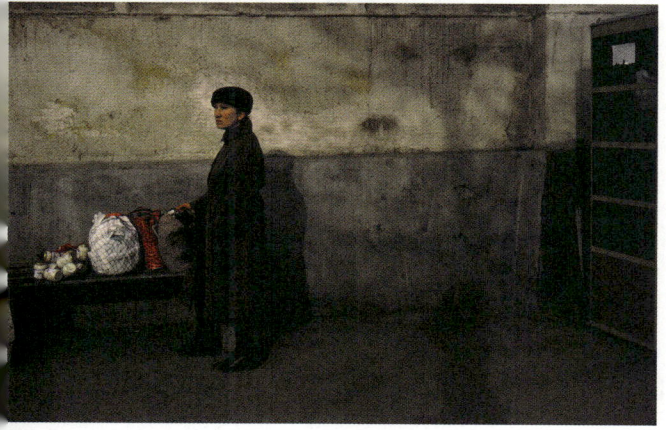

Boris Savelev's (Chernivtsi, Ukraine, 1947) eye was trained in the Soviet Union in the 1970s, as part of a group of photographers who worked independently, outside the official photographers' union. When perestroika came about, dealers in the United States and Europe travelled to Moscow and Saint Petersburg in the quest for 'authentic voices'. *Secret City: Photographs of the USSR by Boris Savelev* (Thames and Hudson, 1988) was the outcome of this effort and became the first monograph in the West devoted to an unofficial photographer from the now-defunct USSR.

Now this exhibition is presented as a broader retrospective on Savelev up to today. It surveys the six decades in which he captured the everyday making—not only taking—photographs: from his beginnings in black and white with his Iskra 6x6 and his Leica, including his colour pictures in the 1980s with both Soviet Orwochrom and Western Kodachrome film, until his incorporation of digital technology, which he handles with the same mastery as analogue photography.

The artist places a great deal of importance on the relationship between the photograph taken and its physical representation. The extraordinary complexity and slight surface texture characterising many of his prints is the outcome of a unique method in which the image is printed in multiple layers over a *gesso* base, similar to what is used in traditional painting.

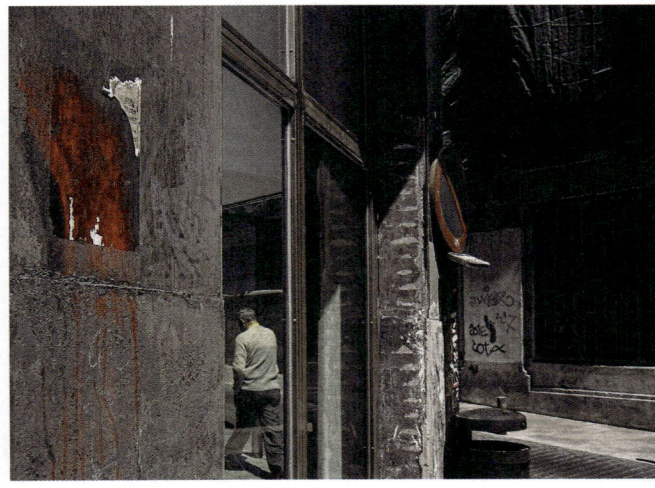

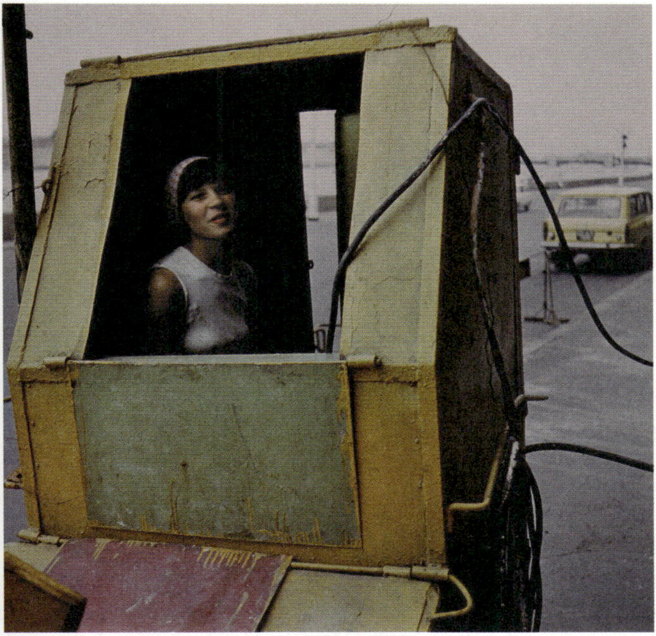

Boris Savelev
Girl in a box, Leningrad, 1981
© BORIS SAVELEV

Boris Savelev
Red Paint, Madrid, 2001
© BORIS SAVELEV

06 **Espacio Cultural Serrería Belga**
Alameda, 15
28014 Madrid
Lunes cerrado
www.serreria-belga.es

Comisario
Adam Lowe

Organiza
Ayuntamiento de Madrid,
Espacio Cultural Serrería Belga
y PHotoESPAÑA

Colabora
Factum Arte

Erwin Olaf
Narrativas de emancipación, deseo e intimidad

FERNÁN GÓMEZ. CENTRO CULTURAL DE LA VILLA
10.05 – 14.07.2024

Esta exposición constituye una gran muestra panorámica del trabajo de Erwin Olaf (Hilversum, Países Bajos, 1959 – Groninga, Países Bajos, 2023), uno de los grandes renovadores de la estética narrativa de la fotografía escenificada, con composiciones muy cinematográficas y cuidadas que habitan unos espacios estilizados que captan con maestría el deambular del ser humano en una sociedad que ha perdido sus referentes. A través de una serie de cautivadoras imágenes, el artista se convierte en un cronista privilegiado de los problemas a los que se enfrenta la sociedad contemporánea en pleno siglo XXI: soledad, incomunicación, aislamiento, híper-individualismo y violencia.

Con fotografías, vídeos y vídeo-instalaciones desde los años 80 hasta la década de 2020, la exposición se presenta como una suerte de gran homenaje a la personalidad y la carrera artística de Erwin Olaf y se articula en torno a tres temas clave de su práctica artística: la emancipación (cuerpo político), el deseo (cuerpo sensual) y la intimidad (cuerpo afectivo).

Así, la primera parte reúne un grupo de series y obras clave que giran en torno al activismo social, político y ecológico de Olaf, una de sus facetas menos conocidas en España. Los trabajos de la segunda sección abordan el deseo sensual o sexual explícito y representan la celebración del cuerpo humano. En la tercera parte, su obra se vuelve más íntima e introspectiva abordando conceptos como el aislamiento, la falta de comunicación, la tristeza o la decepción.

Además, la exposición se completa con una introducción, con casi una treintena de autorretratos, que reflejan no sólo las frustraciones los deseos y los interrogantes vitales de Erwin, sino también los distintos medios y técnicas utilizados en su práctica artística multidisciplinar.

Erwin Olaf
American Dream, Self-Portrait with Alex 1, de la serie *Palm Springs*, 2018
© ERWIN OLAF, COURTESY STUDIO ERWIN OLAF / GALERIE RON MANDOS, AMSTERDAM

Erwin Olaf
Masonic Lodge, Dahlem, de la serie *Berlín*, 2012
© ERWIN OLAF, COURTESY STUDIO ERWIN OLAF / GALERIE RON MANDOS, AMSTERDAM

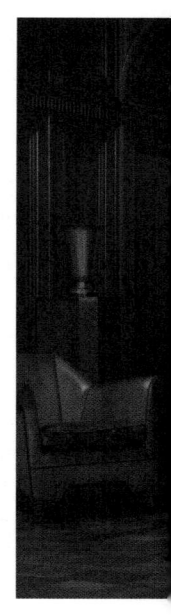

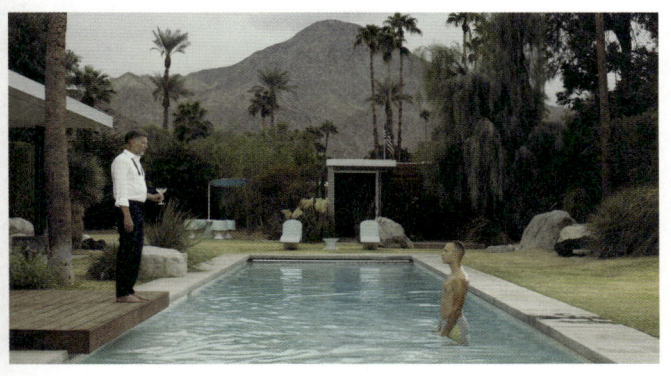

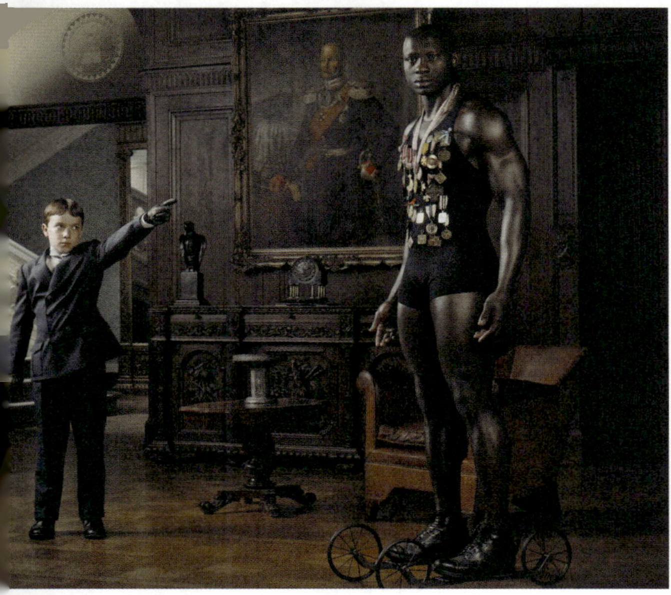

This exhibition serves as an overview of the work of Erwin Olaf, one of the driving forces who updated the narrative aesthetic of staged photography with painstaking, highly cinematographic compositions that inhabit stylised spaces that masterfully capture human beings' meanderings in a society that has lost its referents. Through a series of captivating images, the artist becomes a privileged chronicler of the problems contemporary society is facing well into the twenty-first century: loneliness, lack of communication, isolation, hyper-individualism and violence.

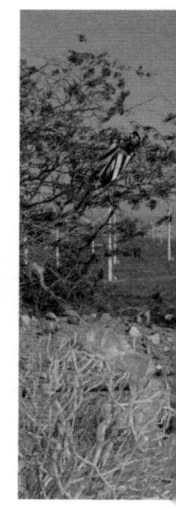

With photographs, videos and video installations spanning from the 1980s until the 2020s, this exhibition is framed as a tribute to the personality and artistic career of Erwin Olaf and is arranged around three key themes in his artistic practice: emancipation (body politic), desire (sensual body) and intimacy (affective body).

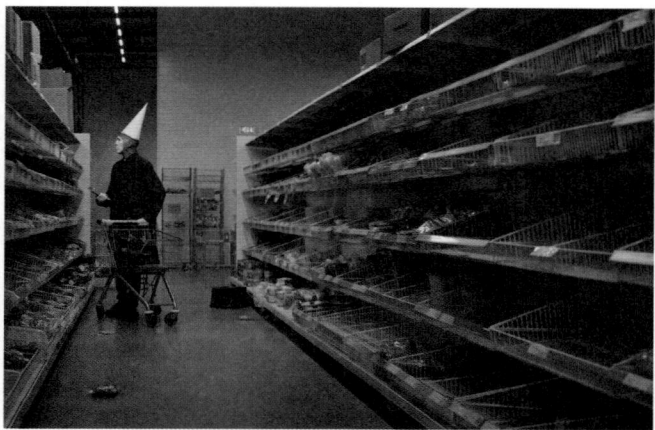

Erwin Olaf
9:50 am de la serie *April Fool 2020*, 2020
© ERWIN OLAF, CORTESÍA
STUDIO ERWIN OLAF /
GALERIE RON MANDOS,
AMSTERDAM

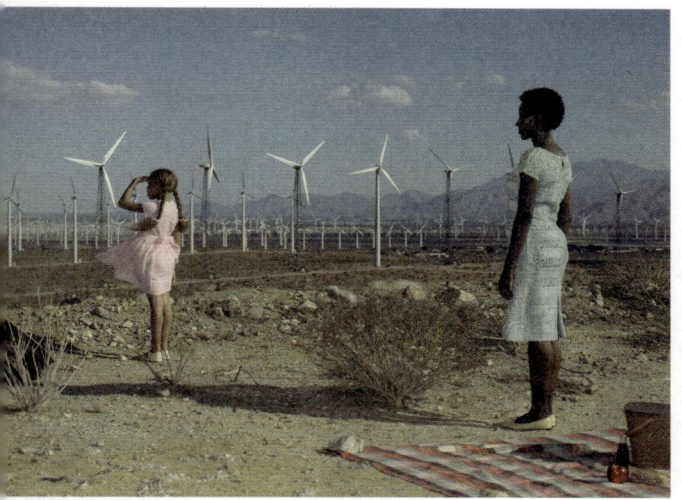

Erwin Olaf
The Kite, de la serie
Palm Springs, 2018
© ERWIN OLAF, COURTESY
STUDIO ERWIN OLAF /
GALERIE RON MANDOS,
AMSTERDAM

The first part brings together a group of series and key works revolving around Olaf's social, political and ecological activism, one of his best-known facets in Spain. The works in the second section address sensual or explicitly sexual desire and represent the celebration of the human body.
In the third part, his works become more intimate and introspective as they address concepts like isolations, the lack of communication, sadness or disappointment.

The exhibition is completed with an introduction of almost 30 self-portraits which reflect not only Olaf's vital frustrations, desires and questions but also the different media and techniques he used in his multidisciplinary artistic practice.

 07 **Fernán Gómez. Centro Cultural de la Villa**
Plaza de Colón, 4
28001 Madrid
Lunes cerrado
www.teatrofernangomez.com

Comisario
Paco Barragán

Organiza
Ayuntamiento de Madrid, Fernán Gómez. Centro Cultural de la Villa y PHotoESPAÑA

Colabora
Embajada del Reino de los Países Bajos en España, Studio of Erwin Olaf y Galerie Ron Mandos

Paloma Navares
Premio Trayectoria
Fundación ENAIRE 2024
Luz de intuición

REAL JARDÍN BOTÁNICO (RJB), CSIC
29-05 – 01.09.2024

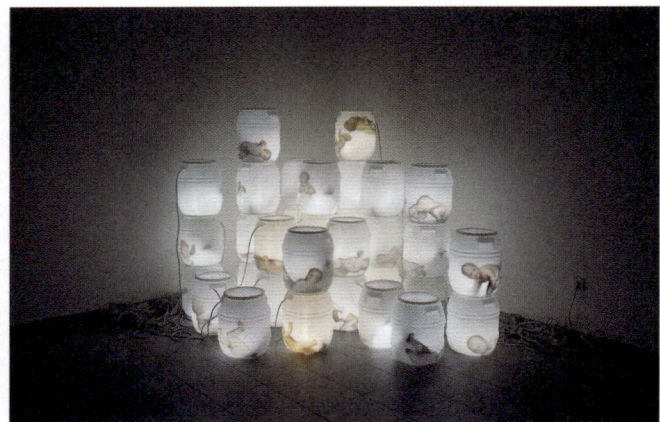

Paloma Navares
Luz de pasado, 1994
© PALOMA NAVARES

La destacada producción de Paloma Navares (Burgos, 1947), Premio Trayectoria Fundación ENAIRE 2024, responde a diversos procesos de investigación en los que indaga las temáticas sociales: especialmente profundiza en el mundo de la mujer, sus ritos, costumbres y tradiciones; las emociones internas y sus extremos (entre ellos, la locura y el suicidio), el paso del tiempo, la imagen ideal del individuo social, la cuestión de la belleza corporal o la muerte.

Su lenguaje plástico está sustentado, desde sus inicios, en la práctica interdisciplinar y en la búsqueda de un clímax en la puesta en escena de sus exposiciones, el ensamblaje de técnicas y soportes y la utilización de materiales industriales, incorporando otros lenguajes como pueden ser la danza contemporánea, la expresión corporal o la literatura. Fotografía, vídeo, sonido y luz se unifican en sus instalaciones, esculturas, objetos, collages o escenografías.

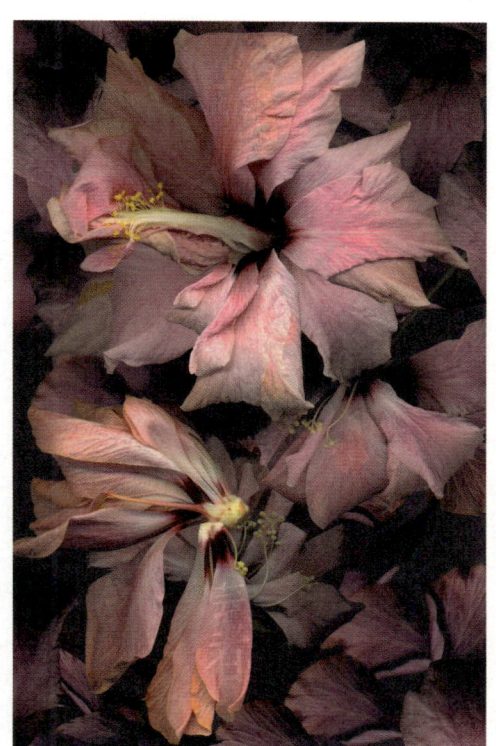

Paloma Navares
Misuague. Canción
de Geisha, 2008
© PALOMA NAVARES /
COLECCIÓN ENAIRE
DE ARTE CONTEMPORÁNEO

La exposición *Luz de intuición* recoge piezas de las diferentes etapas artísticas de la autora, en la que, de una forma delicada pero contundente, muestra como aquello que para ella es una inocente intuición, se convierte en una intensa realidad. Sus obras, sin que haya una intencionalidad previa, están cargadas de un rotundo discurso de género, que le hace ser a la vez pionera en sus inicios y vigente en la actualidad. La selección de trabajos de esta muestra propone un recorrido por toda su trayectoria artística: desde las apropiaciones de las mujeres en el arte clásico, pasando por la inspiración de la naturaleza como vehículo conductor de sus mensajes, las autorreferencias y, finalmente, el uso de la Inteligencia Artificial.

The outstanding oeuvre of Paloma Navares (Burgos, 1947), the 2024 Fundación ENAIRE Career Award winner, reflects different inquiry processes in which she explores social themes, particularly the world of women, their rites, customs and traditions; internal emotions and their extremes (including madness and suicide); the passage of time; the ideal image of the social individual; the issue of corporal beauty; and death.

From the very beginning, her artistic language has been sustained on interdisciplinary practices and the quest for a climax in the mise-en-scène of her exhibitions, along with the assemblage of techniques and media and the use of industrial materials. She also incorporates other languages, such as contemporary dance, corporal expression and literature. Photography, video, sound and light all merge in her installations, sculptures, objects, collages or set designs.

The exhibition *Light of Intuition* takes pieces from different stages in her career, in which she delicately yet forcefully shows how what is innocent intuition for her becomes an intense reality. Without prior intentionality, her works are laden with an overwhelming gender discourse which both made her a pioneer at the start of her career and keeps her relevant today. The selection of works in this show suggests a survey of her entire career: from the appropriations of women in classical art to inspiration from nature as a driving force behind her messages, to self-references and finally the use of artificial intelligence.

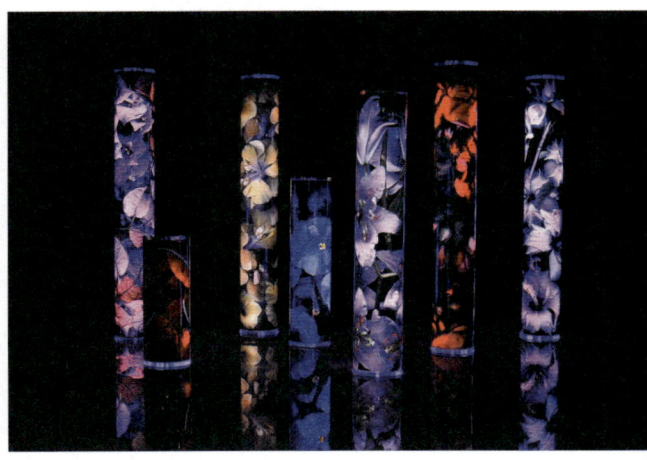

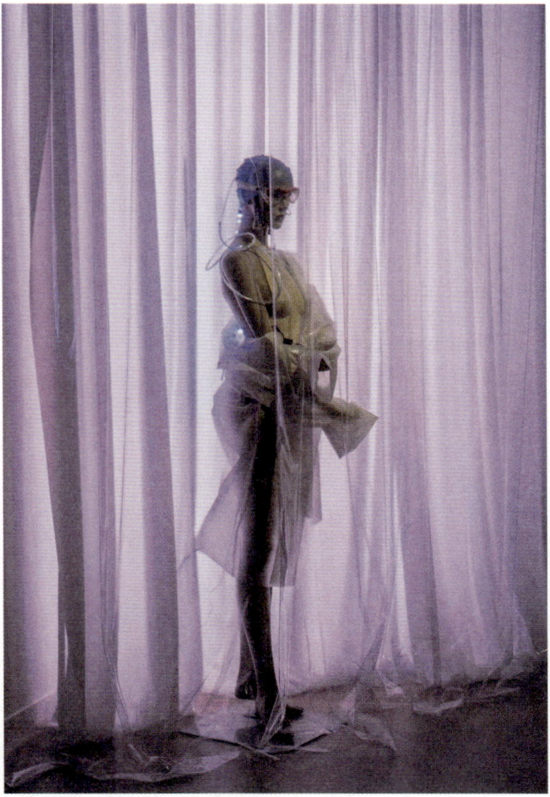

Paloma Navares
*Milenia del corazón
y del artificio*, 1998
© PALOMA NAVARES

Paloma Navares
*Jardín de la melancolía.
Al hombre cansado
de la vida*, 2004-2006
© PALOMA NAVARES

08 **Real Jardín Botánico (RJB), CSIC**
Plaza de Murillo, 2
28014 Madrid
www.rjb.csic.es

Comisarias
Paloma Navares y Ángeles Imaña

Organiza
Fundación ENAIRE

Colabora
Real Jardín Botánico (RJB), CSIC
y PHotoESPAÑA

Albertine Meunier
¡Ay, ay, IA!

INSTITUT FRANÇAIS DE MADRID. GALERIE DU 10
13.06 – 19.07.2024

Albertine Meunier (Ivry-sur-Seine, 1954) trabaja en el campo del arte digital desde 1998, utilizando Internet como su principal fuente de inspiración.

Su obra cuestiona el nuevo mundo que nos rodea, desde un punto de vista crítico, pero también lúdico. En sus investigaciones y en las obras que crea, la artista intenta revelar lo invisible, la poesía digital, a través de formas sencillas y mínimas que, en ocasiones, parecen improvisadas.

Además, Meunier se mantiene deliberadamente alejada de la hipertecnicidad de ciertos dispositivos digitales y prefiere explorar las capacidades y los límites de las herramientas convencionales. Actualmente, su gran afición es la generación de imágenes "artificiales". Percibida por algunos fotógrafos como un peligro, la Inteligencia Artificia (IA) es para Meunier una oportunidad para que los artistas digitales exploren nuevas posibilidades creativas.

Albertine Meunier
Hyperchips #190, 2023
© ALBERTINE MEUNIER

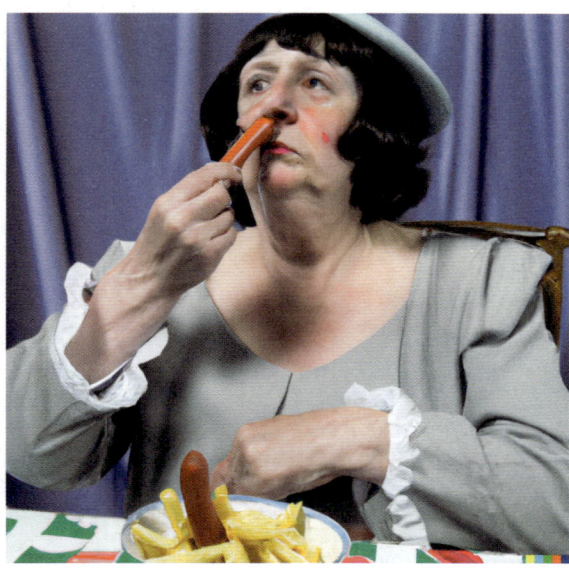

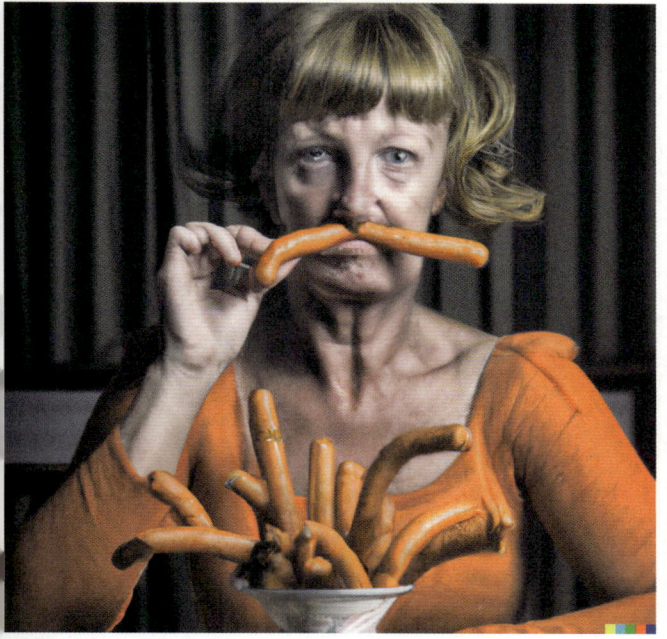

Albertine Meunier
Hyperchips #133, 2023
© ALBERTINE MEUNIER

Así, en series como *Hyperchips* o *En Maillot de Bain,* la autora francesa explora cuestiones como la fragilidad de la IA o incluso su pudor. Así mismo, obras como *My Google Search History*, *One cow* e *IA Patatras*, demuestran que, desde los datos hasta la Inteligencia Artificial, los artistas que como ella trabajan en este campo revelan, juegan y detectan funciones digitales que rara vez carecen de consecuencias en nuestras vidas.

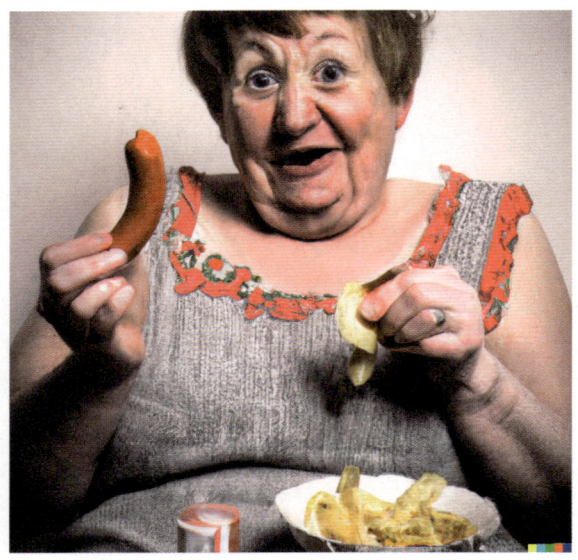

Albertine Meunier
Hyperchips #220, 2023
© ALBERTINE MEUNIER

Albertine Meunier (Ivry-sur-Seine, 1954) has been working in the field of digital art since 1998, using the Internet as her main source of inspiration.

Her work questions the new world around us from a critical yet playful standpoint. In her inquiries and the works she creates, the artist attempts to reveal the invisible, the digital poetry, through simple, minimalistic forms that at times look improvised.

Meunier also deliberately avoids the hyper-technicality of certain digital devices and instead prefers to explore the affordances and limitations of conventional tools. Currently, her main focus is creating 'artificial' images. Perceived by some photographers as a threat, Meunier instead finds artificial intelligence (AI) to be an opportunity for digital artists to explore new creative possibilities.

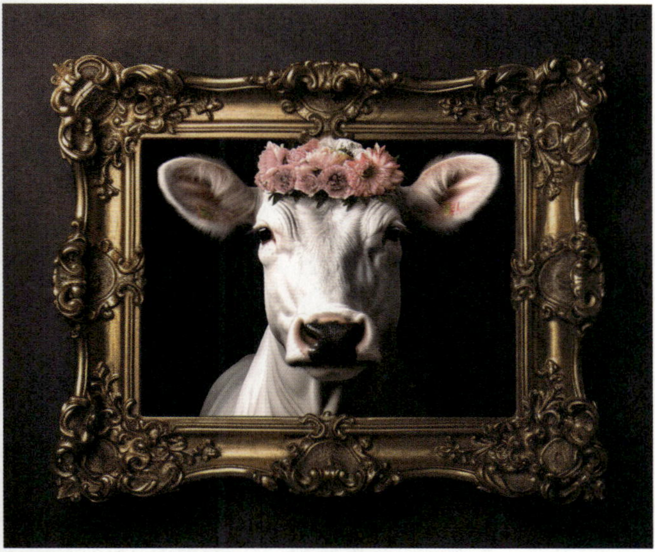

Albertine Meunier
One Cow, 2024
© ALBERTINE MEUNIER

Thus, in series like *Hyperchips* and *En Maillot de Bain*, this French photographer explores issues like the fragility and even the modesty of AI. Likewise, works like *My Google Search History*, *One Cow* and *IA Patatras* show that from data to artificial intelligence, artists like her who work in this field reveal, play with and detect digital functions that more often than not have consequences in our lives.

09 **Institut français Madrid**
Marqués de la Ensenada, 12
28004 Madrid
www.institutfrancais.es

Organiza
Institut français de Madrid
e Institut français de España

Laura San Segundo y Alejandría Cinque
Las hijas de Minerva

MUSEO NACIONAL DEL ROMANTICISMO
31.05 – 29.09.2024

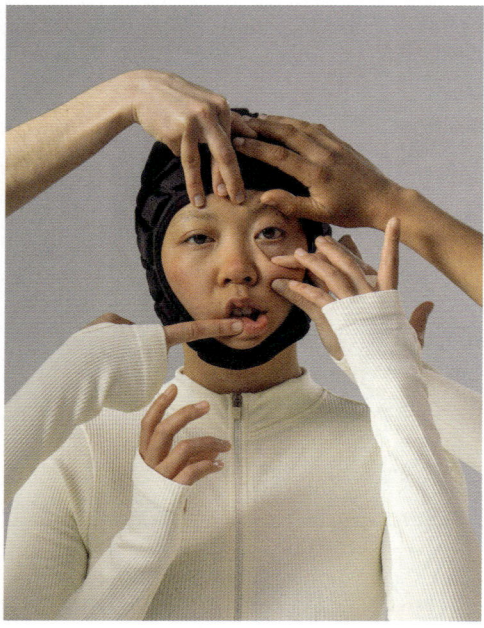

TODAS LAS FOTOS
Laura San Segundo
y Alejandría Cinque
De la serie *Las hijas
de Minerva*, 2024
© LAURA SAN SEGUNDO
Y ALEJANDRÍA CINQUE

En una casa burguesa del Romanticismo, la sala de billar era un espacio destinado a la sociabilidad masculina. Solo los hombres jugaban mientras las mujeres miraban la partida, sentadas apaciblemente a su alrededor. Esta segmentación por género ha sido reproducida de manera simbólica por el propio Museo al colocar una galería de retratos femeninos de la época en las paredes que rodean a la mesa de billar.

Más allá de mostrar la evolución de las modas de las damas románticas, este pequeño gesto actualiza el discurso de la colección y trae al presente la cuestión de género, clave en la propuesta que Laura San Segundo (Alcalá de Henares, 1990) y Alejandría Cinque (Madrid, 1990) han planteado para dialogar con este espacio singular, así como la ideología de una época de la que aún hoy somos herederos.

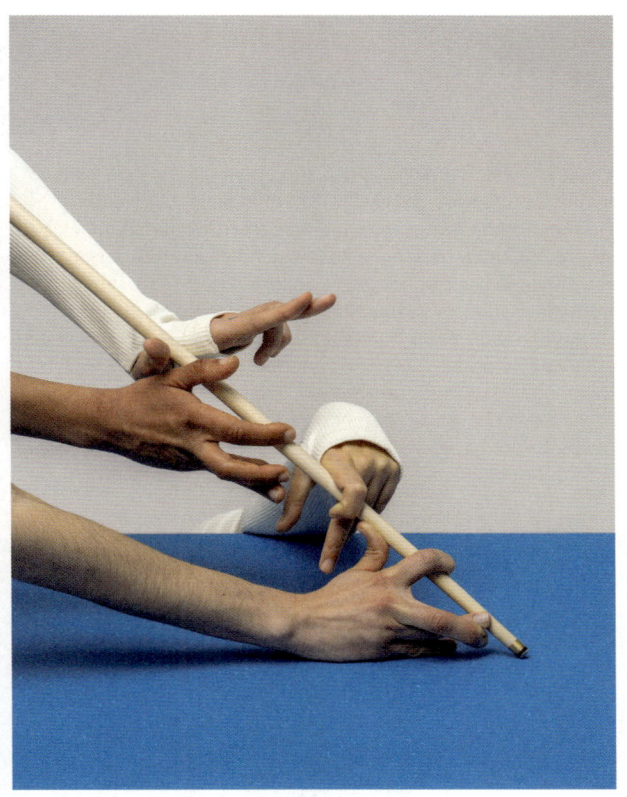

Las hijas de Minerva es un proyecto fotográfico instalativo y performático en el que varias jugadoras desarrollan figuradamente una partida de billar. A través de distintas acciones, del uso del uniforme, de la transformación de la mirada en un ejercicio activo, y de la figura mitológica de Minerva como hilo narrativo y conceptual para construir y dirigir a las jugadoras, la partida se convierte en un campo de batalla donde luchar por la emancipación de esa corporalidad vinculada a una feminidad decimonónica.

In a bourgeois Romantic house, the billiards room was a space meant for male sociability. Only the men played, while the women watched the match, quietly seated around them. This segmentation by gender has been symbolically reproduced by the Museum itself by hanging a gallery of portraits of women from that period on the walls surrounding the billiard table.

Beyond the evolution in Romantic ladies' fashions, this small gesture also updates the collection's discourse and brings the gender issue into the present. This issue is essential in the project that Laura San Segundo and Alejandría Cinque have planned to engage in dialogue with this unique space, as well as with the ideology of an era of which we are still the heirs.

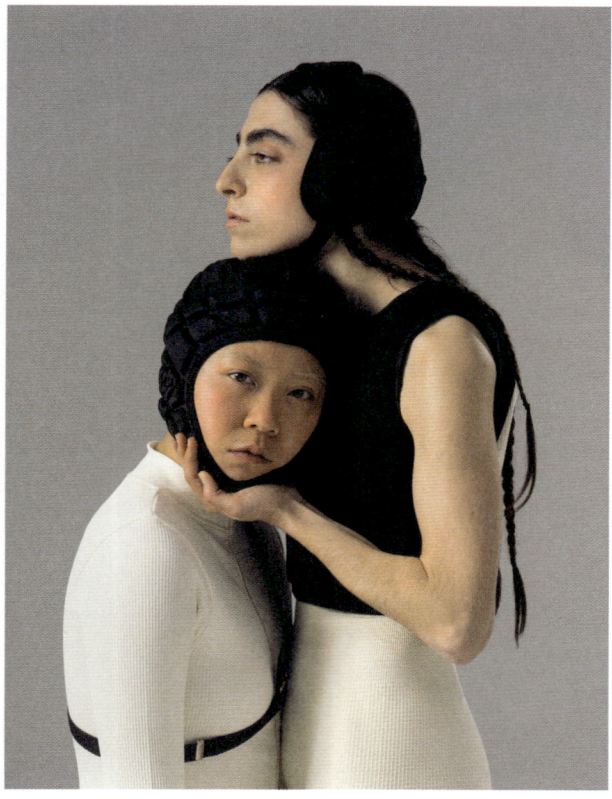

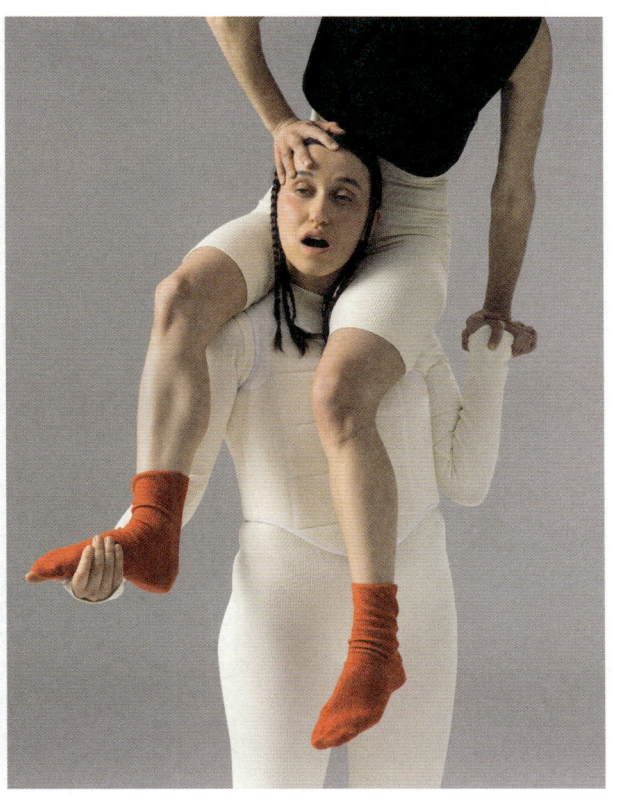

Las hijas de Minerva [Minerva's Daughters] is an installation-
and performance-based photography project in which
several female players figuratively play a billiards match.
Through different actions—from the uniforms worn and the
transformation of the watching into an active exercise to the
mythological figure of Minerva as the narrative and conceptual
thread that constructs and directs the players—the match
becomes a battlefield to struggle for the emancipation from that
corporeality associated with nineteenth-century femininity.

⑩ Museo Nacional del Romanticismo
San Mateo, 13
28004 Madrid
Lunes cerrado
www.museoromanticismo.es

Organiza
Ministerio de Cultura, Museo
Nacional del Romanticismo
y PHotoESPAÑA

Colabora
Fujifilm España

filip custic
pq hacemos lo q hacemos?

MUSEO CERRALBO
05.07 – 29.09.2024

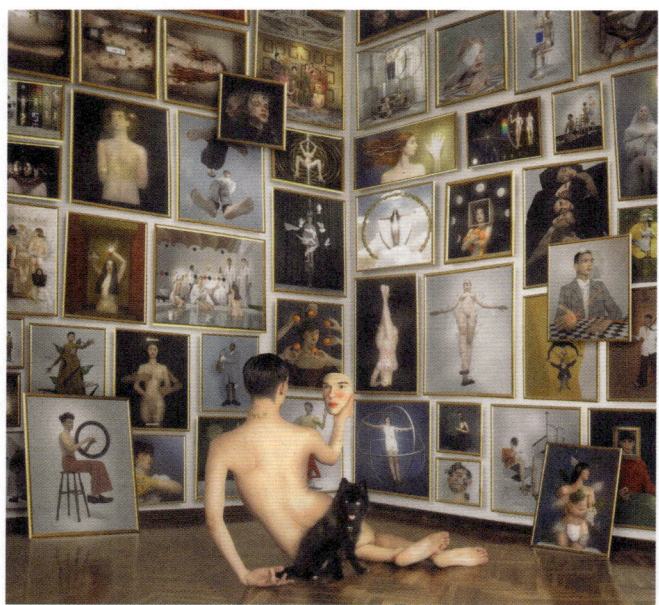

Las paredes del Museo Cerralbo están lejos de ser las superficies níveas, livianas y sin límites a las que acostumbran los espacios expositivos contemporáneos. Es en este lugar, articulado por cientos de voces congeladas en lienzos, bustos, esculturas, medallones y armarios, donde filip custic (Santa Cruz de Tenerife, 1993) actúa.

Sobre los muros del museo, el artista ofrece un itinerario acelerado por su pasado, planteando una exposición retrospectiva que recorre su producción. filip custic se refleja entonces sobre las paredes y, recordando los pasos ya andados, vuelve a rascarse las heridas que surgieron en el trayecto. Sus composiciones neo-barrocas, detallistas y llenas de datos intoxican las salas mientras se camuflan respetuosamente entre el relato del espacio. La historia del lugar, porosa y en movimiento, acoge una obra líquida y afectuosa que se cuela por las rendijas y las cerraduras de un lugar que le da la bienvenida.

Finalmente, la exposición se completa con una pieza de nueva factura. El Salón de Baile del Museo Cerralbo, donde antes sonaba música señorial y repiqueteaban contra el suelo los tacones de los invitados, ahora hospeda la última obra de filip custic: un busto venoso, donde el bronce propio de la efigie se ha licuado para dar vida a otros cuerpos. El artista cuestiona así la pervivencia de las lógicas monumentales y afirma otras formas de hacer.

En esta muestra se reafirma la capacidad de escucha de un museo interesado no solo en su presente y su pasado, sino también en lo contemporáneo y su contexto. El espacio asume la exposición mientras el artista visita, lejos de la lógica del turista, un intersticio lleno de posibilidades.

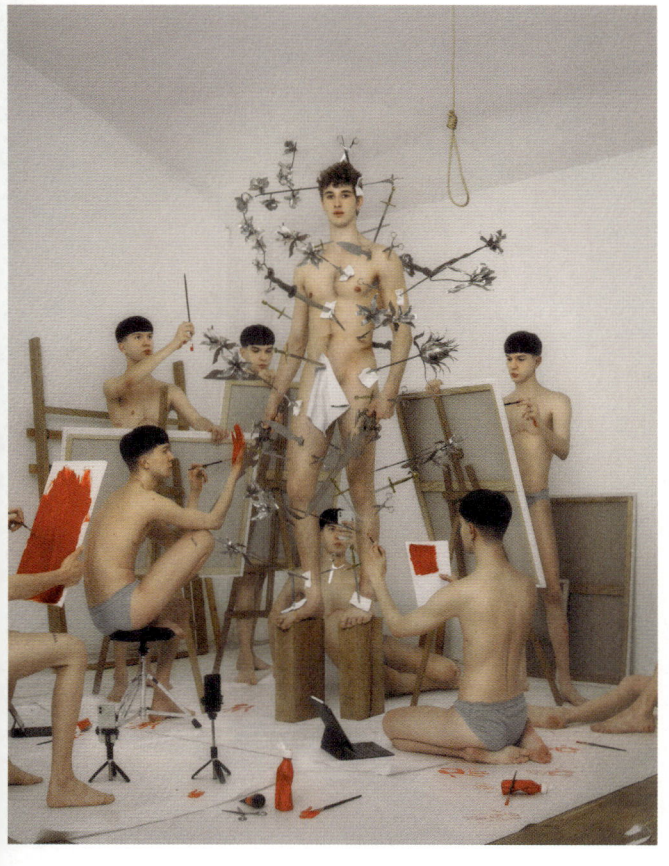

The walls of the Museo Cerralbo are far from being the snowy-white, light, boundless surfaces that contemporary exhibition spaces tend to offer. This space, articulated by hundreds of voices frozen in canvases, busts, sculptures, medallions and cabinets, is where filip custic is acting.

The artist is offering an accelerated journey through his past on the museum's walls, with a retrospective that surveys his entire oeuvre. filip custic is thus reflected on the walls, and recalling paths already taken, he once again scratches the wounds he got along the way. His neo-baroque compositions, detailed and brimming with data, intoxicate the galleries while respectfully camouflaging the story of the space. The history of the venue, porous and in motion, is thus harbouring a liquid, affective body of work which seeps in through the chinks and keyholes of a place that welcomes him.

filip custic
árbol genealógico, 2022
© FILIP CUSTIC,
CORTESÍA DE ONKAOS

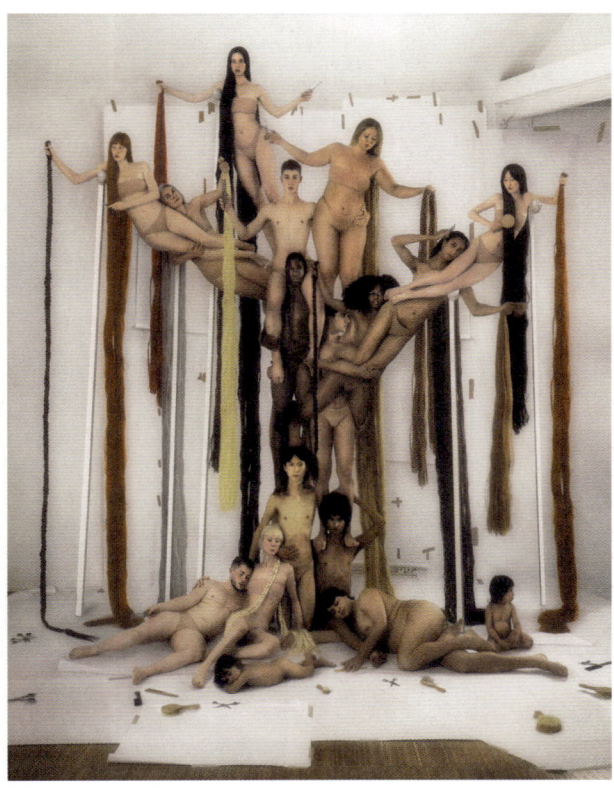

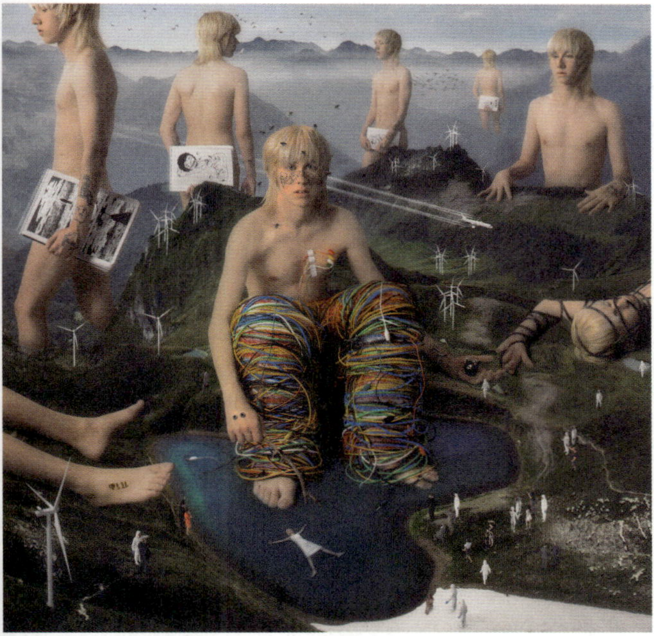

filip custic
rojuu kor kor lake, 2022
© FILIP CUSTIC,
CORTESÍA DE ONKAO

Finally, the exhibition is rounded out with a new piece.
The Museo Cerralbo's Dance Hall, where patrician music used
to play and the guests' heels used to clatter on the floor, now
houses filip custic's latest work: a venous bust where the effigy's
bronze has been liquified to bring other bodies to life. The artist
thus questions the survival of monumental logics and asserts
other ways of acting.

This show reaffirms a museum's ability to listen not only
in its present and past but also in contemporary time and
within its milieu. The space embraces the exhibition as the
artist visits an interstice replete with possibilities, far from a
tourist's logic.

11 **Museo Cerralbo**
Ventura Rodríguez, 17
28008 Madrid
Lunes cerrado
www.museocerralbo.es

Organiza
Ministerio de Cultura, Museo
Cerralbo, Proyecto SOLO
y PHotoESPAÑA

Lúa Ribeira
Agony in the Garden

MUSEO LÁZARO GALDIANO
31.05 – 25.08.2024

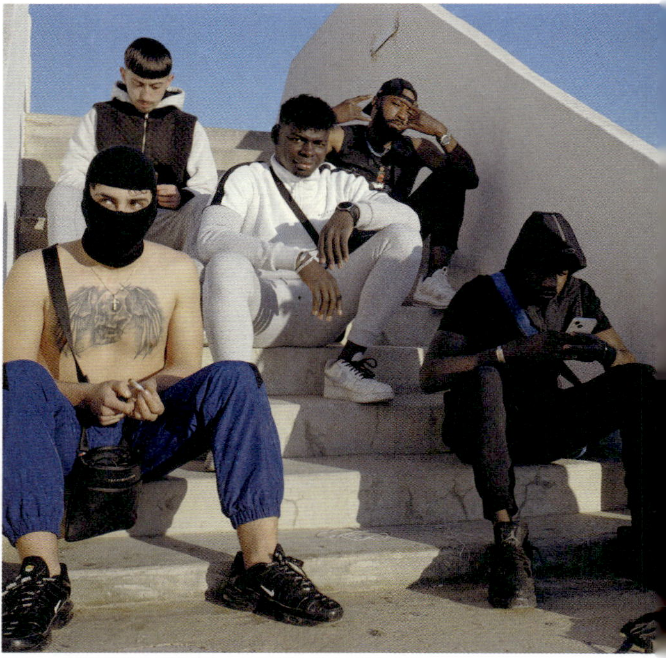

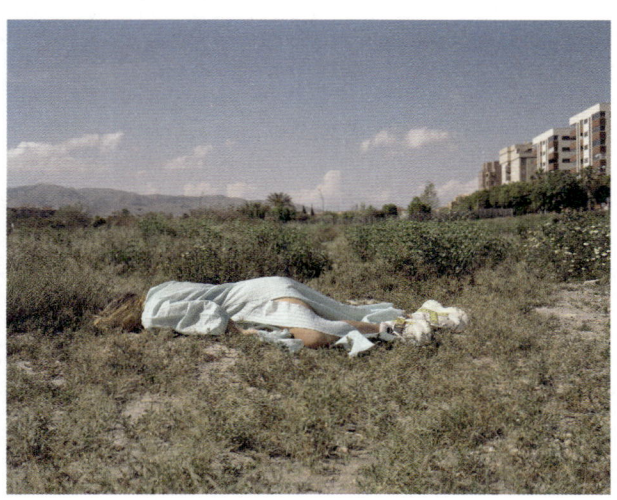

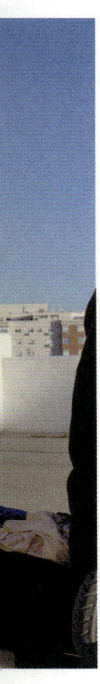

Contraponiendo los extremos del hedonismo y nihilismo encarnados en la escena musical del *trap* y *drill* en España, la serie *Agony in the Garden* de Lúa Ribeira (As Pontes de García Rodríguez, A Coruña, 1986) es un encuentro cercano con jóvenes involucrados en una ola cultural global y diversa, que se desarrolla de manera única a nivel local. La autora gallega trabajó con algunos de los protagonistas españoles de dicha escena musical para crear una serie de imágenes líricas y enigmáticas que apuntan hacia temas más universales. Desarrollada entre 2021 y 2023 con la pandemia como telón de fondo, la serie presta atención a los movimientos juveniles contemporáneos y reflexiona sobre su potencial y su relación con el contexto actual de precariedad laboral, violencia institucional, crisis migratoria, financiera y medioambiental.

Tanto el *trap* como el *drill* son géneros originados en Estados Unidos como una evolución de la música rap. Ambos se reconocen por el contenido nihilista de sus letras y por retratar la dualidad entre una vida precaria y otra de lujo y fama, que se hace tangible en el ámbito global-digital-*online*. El hedonismo frente al nihilismo, la oscuridad frente a la alegría, la glorificación de la riqueza y la banalización de la violencia resuenan como respuesta a los valores, mercados y estructuras de la sociedad contemporánea del capitalismo tardío.

En España –país con una acentuada tasa de desempleo juvenil– el *drill* se ha convertido en el primer *boom* cultural que no es predominantemente blanco. Es en ciudades como Madrid, Almería o Granada donde las generaciones más jóvenes están explorando la música y la estética del *trap* y el *drill* y haciéndolas suyas. El proyecto es un intento de leer entre líneas el significado y potencial que emerge de estos sonidos y gestos, corriente musical de nuestro tiempo, a menudo representada como performativa o superficial.

Mirroring the extremes of hedonism and nihilism embodied in the emerging trap and drill music scene in Spain, Lúa Ribeira's series *Agony in the Garden* is a close encounter with young people involved in a global and diverse cultural wave as it unfolds uniquely at the local level. The Galician artist worked with some of the leading Spanish musicians on that scene to create a series of lyrical, enigmatic images that point to more universal themes. Created between 2021 and 2023 with the pandemic as the backdrop, the series hones in contemporary youth movements and reflects on their potential and their relationship with the current context of job instability, institutional violence and the migratory, financial and environmental crises.

Both trap and drill are genres that originated in the United States as evolutions of rap music. Both are known for the nihilistic content of their lyrics and for portraying the duality between an unstable life and one of luxury and fame, which becomes tangible in the global-digital-online sphere. Hedonism versus nihilism, darkness versus joy, the glorification of wealth and the banalisation of violence resound in response to the values, markets and structures of contemporary society in late capitalism.

In Spain—a country with an extremely high unemployment rate among young adults—drill has become the first cultural boom that is not predominantly white. The younger generations in cities like Madrid, Almería and Granada are exploring trap and drill music and aesthetic and making them their own. The project is an attempt to read between the lines to find the meaning and potential emerging from these sounds and gestures, a musical trend of our time that is often depicted as performative or superficial.

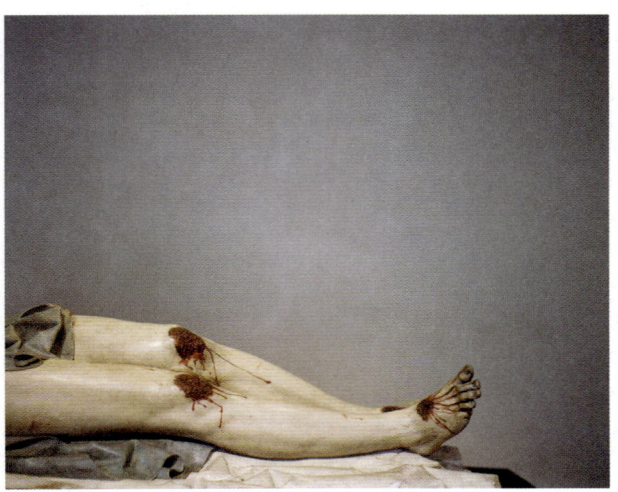

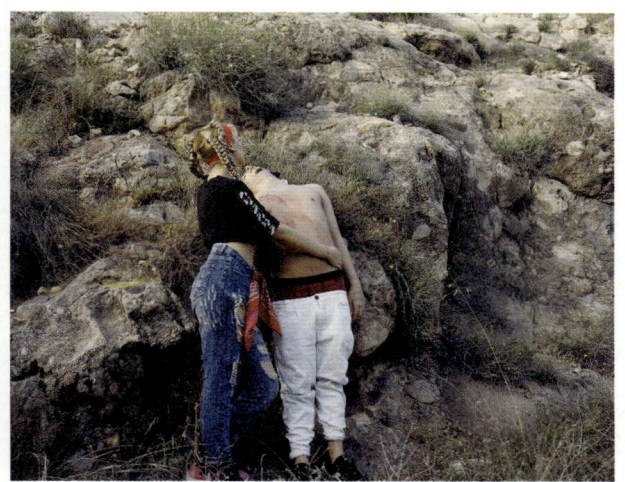

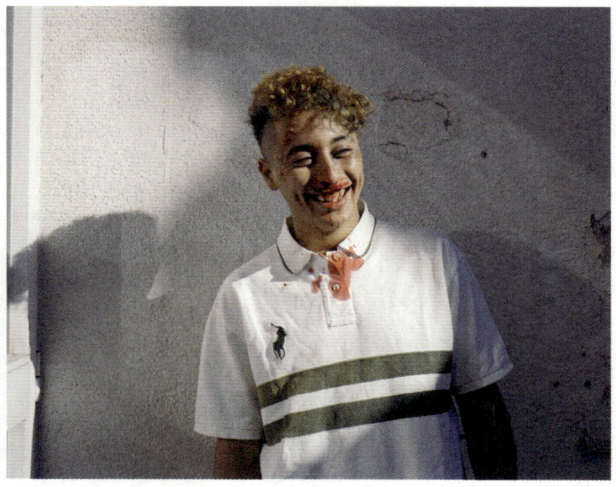

TODAS LAS FOTOS
Lúa Ribeira
Sin título, de la serie
Agony In The Garden,
2021-2023
© LÚA RIBEIRA,
CORTESÍA DE LA ARTISTA

 Museo Lázaro Galdiano
Serrano, 122
28006 Madrid
Lunes cerrado
www.museolazarogaldiano.es

Organiza
Museo Lázaro Galdiano
y PHotoESPAÑA

Colabora
Fujifilm España

Widline Cadet
Take this with you / Pran sa avèk ou

CASA DE AMÉRICA
31.05 – 07.09.2024

Widline Cadet, artista de origen haitiano (Pétion-Ville, Haiti, 1992), utiliza su práctica fotográfica para reflexionar sobre la naturaleza de su experiencia diaspórica, abordando ideas como el parentesco, el legado intergeneracional y la fragilidad de la memoria. Aparentes opuestos como presencia y ausencia, realidad y ficción o pasado y futuro se repiten en todos sus matices.

Cadet combina imágenes de archivos familiares con las fotografías que ella misma toma de su propia familia y amigos, de personas hasta entonces desconocidas y autorretratos. Juntas forman un único archivo en el que coexisten diferentes generaciones y capas temporales. Abordar la historia de su familia a través de hipótesis crea una interesante dinámica entre realidad y ficción. Cadet reúne ambas en una auténtica *istwa*, palabra kreyòl que significa historia.

El título de la exposición [*Lleva esto contigo*] hace referencia a multitud de cosas. De niña, la frase se le ocurrió mientras preparaba su traslado de Haití a Estados Unidos; de adulta, le recuerda lo que debe llevar cuando viaja entre los dos países. Las palabras también apuntan a la capacidad de la fotografía para aplanar objetos tridimensionales y convertirlos en algo que se puede guardar en el bolsillo. En tiempos de pérdida pueden, por tanto, forjar un vínculo entre personas muy separadas en el espacio o en el tiempo.

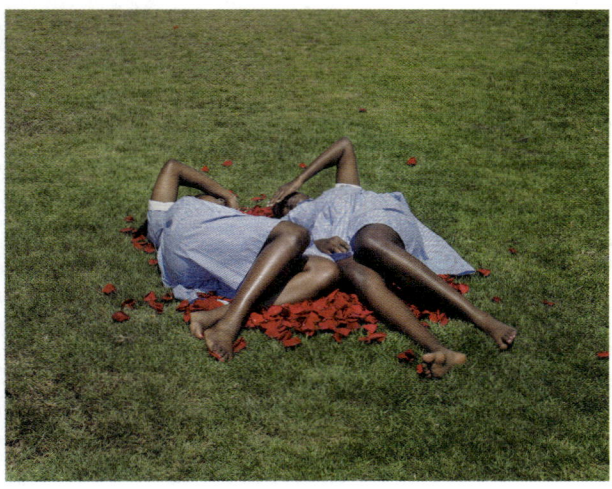

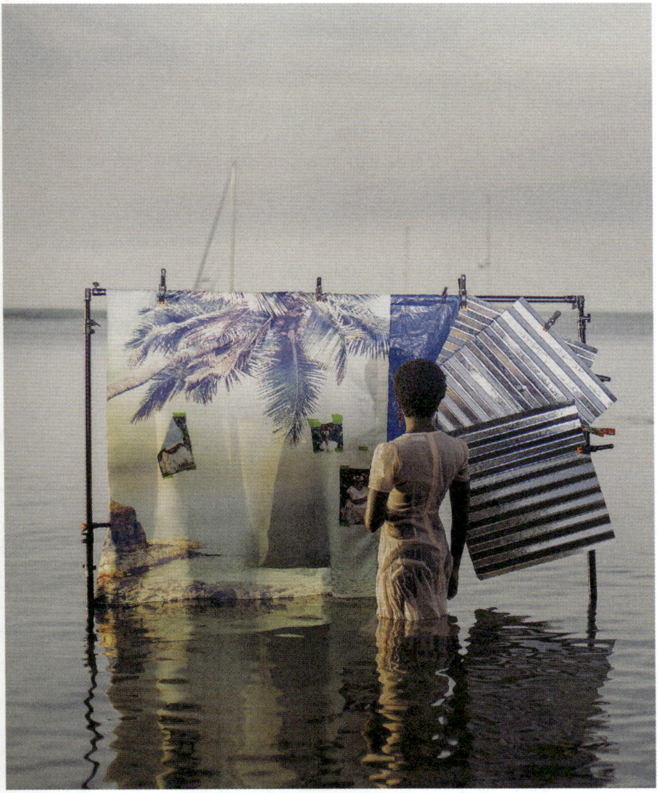

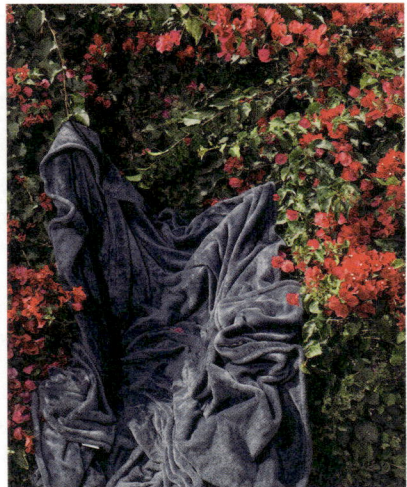

Widline Cadet
*Seremoni Disparisyon #1 /
Ritual [Dis]Appearance
#1*, 2019
© WIDLINE CADET / COLECCIÓN
MUSEO HUIS MARSEILLE

Widline Cadet
*Bougenvilye, ki itilize pou
Bote, Vi Prive sou Liy Kloti,
ak pwoteksyon Pikan /
Bougainvillea, Used for Beauty,
Privacy on Fence Lines,
and Thorny Protection*, 2021
© WIDLINE CADET

Widline Cadet
*Nan Letènite /
In Eternity*, 2021
© WIDLINE CADET

The Haitian born artist Widline Cadet (Pétion-Ville, Haiti, 1992) uses her photographic practice to reflect on the nature of her diasporic experience, addressing ideas of kinship, intergenerational heritage, and the fragility of memory. Apparent opposites such as presence and absence, fact and fiction, or past and future recur in all shades and nuances.

Cadet combines family archive photos with her own photographs of family, friends, herself, and previously unknown people. Together they form a single archive in which different generations and layers of time exist side by side. Approaching (her family) history through hypothesis creates an interesting dynamic between fact and fiction. Cadet brings both together in a genuine *istwa*, a Kreyòl word meaning '(hi)story'.

The title of the exhibition refers to a multitude of things. As a child, the phrase occurred to her while she was preparing to move from Haiti to the United States; as an adult, it reminds her what to bring when travelling between the two countries. The words also point to photography's ability to flatten three-dimensional objects and turn them into something you can keep in your pocket. In times of loss they can therefore forge a link between people who are widely separated in space or in time.

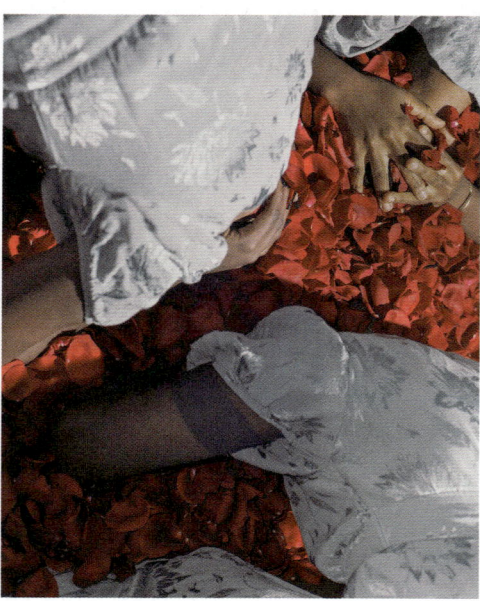

Widline Cadet.
*Nan ou,mwen fèt ankò /
In You, I'm Born Again,*
2021
© WIDLINE CADET

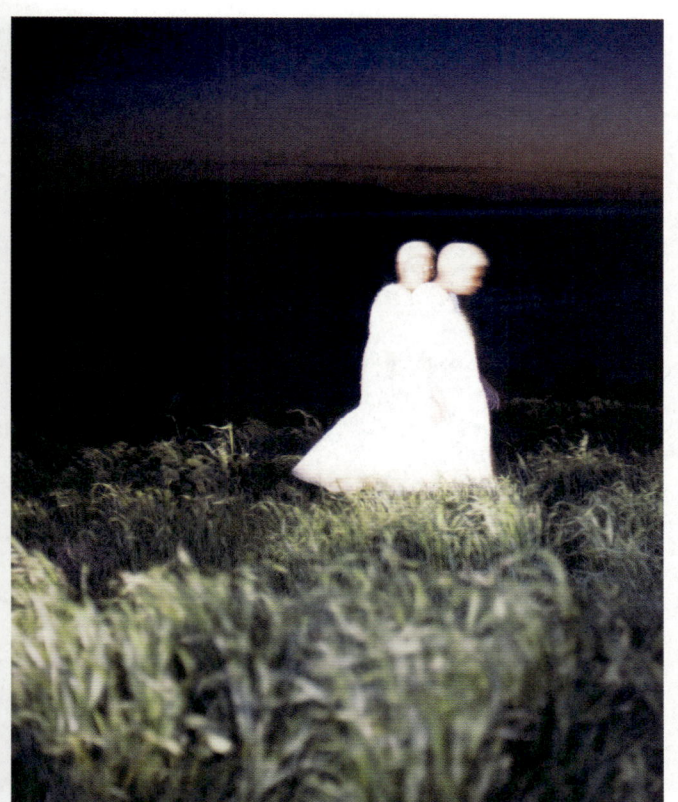

Widline Cadet
Manyen distans /
TouchingDistance, 2023
© WIDLINE CADET

13 **Casa de América**
Marqués del Duero, 2
28014 Madrid
www.casadeamerica.es

Comisaria
Nanda van den Berg

Organiza
Casa de América, Huis Marseille
Museum voor Fotografie
y PHotoESPAÑA

MADRID. SECCIÓN OFICIAL **101**

Paisajes efímeros del sol

CASA ÁRABE
05-06 – 15.09.2024

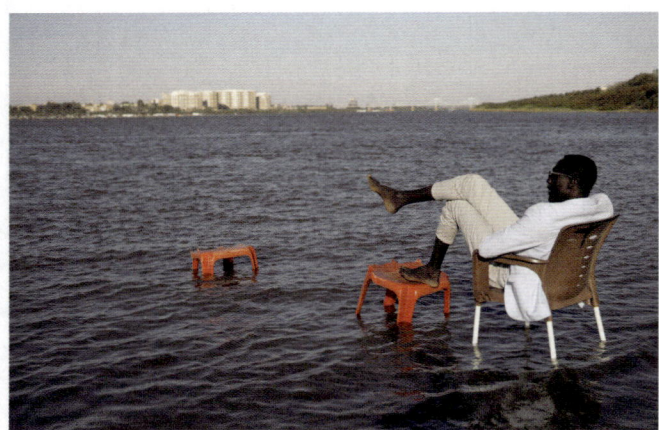

Paisajes efímeros del sol es el título de la muestra colectiva ganadora de la cuarta edición de la convocatoria NUR. En esta ocasión, la muestra reúne los trabajos de Roger Anis, M'hammed Kilito, Salih Basheer, Imane Djamil, Ebti Nabag, Yumna Al Arashi, Tanya Habjouqa, Abdallah Al Khatib y Leila Chaïbi. Todos ellos artistas de África y Medio Oriente, nacidos en las décadas de los 80 y 90 del siglo XX.

En sus fotografías y propuestas audiovisuales estos artistas evocan el movimiento perpetuo desde miradas que vertebran los cuatro capítulos de la exposición: *Naturaleza en fuga* es una sección representada por la icónica (y a la vez amenazada) existencia del río Nilo y los oasis magrebíes. En *Éxodos* se evocan las huidas apresuradas que provocan tanto la orfandad como las guerras (y las persecuciones en Sudán), o la incesante partida de migrantes desde la costa africana hacia las Islas Canarias.

Por su parte, *La vida en círculos* nos muestra a las mujeres que sostienen sus hogares con puestos de venta ambulantes (como las damas del té en Khartoum) o los ciudadanos de un campo de refugiados palestinos sitiado por conflictos ajenos que no encuentran salidas.

Por último, *Mutaciones* es una sección que se aproxima a las maneras en que lo tangible se encuentra con los mundos ancestrales, poéticos y místicos. Una mutación para perder los miedos, flexibilizar cuestiones relacionadas con el género y la identidad y, en definitiva, confiar en el gozo y en la vida.

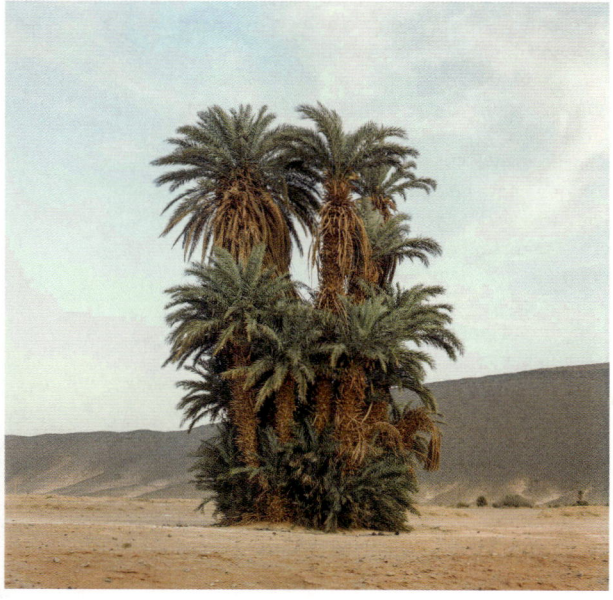

M'hammed Kilito
De la serie *Before it's gone, 2020 – 2022*
© M'HAMMED KILITO

Paisajes efímeros del sol [Ephemeral Landscapes of the Sun] is the title of the collective show that won the fourth edition of the NUR call for participation. This time, the show brings together works by Roger Anis, M'hammed Kilito, Salih Basheer, Imane Djamil, Ebti Nabag, Yumna Al Arashi, Tanya Habjouqa, Abdallah Al Khatib and Leila Chaïbi, all of them artists from Africa and the Middle East born in the 1980s and 1990s.

In their photographs and audiovisuals, these artists evoke perpetual motion from vantage points that coalesce around the four chapters of the exhibition. *Naturaleza en fuga [Fleeing Nature]* is a section represented by the iconic (and yet threatened) existence of the Nile River and the oases of the Maghreb. *Éxodos [Exodus]* evokes the rushed fleeing caused by both orphanhood and wars (and persecution in Sudan), as well as the incessant waves of migrants setting sail from the African coast to the Canary Islands.

La vida en círculos [Life in Circles], in turn, shows women who support their households by peddling from street stalls (like tea ladies in Khartoum) and the Palestinian residents of a refugee camp beleaguered by others' conflicts with no way out. Finally, *Mutacione [Mutations]* is a section that examines the way the tangible encounters ancestral, poetic, mystical worlds, a mutation to make us shed our fears, to make gender and identity issues more flexible and ultimately to trust joy and life.

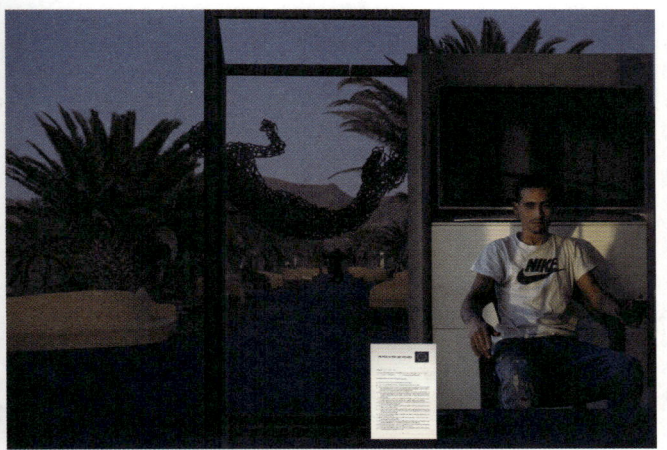

Imane Djamil
De la serie *Slow days
in the fortunate Isle*,
2021–2024
© IMANE DJAMIL

Ebti Nabag
De la serie *Tea Ladies
of Sudan*, 2018–2024
© EBTI NABAG

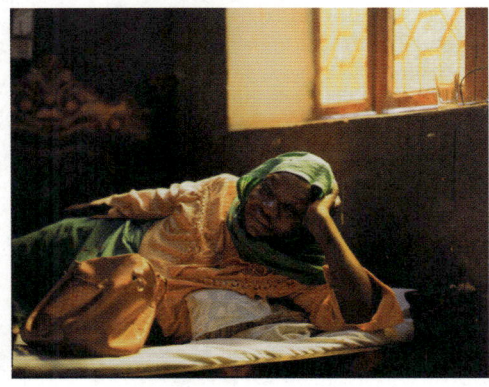

14 **Casa Árabe**
Alcalá, 62
28009 Madrid
www.casaarabe.es

Comisarias
Irene Díaz y Analía Iglesias

Organiza
Casa Árabe y PHotoESPAÑA

Iwan Baan
Instantes en la arquitectura

MUSEO ICO
06.06 – 08.09.2024

Iwan Baan (Alkmaar, Países Bajos, 1975) es internacionalmente considerado como uno de los más destacados fotógrafos de arquitectura. Con sus impresionantes imágenes documenta tanto el crecimiento de las megalópolis globales como la arquitectura tradicional o las construcciones informales, además de las obras de reconocidos arquitectos contemporáneos como Rem Koolhaas, Herzog & de Meuron, Francis Kéré, David Chipperfield, Kazuyo Sejima y Tatiana Bilbao. Baan atrapa el carácter y el contexto de un edificio combinando imágenes aéreas realizadas desde un helicóptero con toda una serie de variadas perspectivas, desde amplias panorámicas hasta planos de detalle.

El Museo ICO, primera sede de la itinerancia internacional de esta exposición del Vitra Design Museum, muestra la primera retrospectiva exhaustiva dedicada a la obra del fotógrafo neerlandés. A través de una amplia selección de sus imágenes, la exposición también ofrece un interesante panorama de la arquitectura de principios del siglo XXI contextualizada en sus entornos urbanos y sociales y animada por las personas que la habitan.

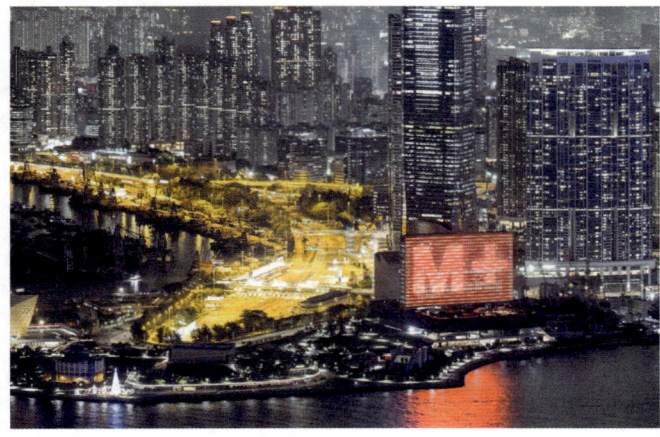

Estructurada en cuatro apartados (Perspectivas, China, Ciudades y Líneas de continuidad), muestra ejemplos de todos los ámbitos de trabajo de Baan desde principios de la década de los 2000 –cuando un encuentro con el arquitecto holandés Rem Koolhaas en el año 2004 sería decisivo para su especialización en la fotografía de arquitectura–, entre ellos material fílmico e imágenes poco conocidas de construcciones informales: desde un poblado circular chino hasta una iglesia monolítica etíope, desde los bloques de pisos de construcción propia en El Cairo donde la comunidad copta se dedica al reciclaje de basura hasta la ocupada Torre de David en Caracas.

Iwan Baan
M+ Museum, Hong Kong, China, 2022
Arquitectura: Herzog & de Meuron
© IWAN BAAN

Iwan Baan
Sede de la CCTV, Pekín, China, 2011
Diseñada por OMA.
© IWAN BAAN © OMA

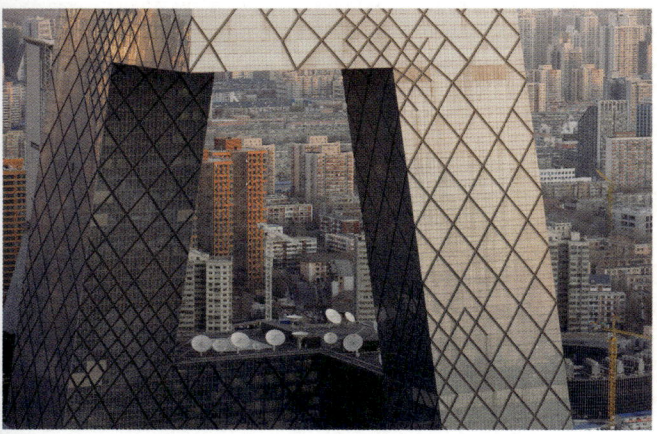

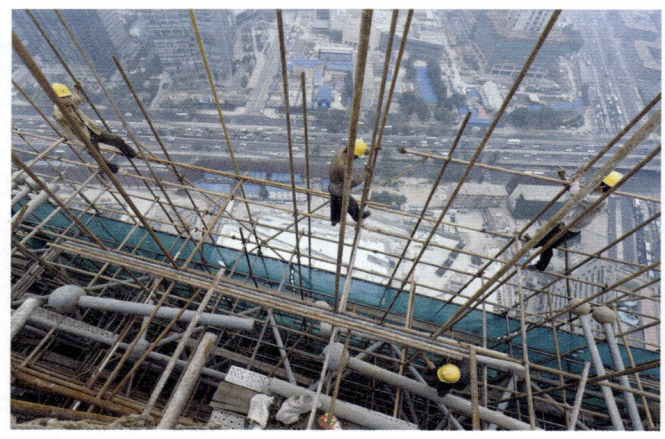

Iwan Baan (Alkmaar, Netherlands, 1975) is internationally regarded as one of the most outstanding architecture photographers. With his impressive images, he documents both the growth of global megalopolises and traditional architecture or informal constructions, in addition to works by renowned contemporary architects like Rem Koolhaas, Herzog & de Meuron, Francis Kéré, David Chipperfield, Kazuyo Sejima and Tatiana Bilbao. Baan captures the buildings' character and context by combining aerial images taken from a helicopter with an entire series of varied perspectives, from sweeping panoramic shots to close-ups.

The Museo ICO, the first venue on the international tour of this Vitra Design Museum exhibition, is hosting the first exhaustive retrospective of this Dutch photographer's work. Through a broad selection of his works, the exhibition also offers an interesting overview of early twenty-first-century architecture contextualised in its urban and social settings and brought to life by the people who inhabit it.

Organised into four sections (*Perspectives, China, Cities* and *Continuities*), it shows examples of all areas of Baan's work from the early 2000s—when an encounter with the Dutch architect Rem Koolhaas in 2004 became a decisive turning point in his specialisation in architecture photography—including films and little-known images of informal constructions: from a round Chinese village to a monolithic Ethiopian church, from self-built multi-storey dwellings in Cairo where the Coptic community recycles rubbish to the occupied Torre David in Caracas.

Iwan Baan
Sede de la CCTV, Pekín, China, 2011
Diseñada por OMA.
© IWAN BAAN © OMA

Iwan Baan
*Biete Ghiorgis, iglesia excavada
en la roca,* Lalibela, Etiopía, 2012
© IWAN BAAN

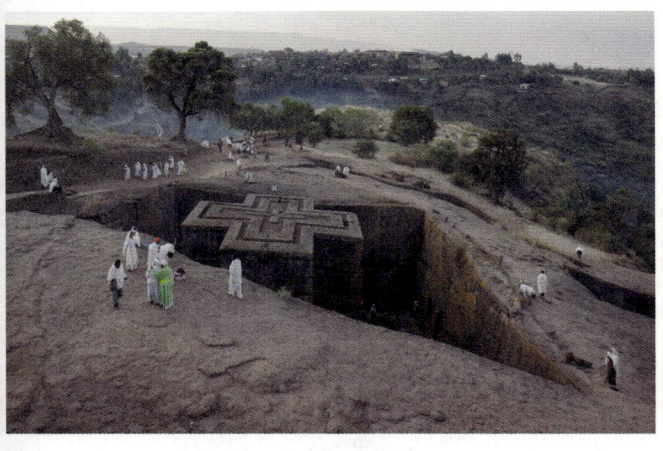

15 **Museo ICO**
Zorrilla, 3
28014 Madrid
www.fundacionico.es
Lunes cerrado

Comisaria
Mea Hoffmann

Organiza
Fundación ICO

Una exposición de
Vitra Design Museum

Con el apoyo de
Rolex
Reino de los Países Bajos

Consuelo Kanaga
Atrapar el espíritu

FUNDACIÓN MAPFRE. SALA RECOLETOS
25.05 – 25.08.204

Profundamente comprometida tanto en su trabajo como en su vida por la justicia social, Consuelo Kanaga (Oregón, 1894 – Nueva York, 1978) es célebre por la intensidad con la que sus imágenes enfrentan al espectador a algunas cuestiones como la pobreza, el acoso racial o la desigualdad sobre todo en relación con la población afroamericana en Estados Unidos. No obstante, también defendió y experimentó las posibilidades formales y poéticas de la fotografía como forma artística.

Figura poco convencional, Kanaga llegó a ejercer profesionalmente el fotoperiodismo en una fecha tan temprana como la década de 1910 en Estados Unidos. Fue también fue una de las pocas mujeres que mantuvo una estrecha relación con los círculos de vanguardia estadounidenses, tanto en San Francisco, con el Grupo f.64, como en Nueva York, con la Photo League. En estos contextos, su amistad y apoyo profesional abrió el camino a relevantes fotógrafas. Sin embargo, las desigualdades de género y las convenciones sociales limitaron su capacidad para dedicarse plenamente a la labor artística. Desempeñó trabajos a jornada completa, practicaba su arte durante los fines de semana y en repetidas ocasiones aparcó su carrera por sus parejas masculinas; estas son algunas de las razones que explican por qué su obra no es más conocida en la actualidad.

La exposición, organizada a partir de la colección del Brooklyn Museum, que ha velado por el archivo del artista, cuenta con cerca de 180 fotografías y diverso material documental de archivo. A la vez que recorre y contextualiza el trabajo de Consuelo Kanaga y presenta algunas de sus imágenes icónicas, incide también en el papel de la fotografía en la representación del mundo afroamericano.

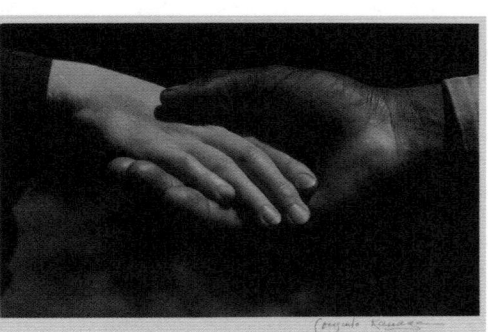

Consuelo Kanaga
Hands, 1933
© BROOKLYN MUSEUM

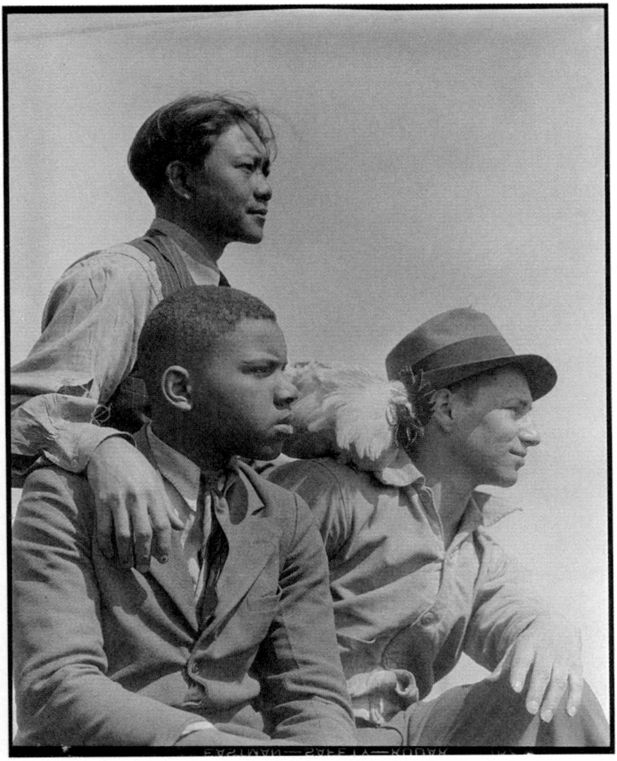

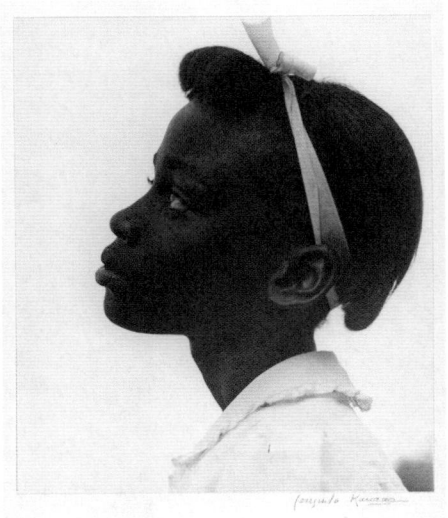

Consuelo Kanaga
Sin título, 1936
© BROOKLYN MUSEUM

Consuelo Kanaga
Young Girl in Profile,
1948
© BROOKLYN MUSEUM

Profoundly committed to social justice in both her work and her life, Consuelo Kanaga (Oregon, 1894 - New York, 1978) is celebrated for how intensely her images confront spectators with issues like poverty, racial harassment and inequality, especially regarding African-Americans in the United States. Nonetheless, she also advocated and experimented with the formal and poetic possibilities of photography as an art form.

A somewhat unconventional figure, Kanaga worked professionally in photojournalism in the United States as early as the 1910s. She was also one of the few women with close ties to the US avant-garde circles in both San Francisco, with Group f.64, and New York, with the Photo League. Within these contexts, her friendship and professional support paved the way for prominent women photographers. However, gender inequalities and social conventions limited her ability to devote herself wholly to her art. She held down full-time jobs and made art at weekends, and she repeatedly had to put her career on hold for her male partners, two of the reasons why her work is not better known today.

This exhibition, organised based on the Brooklyn Museum collection, which stewards the artist's archive, includes almost 180 photographs and a variety of archival documents. It surveys and contextualises Consuelo Kanaga's work while also presenting some of her iconic images and emphasising the role of photography in representing the African-American world.

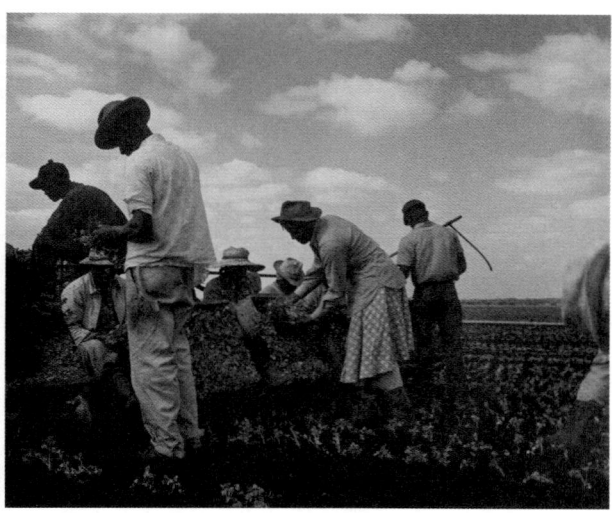

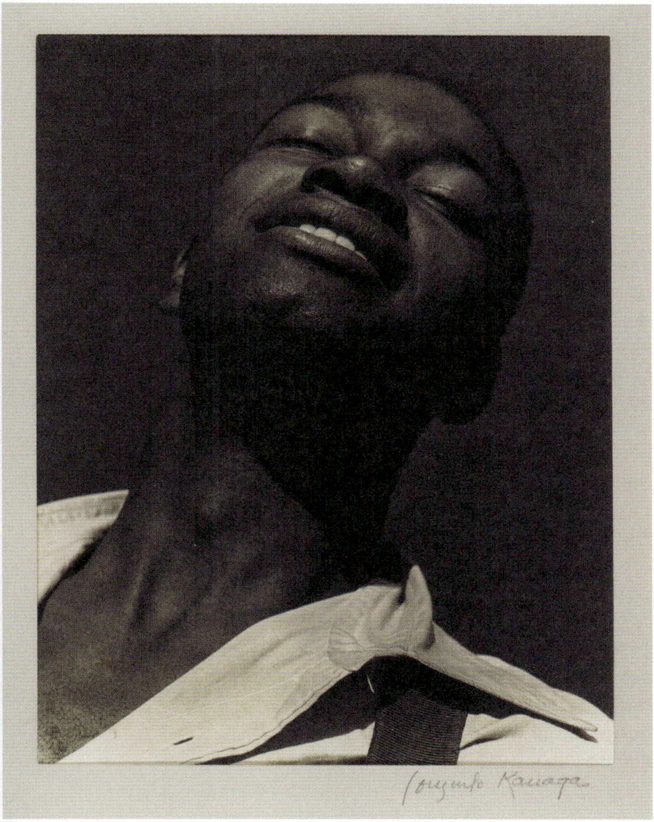

Consuelo Kanaga
Kenneth Spencer, 1933
© BROOKLYN MUSEUM

Consuelo Kanaga
Tennessee, 1950
© BROOKLYN MUSEUM

16 Fundación MAPFRE
Paseo de Recoletos, 23
28004 Madrid
www.fundacionmapfre.org

Comisaria
Drew Sawyer

Organiza
Fundación MAPFRE

Colabora
San Francisco Museum
of Modern Art

David Goldblatt
Sin segundas intenciones

FUNDACIÓN MAPFRE. SALA RECOLETOS
25.05 – 25.08.204

A lo largo de sus siete décadas de carrera artística
David Goldblatt (Randfontein, 1930 – Johanesburgo,
2018) abarcó una amplia extensión de territorio
geográfico, casi toda Sudáfrica, así como una gran
variedad de situaciones humanas que muestran el
día a día de sus conciudadanos durante y después
del apartheid. Su trabajo, que fue recogiendo en
libros, se desarrolló, desde sus inicios en 1950,
de forma paralela a la evolución histórica, política,
social y económica del país. Conocido por registrar
visualmente el Estado del apartheid, que asignaba
oficialmente privilegios o privaciones en función
de categorías raciales, la naturalidad y serenidad
de las imágenes del artista revelan una mirada
contemplativa y una gran humanidad.

Goldblatt fotografió con gran objetividad a
observadores, disidentes, colonos, víctimas, las
ciudades en las que vivían y sus edificios. Imágenes
en las que la violencia no se manifiesta de manera
explícita y visible. Tal y como el propio autor señaló:
"huyo de la violencia. Y no sé qué haría si tuviera
que fotografiar una escena violenta [...] Pero hace
tiempo que me di cuenta –me costó unos cuantos
años darme cuenta– de que los acontecimientos

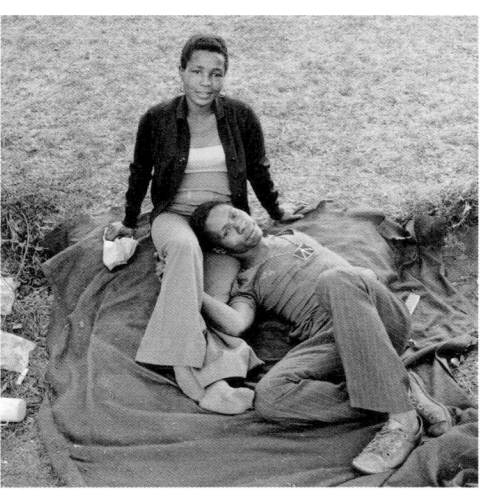

David Goldblatt
*Lulu Gebashe and
Solomon Mlutshana,
who both worked in a
record shop in the city,*
Mofolo Park, 1972
© THE DAVID GOLDBLATT
LEGACY TRUST

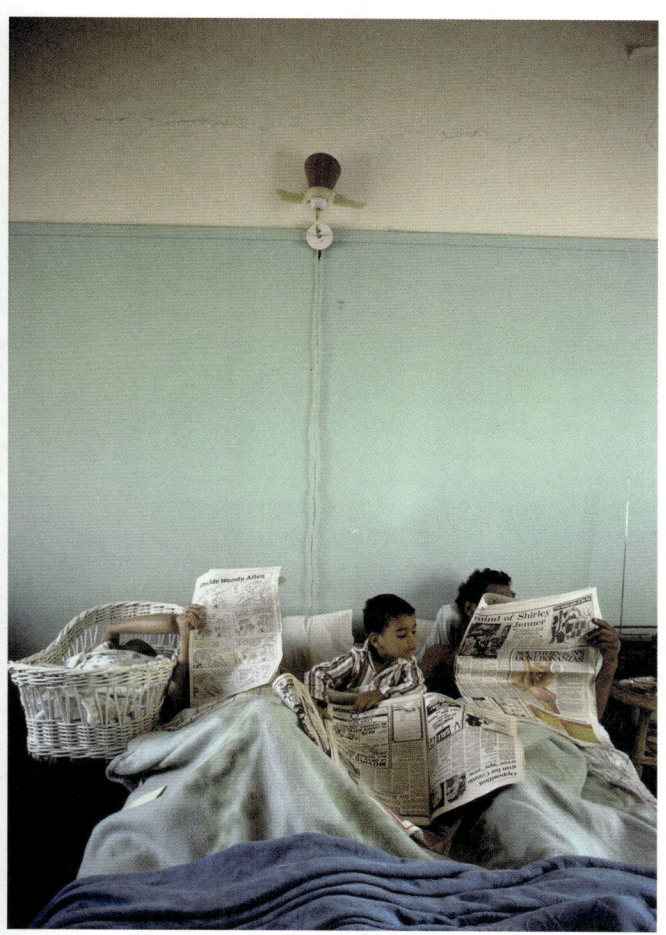

David Goldblatt
Sunday morning: A not-White family living illegally in the "White" group area of Hillbrow, Johannesburg, 1978
© THE DAVID GOLDBLATT LEGACY TRUST

en sí no me interesan tanto como las condiciones que conducen a estos acontecimientos. Estas condiciones son a menudo bastante cotidianas y, sin embargo, en ellas se aprecia lo inminente. Lo inmanente e inminente".

David Goldblatt: sin segundas intenciones, reúne cerca de 150 obras de varias de sus series para mostrar la continuidad de su trabajo. Además, ofrece un diálogo con la obra de otros artistas sudafricanos de entre una y tres generaciones posteriores al autor, entre los que cabe citar a Lebohang Kganye, Santu Mofokeng o Jo Ractliffe, entre otros.

Over the course of his seven-decade artistic career, David Goldblatt (Randfontein, 1930 – Johannesburg, 2018) encompassed a broad geographical area, almost all of South Africa, as well as a wide variety of human situations that show the everyday lives of his fellow citizens during and after apartheid. Since he got his start in 1950, his work developed parallel to the country's historical, political, social and economic evolution. Known for visually recording the apartheid state, which officially assigned privileges or deprivations depending on racial categories, the naturalness and serenity of the artist's images reveal a contemplative view and a deep humanity.

Goldblatt objectively photographed observers, dissenters, colonists, victims, the cities where they lived and their buildings. In his images, violence is not explicitly and visibly manifested. As he stated: 'I avoid violence. I don't know what I'd do if I had to photograph a violent scene [...]. But some time ago I realised—it took me many years to realise it—that the events themselves did not interest me as much as the conditions that led to them. These conditions are often fairly everyday, and yet one can detect the imminent in them. The immanent and imminent.'

David Goldblatt: No Ulterior Motive brings together almost 150 works from different series to show the unity of his work. It also engages in dialogue with works by other South African artists from one to three generations after him, including Lebohang Kganye, Santu Mofokeng and Jo Ractliffe, among others.

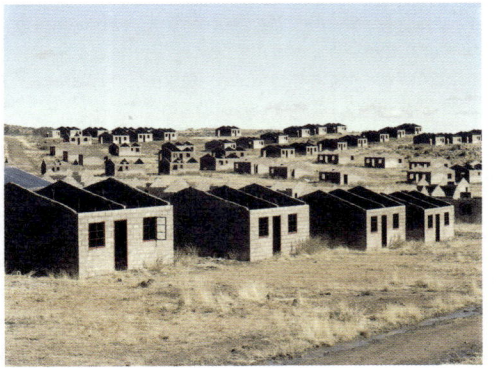

David Goldblatt
Incomplete houses, part of a stalled municipal development of 1,000 houses. The funding allocation was made in 1998, building started in 2003. Officials and a politician gave various reasons for the stalling of the scheme: Shortage of water, theft of materials, problems with sewage disposal, problems caused by the high clay content of the soil, and shortage of funds. By August 2006, 420 houses had been completed, Lady Grey, Eastern Cape, 2006
© THE DAVID GOLDBLATT LEGACY TRUST

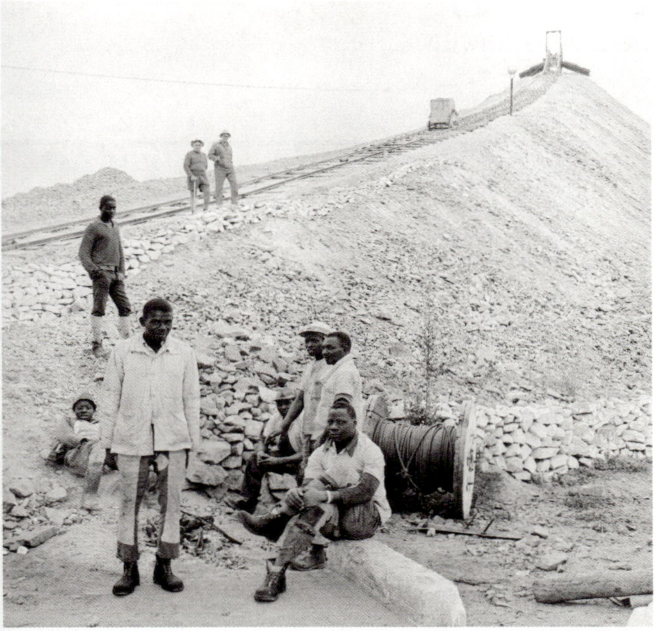

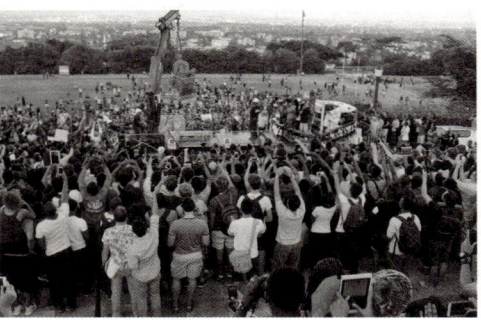

David Goldblatt
*Gang on surface work,
Rustenberg Platinum Mine,
Rustenburg, North-West
Province, 1972*
© THE DAVID GOLDBLATT
LEGACY TRUST

David Goldblatt
*The dethroning of Cecil
John Rhodes, after the
throwing of human
feces on the statue and
the agreement of the
university to the demands
of students for its removal,
the University of Cape
Town, 2015*
© THE DAVID GOLDBLATT
LEGACY TRUST

 16 **Fundación MAPFRE**
Paseo de Recoletos, 23
28004 Madrid
www.fundacionmapfre.org

Comisarios
Judy Ditner, Leslie M. Wilson
y Matthew S. Wikovsky

Organiza
Fundación MAPFRE

Colabora
Art Institute of Chicago
y Yale University Art Gallery

Elliott Erwitt
La comedia humana

FUNDACIÓN CANAL
14.05 – 18.08.2024

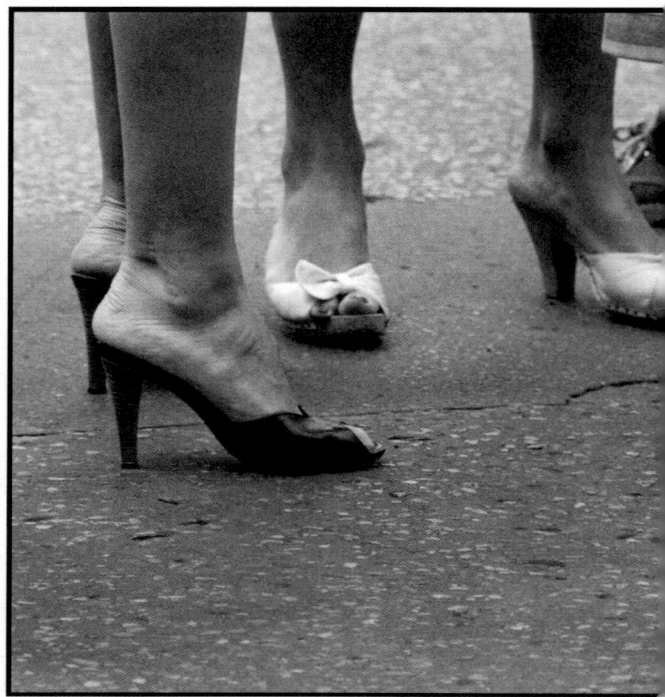

"Para que una fotografía sea buena, debe tener equilibrio, forma y fondo. Pero para que sea muy buena también debe tener una magia indefinible". Estas palabras de Elliott Erwitt se han convertido en la mejor forma de definir su extraordinaria y trascendental obra. Su pulsión por capturar la esencia de lo cotidiano desde el humor, el ingenio y el corazón, ha hecho que pase a la historia como uno de los mejores fotógrafos del siglo XX.

La exposición de la Fundación Canal *Elliott Erwitt. La comedia humana* reúne 135 obras del fotógrafo a través de tres secciones que comprenden los ámbitos más icónicos que fueron objeto de inspiración para Erwitt: las personas, los animales y las formas.

La primera de ellas invita al visitante a observar las inolvidables capturas de Erwitt, que lograron convertir en extraordinarios momentos ordinarios; la segunda sección

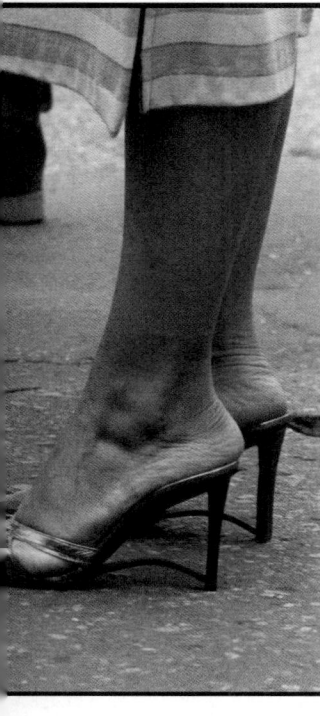

Elliott Erwit
Saint Tropez, Francia, 1979
© ELLIOTT ERWITT /
MAGNUM PHOTOS

guarda las emblemáticas instantáneas en las que fue
capaz de captar, de una manera única, a cualquier animal
que se presentara frente a su objetivo; y la tercera, ofrece
un recorrido por sus obras más abstractas a través de
composiciones inesperadas.

Cada una de estas secciones está compuesta por las
"impresiones de trabajo", obras utilizadas originalmente para
el desarrollo de libros o revistas, e "impresiones maestras",
piezas que representan una selección de sus fotografías
más emblemáticas impresas con el fin específico de
exhibirse en museos o galerías. Juntas, las "impresiones de
trabajo" y las "impresiones maestras", forman una colección
única que proviene directamente del estudio de Elliott Erwitt
y que se presentan por primera vez ante el público con
esta disposición.

'For a photograph to be good it must have balance, form and substance. But to be very good it must also have indefinable magic.' These words by Elliott Erwitt have become the best way to define his extraordinary, momentous oeuvre. His drive to capture the essence of the everyday through humour, ingenuity and the heart has led him to go down in history as one of the best photographers of the twentieth century.

The exhibition at the Fundación Canal entitled *Elliott Erwitt. The Human Comedy*, brings together 125 of the photographer's works through three sections that encompass the most iconic spheres that were Erwitt's sources of inspiration: people, animals and forms.

The first one invites visitors to observe the unforgettable shots by Erwitt, who managed to turn ordinary moments extraordinary. The second section showcases the iconic snapshots in which he managed to uniquely capture any animal that came before his lens. And finally, the third section offers a survey of his more abstract works through unexpected compositions.

Each of these sections is comprised of 'working prints', works originally used in the development of books or magazines, and 'master prints', a selection of his most iconic photographs printed with the specific purpose of being exhibited in museums or galleries. Together the 'working prints' and 'master prints' make up a unique collection directly from Elliott Erwitt's studio which are being presented to the public for the first time arranged in this way.

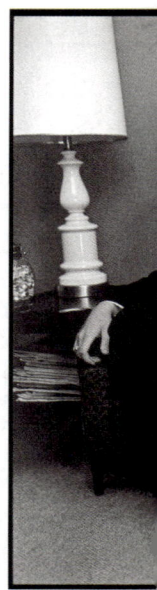

Elliott Erwit
Shreveport, Luisiana, EEUU, 1962
© ELLIOTT ERWITT /
MAGNUM PHOTOS

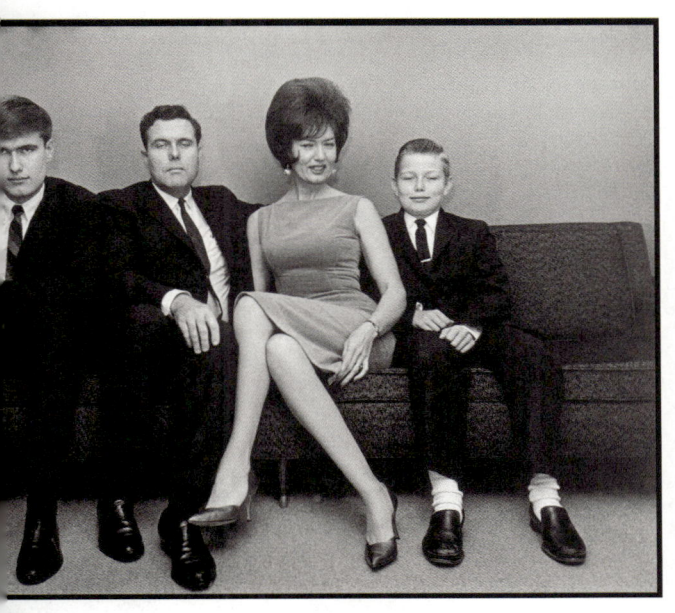

17 **Fundación Canal**
Mateo Inurria, 2
28036 Madrid
www.fundacioncanal.com

Organiza
Fundación Canal y Magnum Photos

Comisaria
Andrea Holzherr

Gonzalo Juanes
Una incierta luz

COMUNIDAD DE MADRID. SALA CANAL DE ISABEL II
28.05 – 21.07.2024

La exposición rinde tributo a la trayectoria de
Gonzalo Juanes (Gijón, 1923 - 2014),
representante asturiano del grupo AFAL,
el colectivo más importante de la fotografía
española del siglo XX y en el que entabló
excelentes relaciones con autores como
Oriol Maspons, Gabriel Cualladó o Carlos
Pérez-Siquier, y siempre con el más cercano,
su paisano y eterno amigo Joaquín Rubio Camín.

Estructurada en cuatro plantas, *Una
incierta luz* es la primera gran monográfica sobre
la obra de Juanes, pionero en el uso del color
en la fotografía documental, que permaneció en
gran parte oculta y fue reconocida tardíamente.
Es, además, un recorrido atemporal por la vida
del fotógrafo asturiano.

Juanes nació en Gijón en 1923 y, tras una
breve estancia en Madrid, en 1957 tuvo que
instalarse definitivamente en su ciudad natal,
donde realiza retratos de sus paisanos, de la vida
diaria, siempre en blanco y negro y en busca de
un estilo propio bajo el formato del reportaje,
que consideraba el mejor registro documental
de la realidad en clave emocional.

A principios de los años 60 prueba el color
con la mítica película Kodachrome, todo un
descubrimiento para él. El color supone otro
registro, con imágenes reflexivas, meditadas
y líricas y decide trabajar en series unitarias
en su contenido, dedicadas a Asturias.

Una excepción aparte constituye la serie
realizada en Madrid en 1965, en la calle Serrano,
su trabajo más conocido y reproducido, un gran
retrato urbano de la burguesía de la capital.

La etapa final de su producción refleja la
decadencia física y el aislamiento propio en forma
de paisajes y objetos encontrados donde exhibe,
pese a todo, una sensibilidad de gran poética.

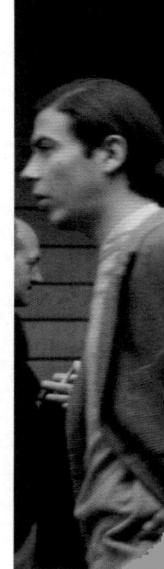

Gonzalo Juanes
Calle Serrano, Madrid, 19◼
© GONZALO JUANES

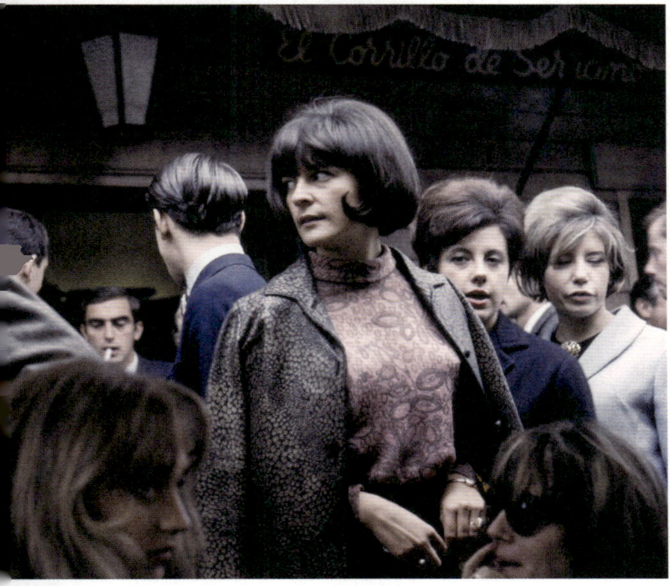

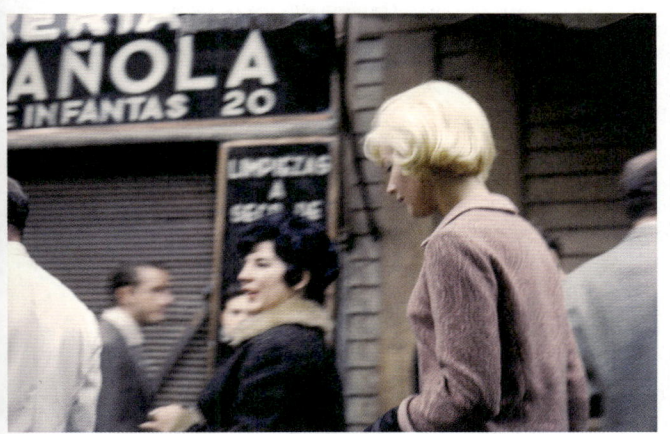

Gonzalo Juanes
Calle Serrano,
Madrid, 1965
© GONZALO JUANES

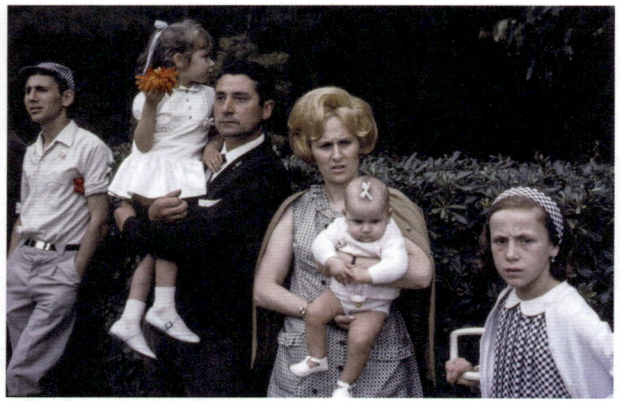

Gonzalo Juanes
Gijón, 1966
© GONZALO JUANES

This exhibition pays tribute to the career of Gonzalo Juanes, the Asturian representative of the AFAL Group, the most important Spanish photography collective in the twentieth century. As part of the group, Juanes interacted with photographers like Oriol Maspons, Gabriel Cualladó and Carlos Pérez-Siquier, and always with the one closest to him, his fellow Asturian and lifelong friend Joaquín Rubio Camín.

Organised in four storeys, *Una incierta luz [An Uncertain Light]* is the first major monographic show on the work of Juanes, a pioneer in the use of colour in documentary photography, who remained largely hidden and was only recognised later. It is also a timeless survey of the Asturian photographer's life.

Juanes was born in Gijón in 1923, and after a brief stint in Madrid, in 1957 he had to move permanently back to his hometown, where he took portraits of his fellow Asturians, their everyday life, always in black and white in the quest for his own style in the reporting format, which he considered the best documentary way to record reality with emotion.

In the early 1960s, he tried out colour with the mythical Kodachrome film, and it ended up being a real discovery for him. Colour brought another register with reflective, meditative, lyrical images, and he decided to work on different series on Asturias, each with its own theme.

Yet one notable exception is the series he made on Calle Serrano in Madrid in 1965, his most famous and reproduced work, a grand urban portrait of the capital's bourgeoisie.

The final stage of his oeuvre reflects his physical decline and isolation through landscapes and found objects, although he nonetheless still displays an extraordinarily poetic sensibility.

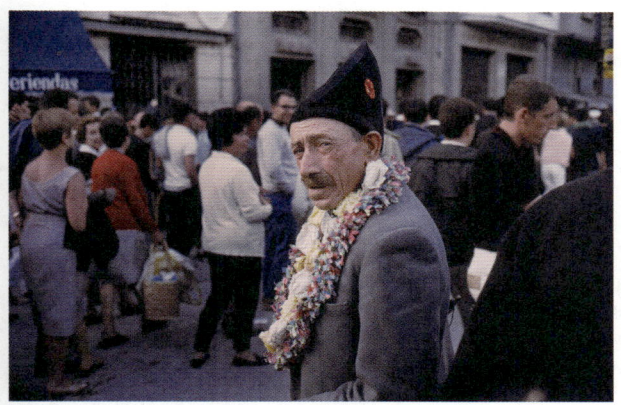

Gonzalo Juanes
Descenso del Sella, Ribadesella, 1965
© GONZALO JUANES

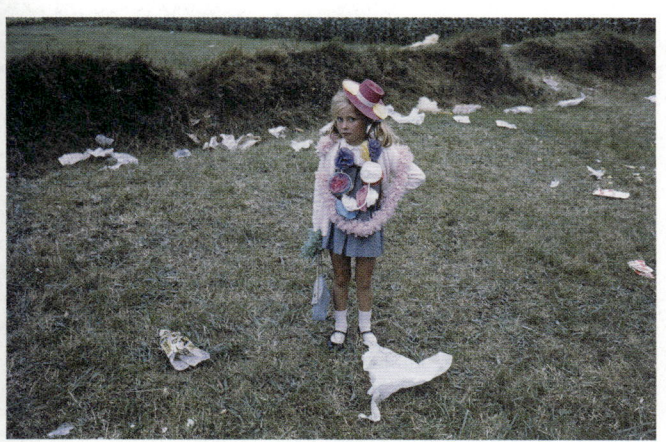

Gonzalo Juanes
Descenso del Sella, Ribadesella, 1965
© GONZALO JUANES

(18) Sala Canal de Isabel II
Santa Engracia, 125
28003 Madrid
Lunes cerrado
www.comunidad.madrid/centros/
sala-canal-isabel-ii

Comisario
Chema Conesa

Organiza
Comunidad de Madrid.
Consejería de Cultura, Turismo
y Deporte

Javier Campano
Barrios. Madrid 1976–1980

COMUNIDAD DE MADRID. EL ÁGUILA
11.06 – 08.09.2024

A través de su lente, y con la agudeza y elegancia visual que le caracterizan, el fotógrafo Javier Campano (Madrid, 1950) supo documentar la plena transformación a finales de los años 70 de un Madrid ilusionante, –e ilusorio también–, con grandes problemas urbanísticos y de vivienda aún por resolver para una población en aumento, procedente de las zonas rurales en las decadas anteriores. La ciudad se debatía en muchos de sus barrios, entre grandes bloques de ladrillo y multitud de infraviviendas o casas bajas habitualmente autoconstruidas, sin agua ni alcantarillado, cuyos habitantes aspiraban a vivir en esos nuevos pisos que no podían pagar.

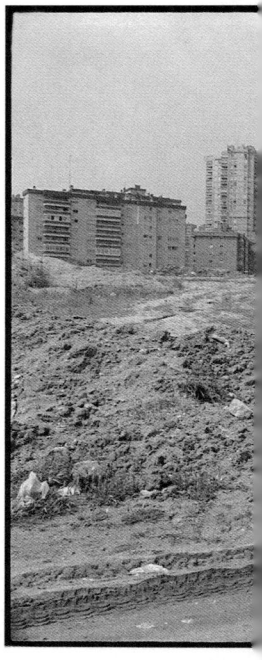

Como un "ojo móvil", el fotógrafo deambuló entre los habitantes sin ser visto. Había ocasiones en las que un autobús le acercaba a barrios alejados del centro como Orcasitas o Vallecas, pero también a Chamartín o el Barrio del Pilar. Otras, paseaba sin rumbo fijo, y podía empezar a andar en Cascorro y acabar en Legazpi o empezar en Goya y acabar en Ciudad Lineal.

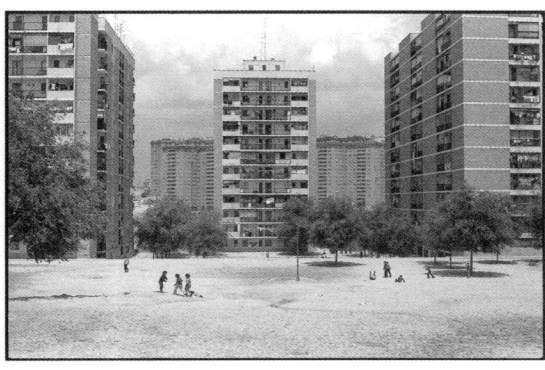

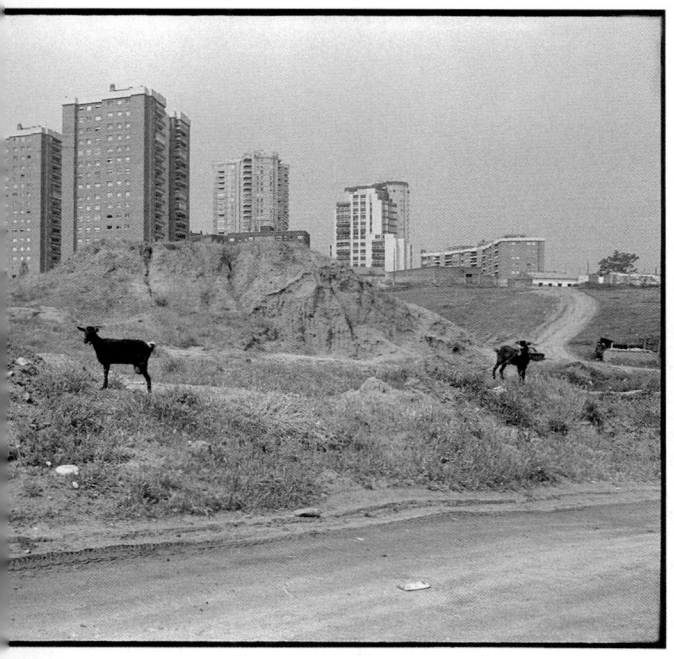

Javier Campano
Chamartín, 1980
© JAVIER CAMPANO,
VEGAP, MADRID, 2024

Javier Campano
El Pilar, 1978
© JAVIER CAMPANO,
VEGAP, MADRID, 2024

Los barrios, sus rincones y habitantes, cobraban una nueva dimensión, sumergidos en una atmósfera de blanco y negro que él mismo definió como "irreal y poética". El barro, los huertos y los burros: iconografías rurales que competían con la enorme presencia de bloques de reiterado ladrillo rojo. La gente era receptiva a dejarse fotografiar. Pensaban que era bueno que se fijaran en ellos y que se dieran a conocer sus condiciones de vida precarias. Un archivo impresionante que hoy sigue latente. Orgullo de barrio y nostalgia de una historia compartida.

Through his lens, and with the acuity and visual elegance that are his hallmarks, the photographer Javier Campano (Madrid, 1950) managed to document the complete transformation of an exciting—and illusory—Madrid in the late 1970s that had major unresolved urban design and housing problems for an increasing population that had flocked there from the rural areas in the preceding decades. The city was at odds with itself in many neighbourhoods: huge brick apartment buildings along with a plethora of tenements or often self-built houses without either water or sewage, whose inhabitants aspired to live in these new flats they could not afford.

Like a 'roving eye', the photographer walked amidst the inhabitants without being seen. Sometimes the bus took him to neighbourhoods far from the city centre, like Orcasitas and Vallecas, but it also took him to Chamartín and Barrio del Pilar. Other times he walked aimlessly; in fact, he might start walking in Plaza del Cascorro and end up in Plaza de Legazpi, or begin in Calle Goya and end up in the Ciudad Lineal district.

Its neighbourhoods, corners and inhabitants took on a new dimension, immersed in a black-and-white atmosphere that the photographer himself defined as 'unreal and poetic'. Mud, vegetable patches and mules were the rural iconographies that competed with the rows of enormous brick apartment buildings. People were receptive to being photographed. They thought it was good that attention was focused on them and that their precarious living conditions would be shared. It is an impressive archive that is still alive today, neighbourhood pride and nostalgia in a shared story.

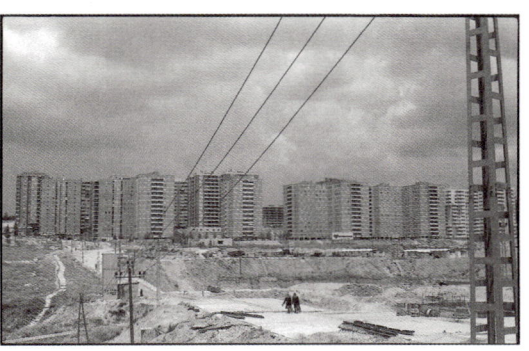

Javier Campano
La Vaguada, 1978
© JAVIER CAMPANO.
VEGAP, MADRID, 202

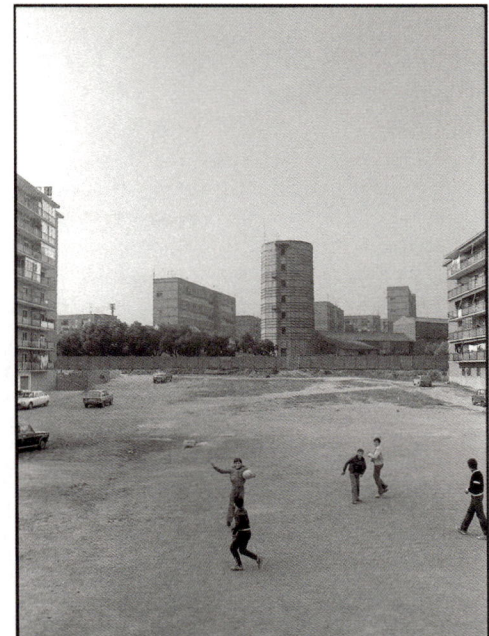

Javier Campano
Hortaleza, 1978
© JAVIER CAMPANO,
VEGAP, MADRID, 2024

Javier Campano
Entrevías, 1978
© JAVIER CAMPANO,
VEGAP, MADRID, 2024

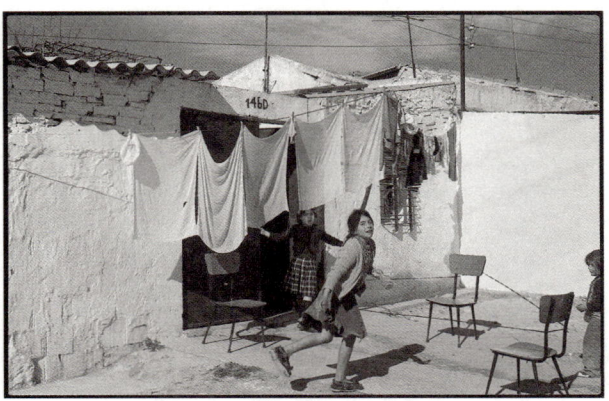

 19 **El Águila**
Sala Cristobal Portillo
Ramírez de Prado, 3
28045 Madrid
www.comunidad.madrid/cultura/
patrimonio-cultural/aguila

Comisaria
Ana Berruguete

Organiza
Comunidad de Madrid. Consejería
de Cultura, Turismo y Deporte.
Dirección General de Patrimonio
Cultural y Oficina del Español
y PHotoESPAÑA

Catara Rego
Zona de sacrificio

SILO DE HORTALEZA
11.09 – 19.10.2024

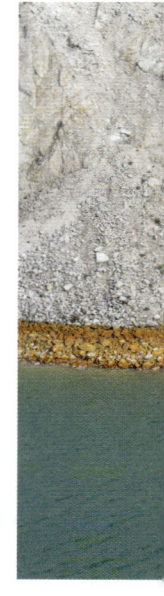

Zona de sacrificio muestra diferentes lugares de Galicia que han sido escogidos para la explotación de recursos naturales, reflexionando sobre el impacto que esta práctica ha tenido en el paisaje y los efectos del proceso de degradación del territorio.

Las zonas de sacrificio son áreas geográficas, generalmente de alta concentración industrial o gran valor natural, destinadas a la explotación y obtención de algún tipo de recurso. Son lugares seleccionados para un fin económico, donde cuestiones medioambientales y sociales quedan supeditadas a los intereses de grandes empresas.

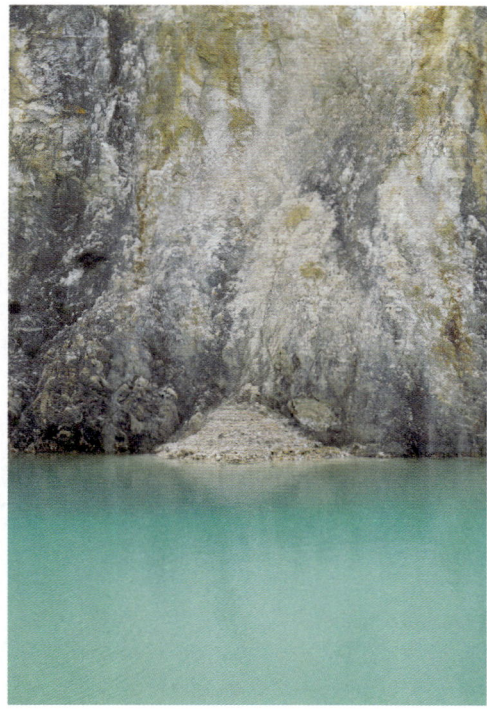

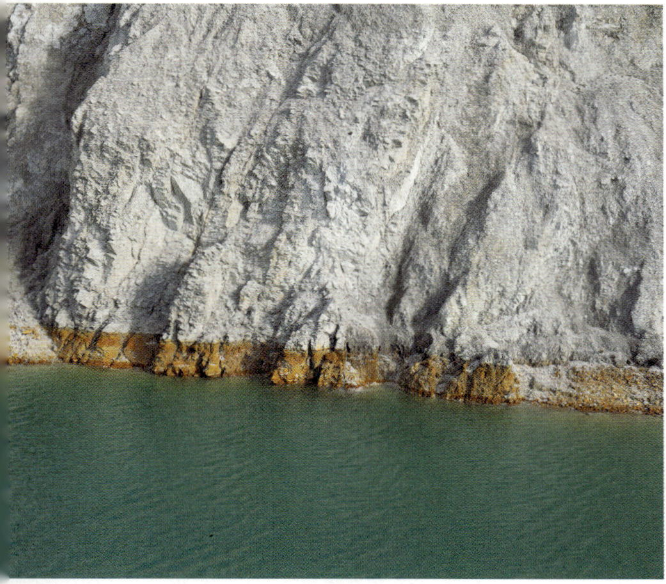

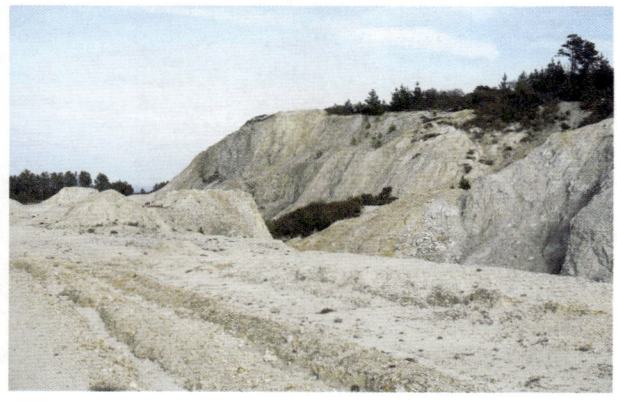

TODAS LAS FOTOS
Catara Rego
De la serie
Zona de Sacrificio,
sin fechar
© CATARA REGO

Este proyecto documenta así la huella en el paisaje que la explotación del agua, la tierra y el viento ha dejado en Galicia. Asumiendo el paisaje como una forma de identidad territorial, embalses, minas, plantaciones de eucalipto y parques eólicos han modificado durante décadas un lugar en el que las cicatrices de estas prácticas son cada vez más patentes.

Sacrifice Zone shows different places in Galicia that have been chosen to exploit their natural resources, reflecting on the impact of this practice on the landscape and the effects of the degradation of the territory.

Sacrifice zones are geographic areas, usually with a high concentration of industry or of extraordinary natural value, used to exploit and obtain some kind of resource. They are places chosen for an economic purpose where environmental and social issues are subordinated to the interests of large companies.

This project thus documents the mark on the landscape left by the exploitation of water, land and wind in Galicia. Viewing the landscape as a form of territorial identity, for decades reservoirs, mines, eucalyptus plantations and wind parks have been changing a place where the scars of these practices are becoming increasingly obvious.

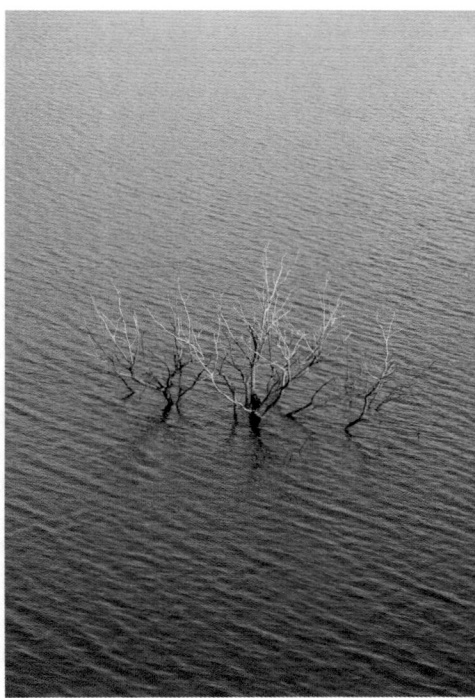

TODAS LAS FOTOS
Catara Rego
De la serie
Zona de Sacrificio,
sin fechar
© CATARA REGO

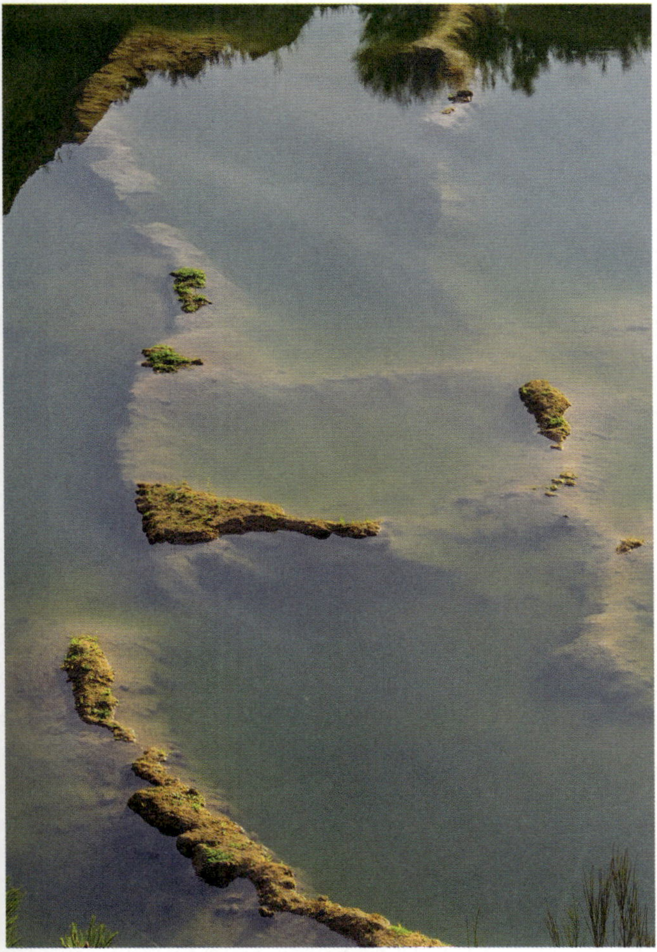

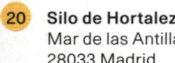

Silo de Hortaleza
Mar de las Antillas, 14
28033 Madrid
Domingo cerrado

Organiza
Ayuntamiento de Madrid,
Silo de Hortaleza y PHotoESPAÑA

Javier Vallhonrat
Cuaderno de campo Nº 1.
Los ingenios del agua

JARDINES DEL CAMPO DEL MORO
GALERÍA DE LAS COLECCIONES REALES
REAL SITIO DE LA GRANJA DE SAN ILDEFONSO
04.06 – 30.09.2024 (Campo del Moro)
Septiembre – diciembre 2024 (La Granja)

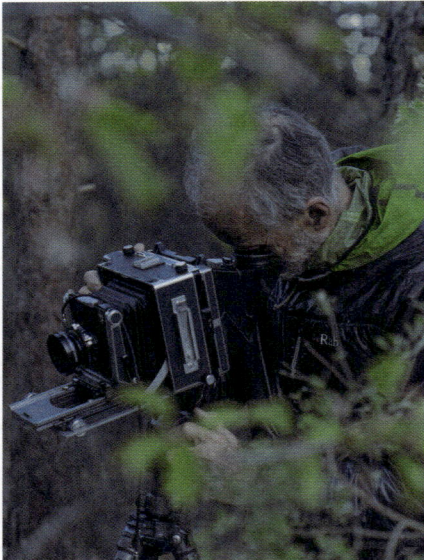

Pablo Vallhonrat
Trabajo de campo de Javier Vallhonrat en el entorno del Real Sitio de La Granja de San Ildefonso, 2024
© PABLO VALLHONRAT

Javier Vallhonrat
De la serie *Los ingenios del agua*, 2024
© JAVIER VALLHONRAT

El proyecto *Cuadernos de Campo* plantea un programa de tres años que dirige la mirada a los espacios naturales de los Reales Sitios del Patrimonio Nacional y que se realiza en colaboración con ACCIONA y PHotoESPAÑA, tres instituciones que comparten el compromiso con el medio ambiente y su protección. Para ello, se contará con la colaboración de fotógrafos consagrados del panorama español cuya práctica y sensibilidad artística esté relacionadas con la naturaleza y el territorio.

El *Cuaderno de Campo Nº1. Los ingenios del agua,* se desarrolla con Javier Vallhonrat, Premio Nacional de Fotografía 1995, y está dedicado a La Granja de San Ildefonso, que en 2024 conmemora los 300 años de su creación por Felipe V.

En este Real Sitio la canalización, explotación y disfrute de los recursos hídricos son protagonistas principales desde su fundación y han marcado la personalidad del entorno a lo largo de los siglos, mostrando de forma especialmente bella la sabia intervención humana en la naturaleza y el paisaje.

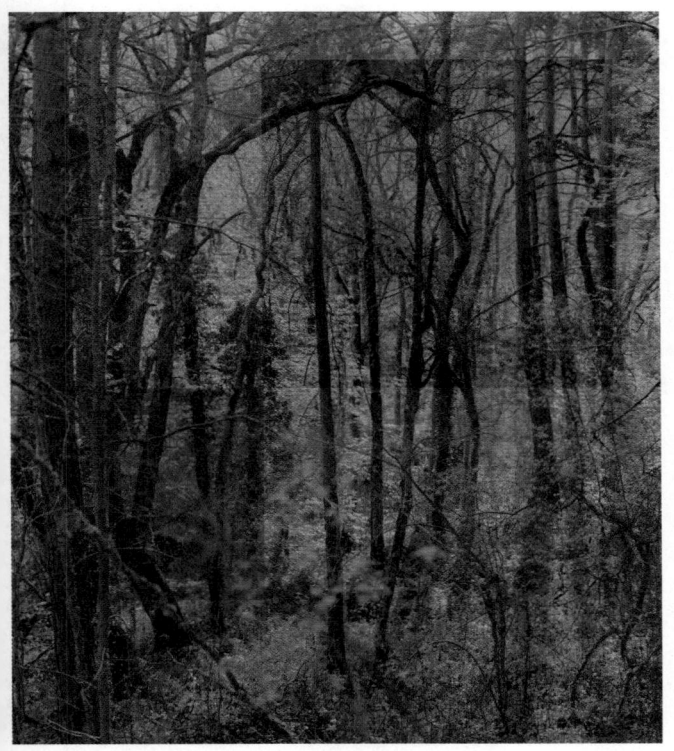

El sistema hidráulico original sigue en funcionamiento y canaliza las aportaciones de los arroyos Morete, Carneros, Los Neveros, Chorranca y Peñalara al estanque denominado «El Mar», donde se regula el abastecimiento y que, situado en la parte alta de los jardines, alimenta las fuentes y permite los espectaculares chorros y juegos de agua que caracterizan los jardines.

Las actuaciones tendrán varias sedes. Entre junio y septiembre se instalará una exposición de fotografías en los jardines del Campo del Moro. Entre septiembre y diciembre se instalará una exposición de fotografías de Javier Vallhonrat en el Palacio de La Granja, donde se presentará la primera publicación de esta serie de cuadernos de campo.

The *Field Notebooks* project has planned a three-year programme which directs our eyes at the natural spaces in the Royal National Heritage Sites. The programme is being organised in conjunction with ACCIONA and PHotoESPAÑA, three institutions that share a commitment to the environment and its protection. To do so, they have enlisted the collaboration of renowned Spanish photographers whose practice and artistic sensibility are related to nature and the territory.

Field Notebooks No. 1. Water Contraptions was developed with Javier Vallhonrat, the 1995 National Photography Award winner, and it is devoted to La Granja de San Ildefonso, which is commemorating 300 years since it was created by Philip V in 2024.

At this Royal Site, the channelling, use and enjoyment of water resources have been a centrepiece ever since it was founded and have marked the personality of the environs over the centuries, as a case in which judicious human intervention in nature and the landscape is particularly beautiful.

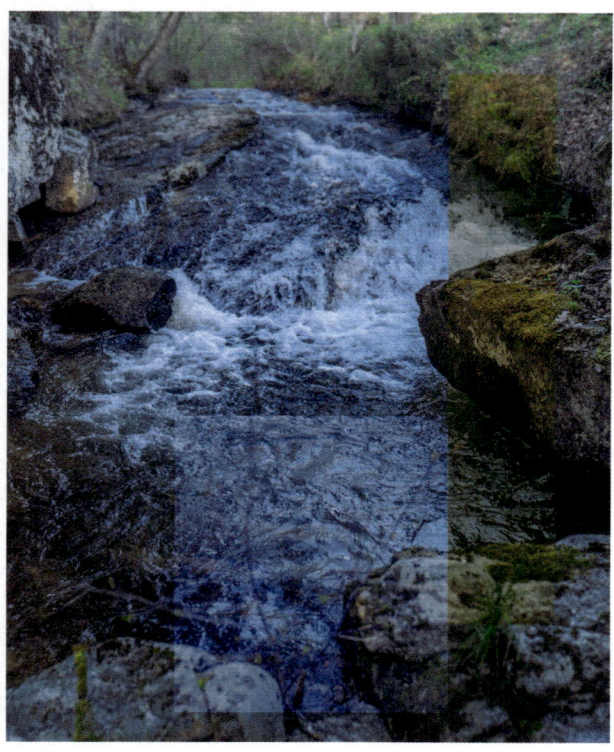

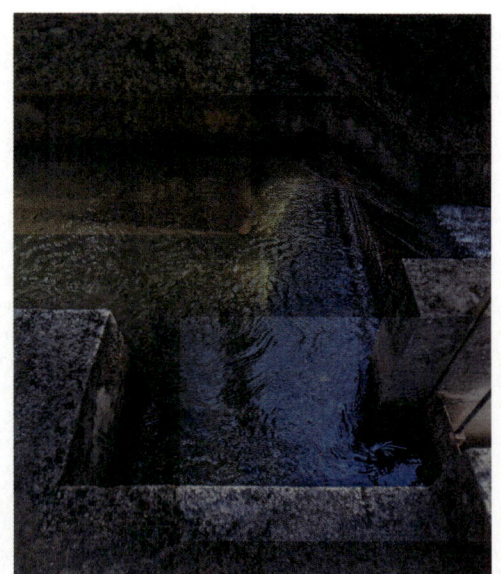

The original hydraulic system is still operating and channels the water coming in from the Morete, Carneros, Los Neveros, Chorranca and Peñalara streams to the pond called 'El Mar', where the supply is regulated. Plus, given that it is located on the same level as the gardens, it supplies water for the fountains and allows for the spectacular jets and water shows that characterise the gardens.

The actions are being held at several sites. Between June and September, a photography exhibition will be installed in the gardens of Campo del Moro. Between September and December, a photography exhibition by Javier Vallhonrat will be installed in the Palacio de La Granja, where the first publication in this series of field notebooks will be presented.

 21

Jardines del Campo del Moro
28013 Madrid

Galería de las Colecciones Reales
Bailén s/n
28013 Madrid

**Real Sitio de La Granja
de San Ildefonso**
Plaza de España, 8
40100 Segovia
www.patrimonionacional.es

Organiza
Patrimonio Nacional
y PHotoESPAÑA

Patrocina
ACCIONA

Más info
phe.es

Christian Franzen
Un danés en el Madrid de la Restauración

REAL ACADEMIA DE BELLAS ARTES DE SAN FERNANDO
16.04 – 29.09.2024

En septiembre de 2023 se cumplió el primer centenario de la muerte de Christian Franzen, (Dinamarca, 1864 – Madrid, 1923), el más grande fotógrafo del Madrid de la Restauración. Para conmemorar esta fecha, la Real Academia de Bellas Artes de San Fernando presenta una exposición con las fotografías del maestro que se guardan en sus archivos, que se complementan con álbumes, libros de época, heliograbados y platinotipias originales, pertenecientes al archivo de Pedro Melero.

Danés de origen, Franzen llegó a España en los años finales de la Restauración borbónica. Con apenas 26 años y con el oficio bien aprendido, en 1890 abandonó Dinamarca para residenciarse en Madrid. Cuatro años más tarde estableció su célebre Galería Fotográfica en la madrileña calle del Príncipe, en la que fue construyendo su prestigioso catálogo de retratos, en el que encontramos a los miembros de la realeza y, del rey abajo, a todos los que eran algo en la alta sociedad madrileña de entonces. Fotógrafo de reyes y rey de los fotógrafos, como proclamaba su publicidad, no sólo fue popular entre los miembros de la alta sociedad, sino entre los artistas y literatos.

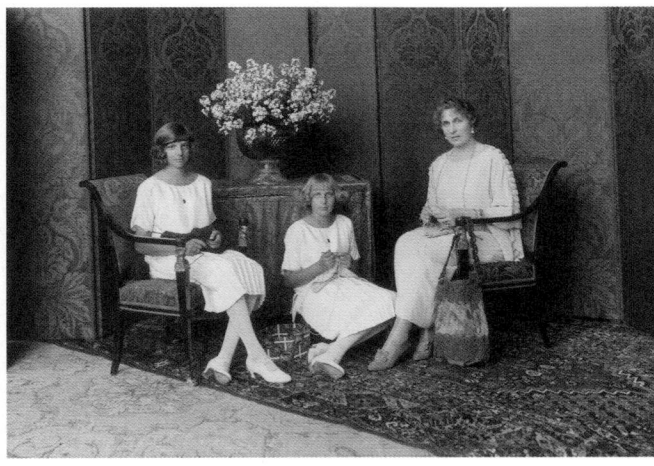

Christian Franzen y Nissen
La reina Victoria Eugenia haciendo ganchillo
con las infantas Beatriz y María Cristina,
para el ropero de Caridad de Santa Victoria, ca. 1920
© CHRISTIAN FRANZEN Y NISSEN

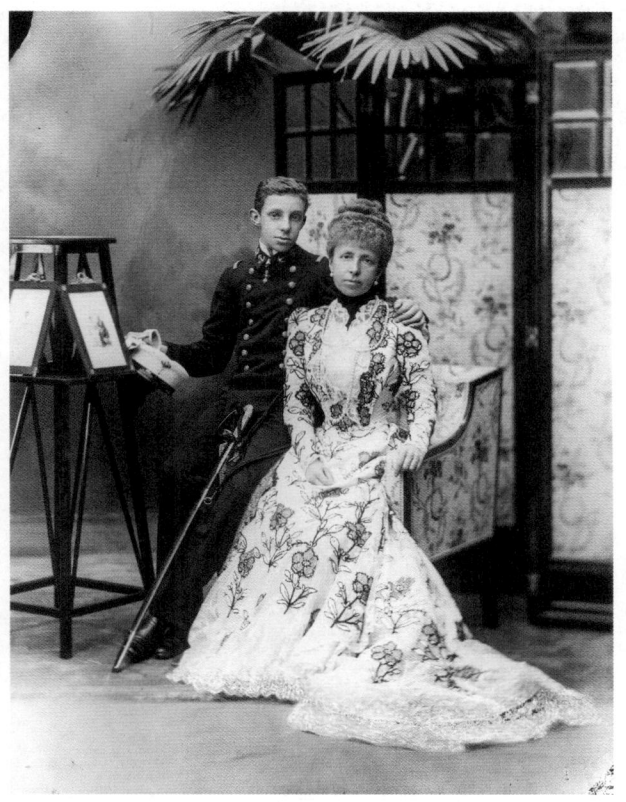

Christian Franzen y Nissen
*Retrato de la reina madre María Cristina
de Habsburgo y del rey Alfonso XIII*, ca. 1905
© CHRISTIAN FRANZEN Y NISSEN

De su amistad con Emilia Pardo Bazán, José María Pereda,
y sobre todo con Pérez Galdós y Joaquín Sorolla, han quedado
centenares de retratos inolvidables, con los que compuso la
mejor Galería de Celebridades de su tiempo.

Con esta exposición, la Academia de San Fernando
quiere recordar a este extraordinario y olvidado fotógrafo,
sin cuya obra no podríamos entender la historia del Madrid
de la Restauración y la Regencia, ni la propia historia de la
fotografía en España.

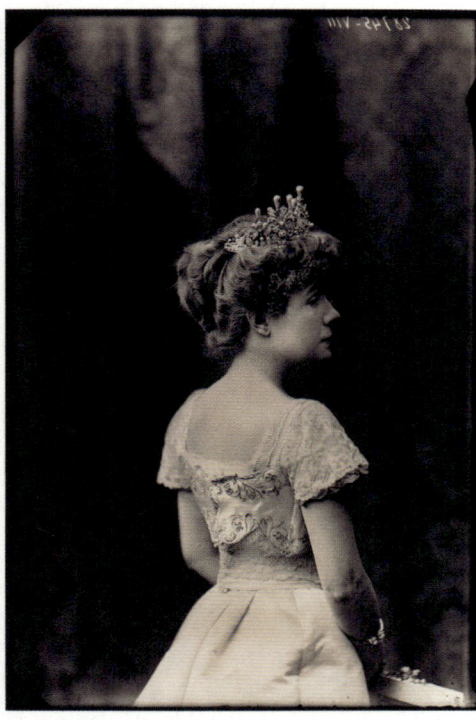

September 2024 marked the first centennial of the death of Christian Franzen (Denmark, 1864–Madrid, 1923), the greatest photographer of Restoration Madrid. To commemorate this milestone, the Real Academia de Bellas Artes de San Fernando is presenting an exhibition with the master's photographs stored in its archives, which are complemented with albums, period books, photogravures and original platinotypes.

A Dane by birth, Franzen reached Spain in the later years of the Bourbon Restoration. Barely 26 years old but well-versed in his profession, he left Denmark in 1890 to take up residence in Madrid. Four years later, he set up his celebrated Galería Fotográfica on Madrid's Calle del Príncipe, where he built up his prestigious catalogue of portraits that included members of the royalty and everyone who was anyone in Madrid's high society at the time, from the king on down.

A *photographer of kings and king of photographers*, as his advertising proclaimed, he was popular among both high society and artists and literati. Hundreds of unforgettable portraits still remain from his friendships with Emilia Pardo Bazán, José María Pereda and especially Benito Pérez Galdós and Joaquín Sorolla, which he used to compose the best Celebrity Gallery of his era.

With this exhibition, the Academia de San Fernando aims to recall this extraordinary yet forgotten photographer, without whose work we would be unable to understand the history of Restoration and Regency Madrid, or the history of photography in Spain.

Christian Franzen
y Nissen
Infanta Eulalia de Borbón
(1864-1958*), hija menor
de Isabel II*, Madrid, 1910
© CHRISTIAN FRANZEN
Y NISSEN

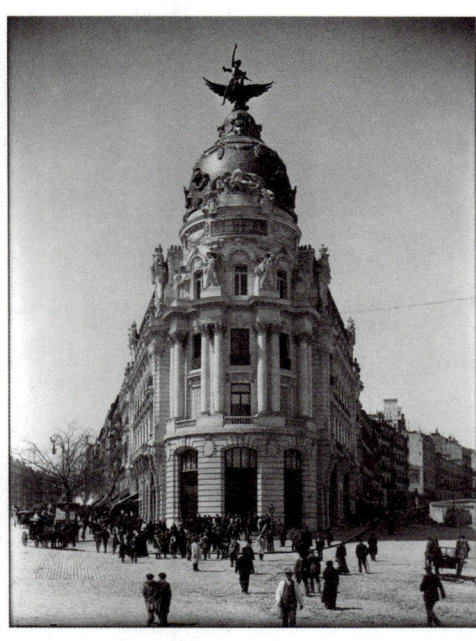

Real Academia de Bellas Artes de San Fernando
Alcalá, 13
28014 Madrid
www.realacademiabellasartes
sanfernando.com

Comisario
Publio López Mondéjar

Organiza
Real Academia de Bellas Artes
de San Fernando

Premios de Fotografía Fundación ENAIRE 2024

REAL JARDÍN BOTÁNICO (RJB), CSIC
29.05 – 01.09.2024

Esta muestra desvela el veredicto del XVII Premio de Fotografía Fundación ENAIRE, desplegando las tres piezas galardonadas en esta célebre edición, las cuales se integran con la Colección ENAIRE. Junto a estas, se exhiben las 15 obras seleccionadas por el jurado, entre las cuales destaca una Mención Especial otorgada por PHotoESPAÑA.

Fundación ENAIRE, entidad cultural adscrita al Ministerio de Transportes y Movilidad Sostenible, que gestiona la Colección ENAIRE de Arte Contemporáneo, un tesoro artístico de naturaleza pública compuesto por más de 1.300 obras concebidas por destacados creadores españoles como Barceló, Tàpies, Chillida, Broto, Genovés, Eduardo Arroyo, entre otros. Además, Fundación ENAIRE gestiona un Centro de Arte: Las Naves de Gamazo en Santander.

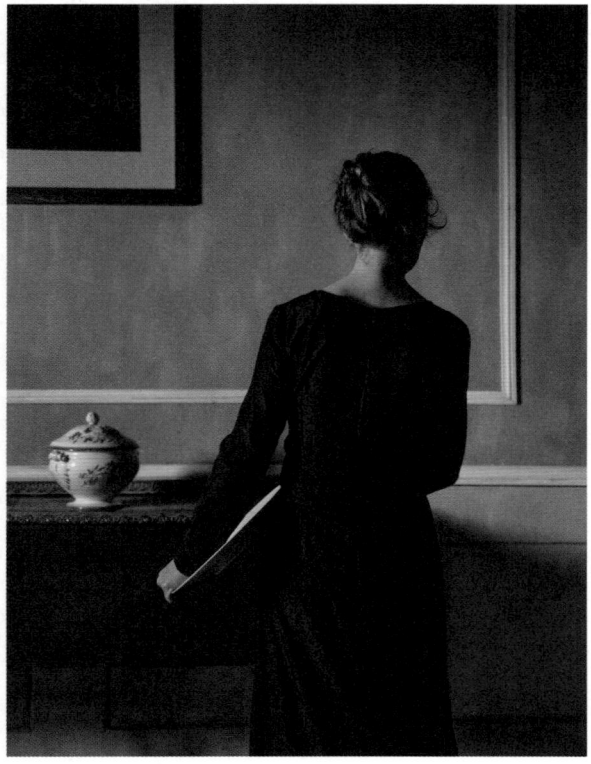

This show unveils the verdict of the Fundación ENAIRE 2024 Photography Award by displaying the three award-winning pieces in this year's edition, which are now joining the ENAIRE Collection. Next to them, the fifteen works shortlisted by the jury are also exhibited, including a Special Mention awarded PHotoESPAÑA, whose annual participation serves to confirm the quality of the selection process.

The Fundación ENAIRE is a cultural organisation affiliated with the Ministry of Transport and Sustainable Mobility which manages the ENAIRE Contemporary Art Collection, a public artistic treasure comprised of more than 1,300 works granted by prominent Spanish creators like Barceló, Tàpies, Chillida, Broto, Genovés, Eduardo Arroyo and others. The Fundación ENAIRE also manages an art centre: Las Naves de Gamazo in Santander.

Andrés Gallego Bellido
Interior with Young Woman Seen in the Back, 2024
© ANDRÉS GALLEGO BELLIDO
Finalista del Premio de Fotografía
Fundación ENAIRE 2024

Ana Amado
La ventana, 2024
© ANA AMADO
Finalista del Premio de Fotografía
Fundación ENAIRE 2024

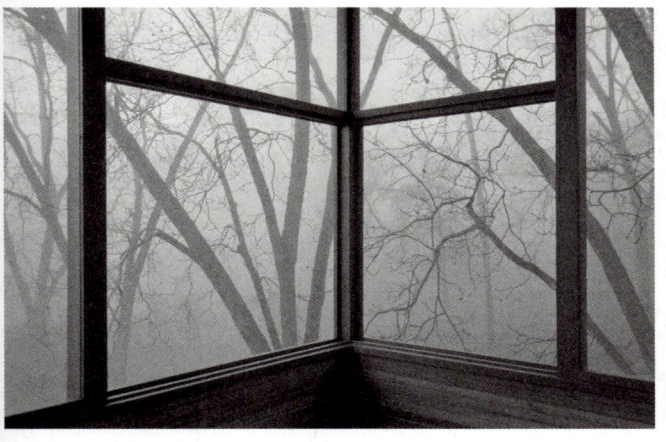

 Real Jardín Botánico (RJB), CSIC
Plaza de Murillo, 2
28014 Madrid
www.rjb.csic.es

Comisaria
Ángeles Imaña

Organiza
Fundación ENAIRE

Colabora
Real Jardín Botánico (RJB), CSIC
y PHotoESPAÑA

Los mejores libros
de fotografía del año

FERNÁN GÓMEZ. CENTRO CULTURAL DE LA VILLA
29.05 – 14.07.2024

Los libros de fotografía se han convertido en los últimos años en objeto de coleccionismo para los amantes del medio y en un formato en el que, gracias a las posibilidades conceptuales y creativas que ofrece, cada vez confían más autores para comunicar y enriquecer sus proyectos.

Cerca de un centenar de libros protagonizan esta exposición con la que PHotoESPAÑA quiere reconocer un año más la gran labor que realiza la industria editorial para la difusión de fotografía. Con este objetivo, el Festival otorga desde 1998 el Premio al Mejor Libro de Fotografía del Año en diferentes categorías, actualizadas en la presente edición:

—Investigación, categoría que reúne los libros que recuperan archivos significativos o que presentan un nuevo enfoque y relectura de trabajos de grandes maestros de la fotografía, así como ensayos teóricos sobre fotografía.

—Creación, que agrupa aquellos libros cuyos autores presentan una obra personal y en la que prevalece el enfoque conceptual y narrativo.

—Bibliofilia, apartado donde los libros destacan por una edición original, ya sea por su especial interés, por la belleza y/o rareza del formato o por los materiales empleados en la publicación.

—Primera publicación, para reconocer el trabajo de artistas que presentan un libro de su autoría por primera vez.

Así, la muestra está compuesta por las publicaciones finalistas que optan a estos premios, que decide un comité de expertos formado por profesionales del sector.

In recent years, photography books have become collectors' items for media lovers in a format that more and more authors are choosing to share and enrich their projects, thanks to the conceptual and creative possibilities they afford.

Almost 100 books feature in this exhibition that PHotoESPAÑA is holding yet another year to recognise the publishing industry's energetic efforts to disseminate photography. With this goal in mind, since 1998 the Festival has been offering the Best Photograph Book of the Year Award in different categories, which have been updated in this year's edition:

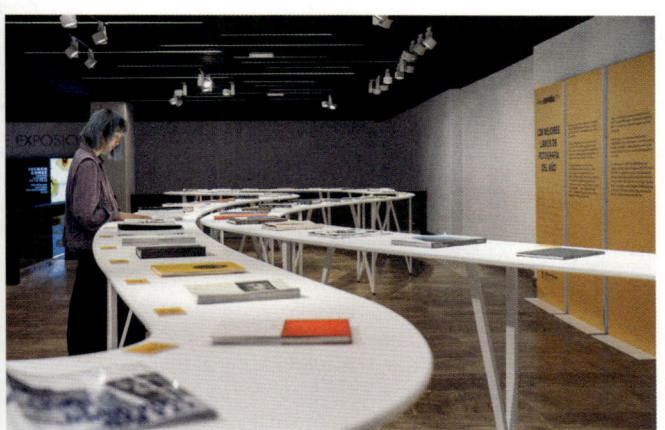

Jorquera
Exposición de *Los mejores libros
de fotografía del año*, 2023
© JORQUERA / ARCHIVO PHE

—Research, a category that encompasses books that revisit important archives or present a new approach or reinterpretation of the works of great masters of photography, as well as theoretical essays on photography.

—Creation, which brings together books whose authors present a personal work with a prominently conceptual and narrative approach.

—Bibliophilia, a section in which the books stand out for being original publications because of either the special interest, beauty and/or rarity of their format or the materials used in the publication.

—First publication, to recognise the works of artists who are presenting their own book for the first time.

The show features the publications that are finalists for these awards, which are determined by an expert committee made up of professionals in the sector.

 **Fernán Gómez.
Centro Cultural de la Villa**
Plaza de Colón, 4
28001 Madrid
Lunes cerrado
www.teatrofernangomez.com

Organiza
Ayuntamiento de Madrid,
Fernán Gómez. Centro Cultural
de la Villa y PHotoESPAÑA

Talento a bordo

ESPACIO IBERIA MADRID Y MOBILIARIO URBANO
Junio 2024

PHotoESPAÑA 2024 se articula en torno a un eje temático, *Perpetuum mobile*, el movimiento perpetuo. El Festival celebra el movimiento de la fotografía y la fotografía de los movimientos: los del cuerpo, los civiles, los históricos y los de los fotógrafos y fotógrafas en el ejercicio de su profesión. También el movimiento perpetuo vinculado al viaje. Así, PHotoESPAÑA e Iberia, a través de su programa *Talento a bordo*, proponen esta exposición en diferentes soportes urbanos de Madrid, que documenta los paisajes, personas, culturas y costumbres de diferentes destinos nacionales e internacionales conectados por la compañía aérea. La muestra se acompaña de un programa de actividades complementarias en Espacio Iberia.

La fotografía, junto a la música, el arte, el deporte, la gastronomía y el I+D+I se dan cita en el programa de Iberia *Talento a bordo* para hablarnos de creatividad, de cultura, de investigación y desarrollo, en definitiva de sueños cumplidos y de sueños por cumplir y, cómo no, de mucho talento.

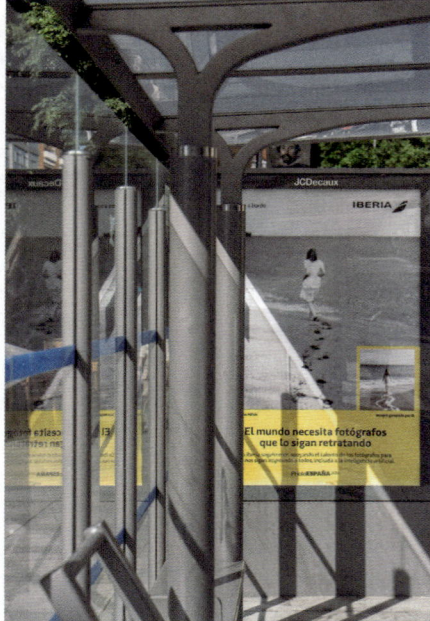

Exposición con fotografías de viaje de Juan Millás de la campaña 2023
© JORQUERA

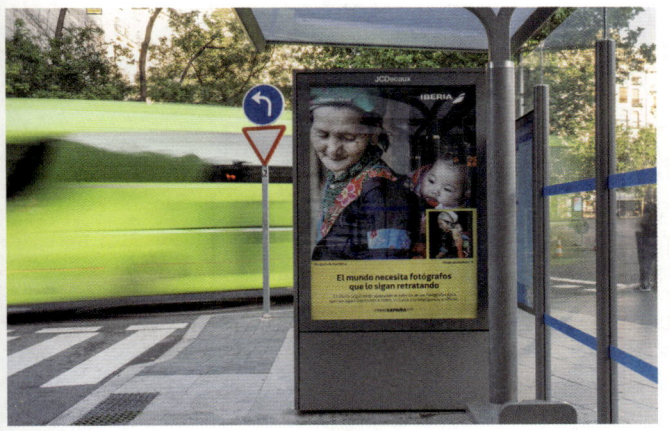

PHotoESPAÑA 2024 is articulated around a thematic axis, *Perpetuum mobile*, perpetual movement. The Festival celebrates the movement of photography and the photography of movements: those of the body, the civilian, the historical and those of photographers in the exercise of their profession. It also celebrates the perpetual movement linked to travel. Thus, PHotoESPAÑA and Iberia, through its *Talento a bordo* programme, propose this exhibition on different urban supports in Madrid, which documents the landscapes, people, cultures and customs of different national and international destinations connected by the airline. The exhibition is accompanied by a programme of complementary activities in Espacio Iberia.

Photography, along with music, art, sport, gastronomy and R+D+I come together in the Iberia *Talento a bordo* programme to talk about creativity, culture, research and development, in short, dreams fulfilled and dreams to be fulfilled and, of course, a lot of talent.

 Espacio Iberia Madrid
Gran Vía, 48
28004 Madrid
www.espacioiberia.com
Talentoabordo.com

Organiza
Iberia y PHotoESPAÑA

Madrid
Sedes invitadas

Robert Harding Pittman
Anonymization

B TRAVEL XPERIENCE
19.06 – 06.09.2024

Robert Harding Pittman, es un artista estadounidense-alemán, cuyo trabajo versa sobre la proliferación de un modelo urbanístico homogéneo, el *urban sprawl*: las macrourbanizaciones rodeadas por autopistas, centro comerciales y campos de golf. Durante más de diez años ha documentado este proceso urbanizador en países como España, Francia, Alemania, Grecia, Emiratos Árabes Unidos, Estados Unidos o Corea del Sur, desde el boom de la construcción hasta la crisis actual financiera y lo ha plasmado en la serie Anonymization.

El proyecto pone en evidencia que este prototipo globalizado ni se adapta ni respeta el entorno cultural o físico y que, además de la evidente destrucción ambiental, conduce al ser humano a la pérdida de su cultura, sus raíces y a una profunda alienación. Afirma que, como demuestra la historia reciente, la construcción descontrolada ha desembocado no solo en una crisis económica sino también ecológica, social e incluso psicológica.

Robert Harding Pittman
*Mall of the Emirates
(Centro Comercial)*, Dubai,
Emiratos Árabes Unidos,
2009
© ROBERT HARDING PITTMAN

Robert Harding Pittman
*Macrourbanización
Westridge*, Los Angeles
County, EE.UU, 2001
© ROBERT HARDING PITTMAN

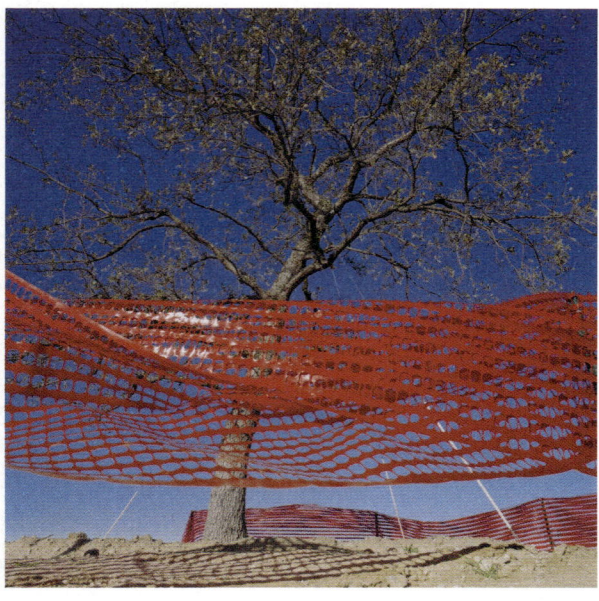

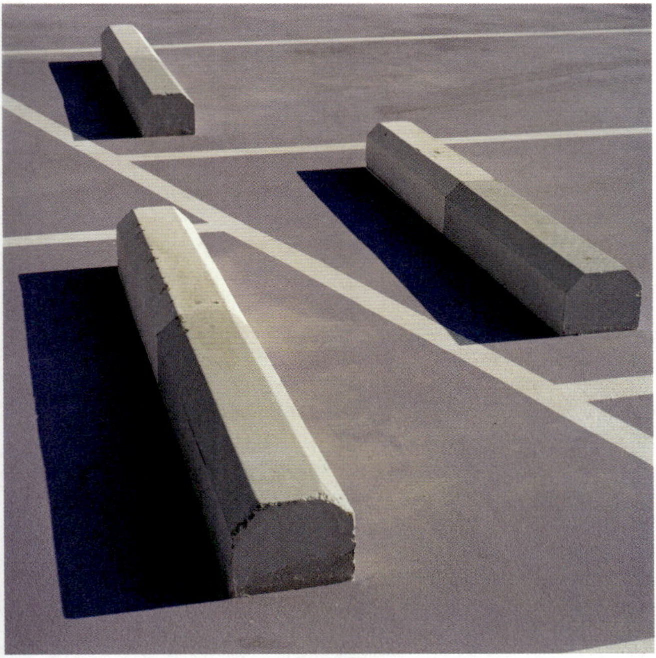

![Photograph of concrete barriers in a parking lot]

Robert Harding Pittman is an American-German artist whose work deals with the proliferation of a homogeneous urban model, the urban sprawl: macro-urbanisations surrounded by motorways, shopping centres and golf courses. For more than ten years he has documented this urbanising process in countries such as Spain, France, Germany, Greece, the United Arab Emirates, the United States and South Korea, from the construction boom to the current financial crisis, and has captured it in the series Anonymization.

The project shows that this globalised prototype neither adapts to nor respects the cultural or physical environment and that, in addition to the obvious environmental destruction, it leads human beings to the loss of their culture, their roots and to a profound alienation. He argues that, as recent history shows, uncontrolled construction has led not only to an economic crisis but also to an ecological, social and even psychological crisis.

23 **B travel Xperience**
Miguel Ángel, 33
28010 Madrid
viajerosconb.com/flagship/Madrid

Organiza
B travel Xperience

Cine de verano. 3 cineastas residentes en la Casa de Velázquez

INSTITUT FRANÇAIS DE MADRID
10.07.2024

En el marco del Cine de verano, el Institut Français invita a tres artistas en residencia en la Casa de Velázquez a protagonizar una proyección especial. El documental *L'Eden* de Camille Zéhenne es una inmersión en un bar de noche en Ajaccio, Córcega, donde los clientes habituales beben sin parar mientras que el arcángel (y patrón) Tonio les cuida. Gala Hernández López presentará un vídeo experimental, titulado *for here am i sitting in a tin can far above the world*, que trata de los vínculos entre la cultura crypto y la cryogénia como dos tecnologías especulativas, para las que el futuro se convierte en un recurso a explotar. *Nous, dehors*, primer documental de Bahia Bencheikh-El-Fegoun, expone a las mujeres y sus cuerpos en el espacio público, ocupado por hombres. La proyección dará lugar a un encuentro posterior con las tres cineastas.

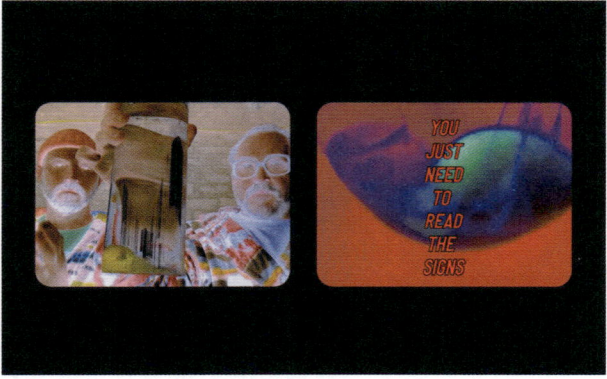

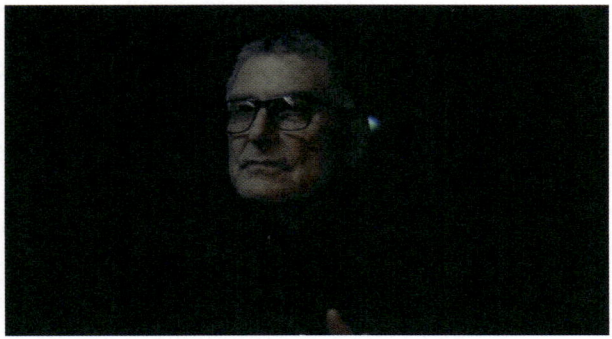

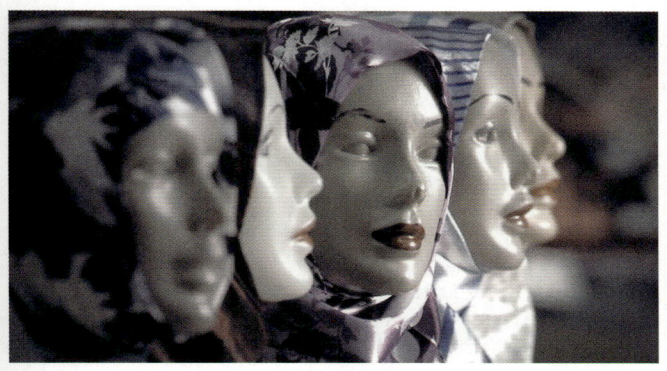

As part of the Summer Cinema programme, the Institut Français
invites three artists in residence at Casa de Velázquez to star in a
special screening. Camille Zéhenne's documentary *L'Eden* is an
immersion into a night bar in Ajaccio, Corsica, where the regulars
drink non-stop while the archangel (and patron) Tonio looks
after them. Gala Hernández López will present an experimental
video, entitled f*or here am i sitting in a tin can far above the
world*, which deals with the links between crypto culture and
cryogenics as two speculative technologies, for which the
future becomes a resource to be exploited. *Nous, dehors*, Bahia
Bencheikh-El-Fegoun's first documentary, exposes women and
their bodies in the public space, occupied by men. The screening
will be followed by a meeting with the three filmmakers.

 Institut français de Madrid
Calle del Marqués de la Ensenada, 12
28004 Madrid
www.institutfrancais.es
www.casadevelazquez.org

Organiza
Casa de Velázquez
e Institut français de Madrid

Vasco Szinetar
Cuerpo de exilio

CENTRO SEFARAD-ISRAEL
22.04 – 31.08.2024

Esta muestra, la primera exposición antológica en España del fotógrafo venezolano de origen judío Vasco Szinetar (Caracas, 1948), rastrea, a través de 120 imágenes, el viaje fotográfico y emocional del artista.

Szinetar resume así buena parte de la que ha sido una de sus pesquisas visuales (y verbales) de las últimas dos décadas: el exilio, la diáspora, el viaje hacia ninguna parte. Un viaje que lo ha llevado a fijar la mirada en ciudades tan distantes como Bogotá, Berlín, Madrid y Caracas.

Todas estas ciudades han sido asiento de su periplo vital y han sido modelos para el desarrollo de una poética fotográfica única: una mirada que busca las señales (y las razones) del exilio fuera del lugar que lo ha expulsado, pero que no deja de lado esa otra diáspora mayor, el exilio definitivo que experimentamos con nuestro propio cuerpo.

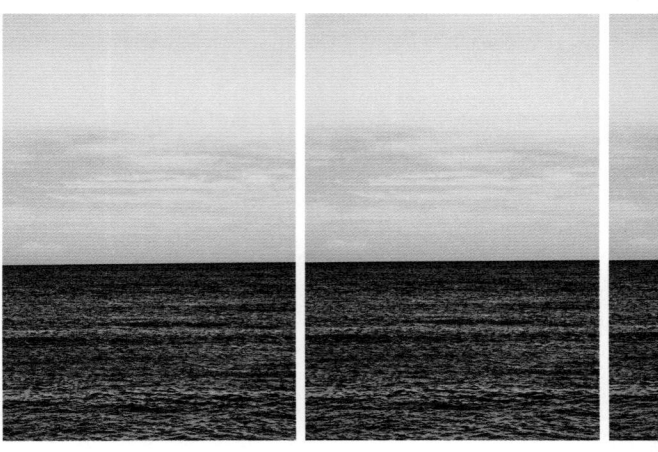

This show, the first anthological exhibition in Spain of Vasco Szinetar (Caracas, 1948), a Venezuelan photographer with Jewish roots, traces the artist's photographic and emotional journey via 120 images.

Szinetar thus summarises much of what has been one of his visual (and verbal) inquiries in the past two decades: exile, diaspora, the journey nowhere, a journey that has led him to focus on such far-flung cities as Bogotá, Berlin, Madrid and Caracas.

All these cities have been the sites of his life journey and the models for his development of a unique photographic poetics: a gaze that looks for the signs (and reasons) of exile outside the place that expelled the person, yet without ignoring the larger diaspora, the permanent exile we experience with our own bodies.

Vasco Szinetar
El mar, de la serie
Cuerpo de exilio, 2013
© VASCO SZINETAR

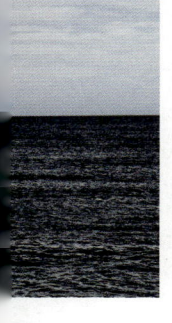

Centro Sefarad-Israel
Mayor, 69
28013 Madrid
www.sefarad-israel.es

Organiza
Centro Sefarad-Israel

Colabora
Oficina Cultural de la Embajada de España en Venezuela; Agencia Española de Cooperación Internacional para el Desarrollo (AECID); Comunidad Judía Iberoamericana – USA; Organización de Estados Iberoamericanos; Fundación Hispanojudía; ABANCA; Welcomer Group; Ministerio de Asuntos Exteriores, Unión Europea y Cooperación; Comunidad de Madrid y Ayuntamiento de Madrid.

José Manuel Juan Soto
Racionalismo de campo

COAM. COLEGIO OFICIAL DE ARQUITECTOS DE MADRID
10 – 30.07.2024

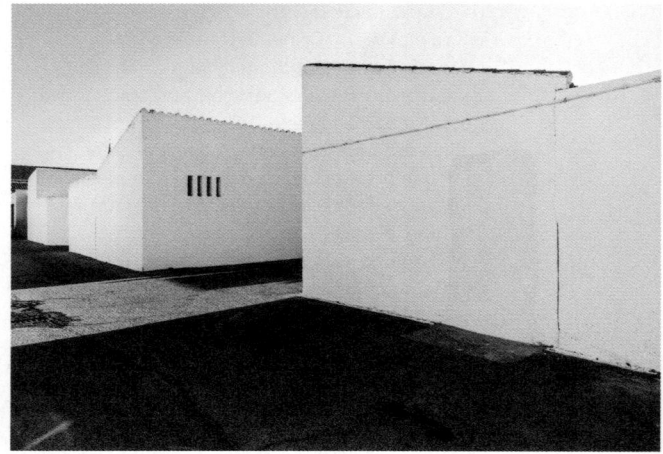

José Manuel Juan Soto
Maribáñez, 2021
© JOSÉ MANUEL JUAN SOTO

Entre 1945 y 1970 el Instituto Nacional de Colonización (INC) construyó cerca de 300 pueblos repartidos por las principales cuencas hidrográficas españolas y que albergaron a unas 55.000 familias.

El objetivo era convertir los terrenos de secano en nuevos regadíos, lo que implicó grandes movimientos de tierra y la construcción de multitud de obras hidráulicas: presas, canales, acueductos y acequias. Los arquitectos y técnicos que trabajaron en el INC, teniendo en cuenta modelos internacionales basados en el movimiento racionalista, imaginaron y plasmaron sobre el terreno pueblos pensados y creados para vivirlos.

Viviendas, iglesias, ayuntamientos, escuelas, consultorios médicos, plazas con sus fuentes y espacios peatonales llenos de modernidad, fueron diseñados para los colonos y sus familias. Hoy muchos de aquellos pueblos siguen vivos y esta exposición propone un viaje de más de 25.000 kilómetros por algunos de ellos, intentando captar la esencia de la arquitectura racionalista.

Between 1945 and 1970, the National Colonisation Institute (abbreviated INC) built almost 300 villages scattered around the most important hydrographic basins in Spain, which housed around 55,000 families.

The goal was to turn the dry-farmed lands into new irrigable land, which entailed huge earthworks and the construction of a host of hydraulic infrastructures, including dams, canals, aqueducts and ditches. Bearing in mind international models based on the rationalist movement, the architects and technicians working at the INC imagined and captured on the ground villages designed and created to be lived in.

Homes, churches, town halls, schools, doctors' offices, squares with fountains and pedestrian areas brimming with modernity were all designed for the colonists and their families. Today many of those villages are still alive, and this exhibition offers a journey of more than 25,000 kilometres around some of them in an effort to capture the essence of rationalist architecture.

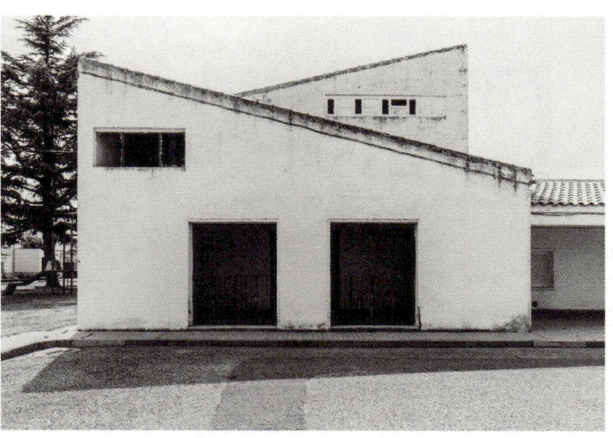

José Manuel Juan Soto
Nuevo Amatos, 2021
© JOSÉ MANUEL JUAN SOTO

**COAM. Colegio Oficial
de Arquitectos de Madrid**
Calle Hortaleza, 63
28004 Madrid
www.coam.org

Miguel Soler-Roig
En el ombligo de la luna

FUNDACIÓN CASA DE MÉXICO EN ESPAÑA
12.06 – 01.09.2024

La exposición de Miguel Soler-Roig (Barcelona, 1961) reúne fotografías de paisajes realizadas en México a lo largo de más de 30 años. Las imágenes se dividen en dos series que muestran el inicio y la relación reciente del autor con el país, sin olvidar la densidad emocional que atraviesa todo el periodo desde el centro de su biografía. En este sentido, recupera el origen Náhuatl del nombre de México –*Metztli* (luna) y *xiclti* (ombligo)– para el título de la muestra: la simbología de la luna está asociada a las emociones, el agua, el pasado y el subconsciente, elementos clave en la muestra.

Las primeras fotografías son collages digitales a partir de diapositivas antiguas de su primer viaje en 1986. La segunda serie recoge sus últimas experiencias más significativas en el país, expresadas a través de espectaculares paisajes de grandes dimensiones.

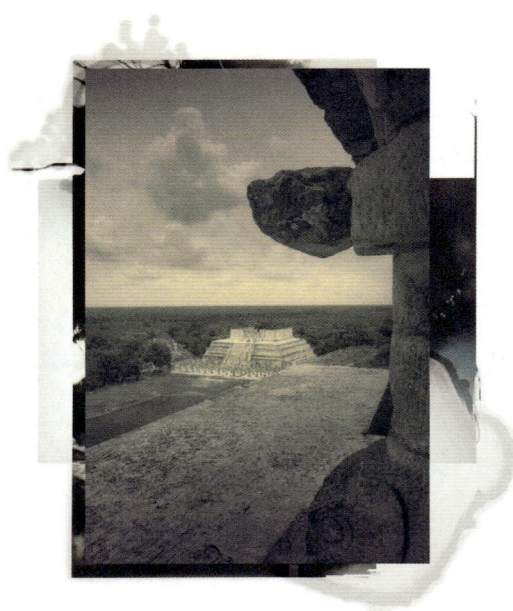

Miguel Soler-Roig
Popocatépetl (Montaña que humea), 1986 – 2024
© MIGUEL SOLER-ROIG

Miguel Soler-Roig
Kukulcán (Serpiente emplumada), 1986 – 2024
© MIGUEL SOLER-ROIG

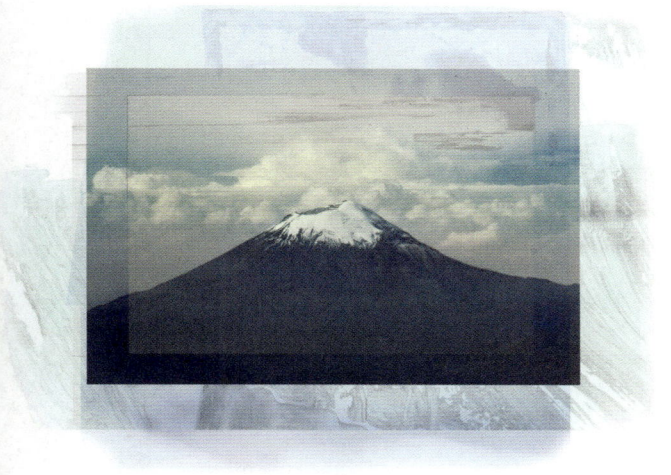

This Miguel Soler-Roig (Barcelona, 1961) exhibition brings together photographs of landscapes taken in Mexico over the course of more than 30 years. The images are divided into two series which show the photographer's initial and recent relationship with the country, without ignoring the emotional density permeating this entire period from the core of his biography. In this sense, the title of the show revisits the Nahuatl origin of the name of Mexico, *metztli* (moon) and *xiclti* (navel); the symbolism of the moon is associated with emotions, water, the past and the unconscious, key elements in the show.

The first photographs are digital collages based on old slides from his first journey in 1986. The second series includes his most significant recent experiences in the country expressed via vast, spectacular landscapes.

 Fundación Casa de México en España
Alberto Aguilera, 20
28015 Madrid
www.casademexico.es

Comisaria
Nerea Ubieto

Organiza
Fundación Casa de México en España

Pedro Valtierra y Rafael Doniz
Dura menos la eternidad

FUNDACIÓN CASA DE MÉXICO EN ESPAÑA
03.07 – 08.09.2024

Las fotografías de Rafael Doniz (Ciudad de México, 1948) y de Pedro Valtierra (Fresnillo, Zacatecas, 1955) son claro ejemplo de la diversidad de la fotografía mexicana. Las travesías de ambos autores coinciden en tiempo y espacios y, sin embargo, ambos retratan dos Méxicos distintos sin faltar a la verdad.

Formado en el fotoperiodismo, Pedro Valtierra se anticipa en busca de la imagen oportuna que ayude a entender la convulsa realidad del país; su precisión y sensibilidad han hecho de las imágenes noticiosas iconos memorables, piezas fundamentales en la historia visual de una nación. Por su parte, Rafael Doniz observa con paciencia, se relaciona con sus retratados, registra con su cámara el tiempo geológico, el primigenio, el místico; tiempo imperceptible al ojo humano, que, sin embargo, no deja de alterarse.

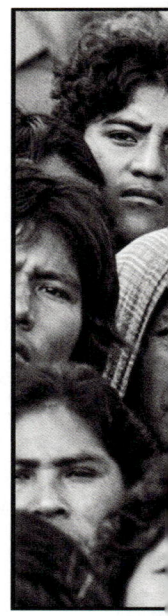

Pedro Valtierra
Visita de Juan Pablo II a México, Puebla, 1979
© PEDRO VALTIERRA

Rafael Doniz
Las Venaditas II, Santa Teresa del Nayar, 1980
© RAFAEL DONIZ

—

The photographs of Rafael Doniz (Mexico City, 1948) and Pedro Valtierra (Fresnillo, Zacatecas, 1955) are a clear example of the diversity of Mexican photography. Both authors' journeys dovetail in space and time, yet both portray two different Mexicos, both of which are true.

Trained in photojournalism, Pedro Valtierra anticipates finding the right image that helps us to understand the country's tumultuous reality; his precision and sensitivity have made his news images into memorable icons, essential pieces in the nation's visual history. Rafael Doniz, in turn, observes patiently, interacts with his subjects, records geological time, the primordial and the mystical with his camera, that is, time that is imperceptible to the human eye which nonetheless shifts.

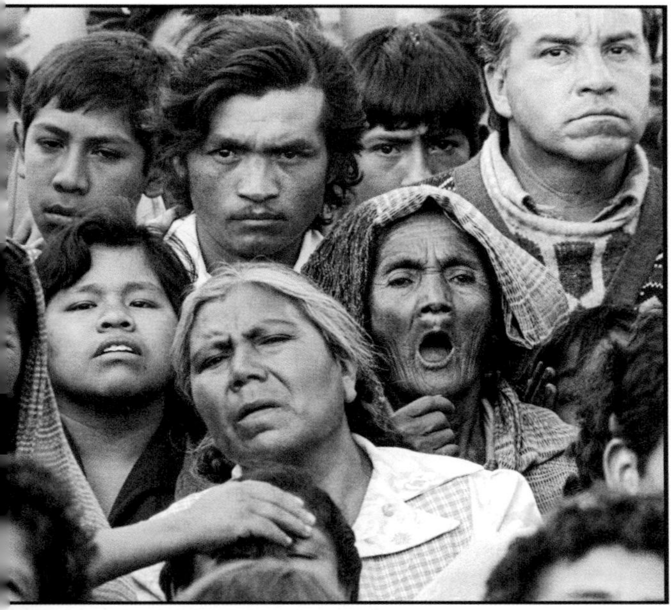

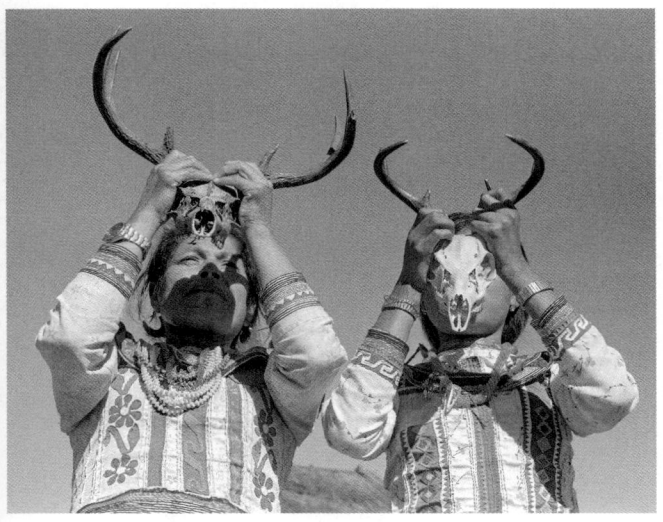

 Fundación Casa de México en España
Alberto Aguilera, 20
28015 Madrid
www.casademexico.es

Comisario
Héctor Orozco

Organiza
Fundación Casa de México en España

Alejandra García Fuertes
Camino del sol

HOSPITAL DE SAN RAFAEL
15.05 – 30.10.2024

De la mano de la Fundación [H]arte llega a PHotoESPAÑA esta exposición de Alejandra García Fuertes. Una muestra que está dedicada a todas las personas que en algún momento han tenido que enfrentarse a un golpe de realidad que ha trastocado sus vidas y su mundo.

Se trata de una muestra que habla de esperanza y de lucha y que constituye además un homenaje y agradecimiento a todos aquellos que acompañan a los que sufren en su camino.

Una exposición de resignación, pero también de superación, y que remite a todas aquellas cosas y personas que nos mantienen aferrados a la vida.

The Fundación [H]arte is bringing this Alejandra García Fuertes exhibition to PHotoESPAÑA. The show is devoted to everyone who at some point had to deal with a shock to their reality that shook up their lives and their world.

It is a show that speaks about hope and struggle, simultaneously a tribute and acknowledgement of everyone who supports those who suffer along their way.

It is an exhibition of resignation and overcoming, and it refers to all things and people that keep us attached to life.

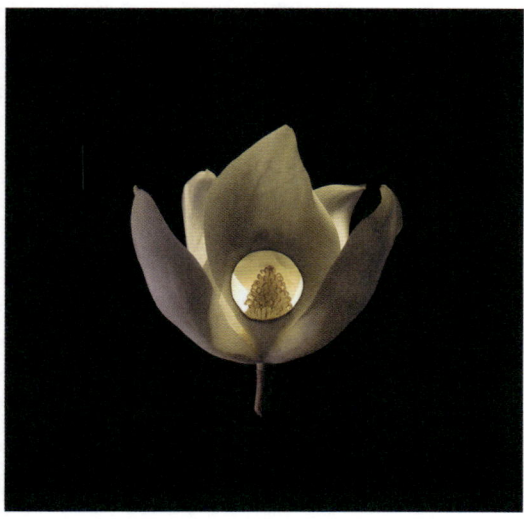

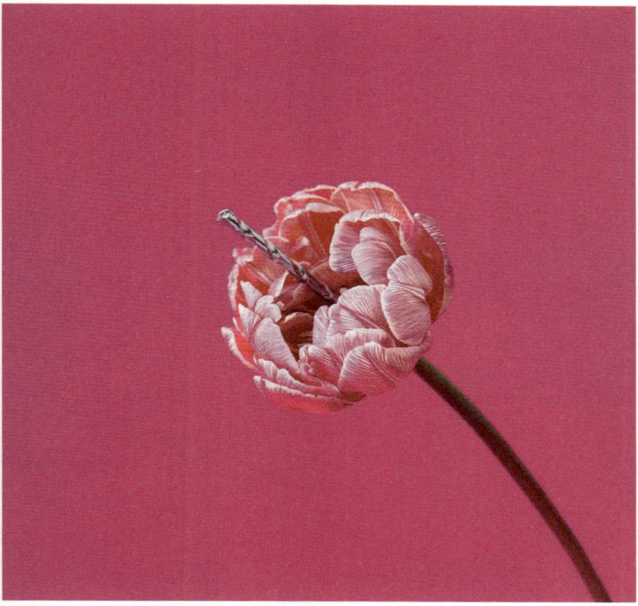

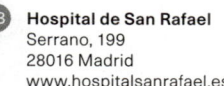

Alejandra García Fuertes
La vie en rose, 2023
© ALEJANDRA GARCÍA
FUERTES

Alejandra García Fuertes
Camino del sol, 2023
© ALEJANDRA GARCÍA
FUERTES

28 **Hospital de San Rafael**
Serrano, 199
28016 Madrid
www.hospitalsanrafael.es

Organiza
Fundación [H]Arte

Colabora
Hospital de San Rafael

Antti J. Leinonen
Pyynti

INSTITUTO IBEROAMERICANO DE FINLANDIA
05.06 – 26.07.2024

En finés, la palabra *pyytää*, verbo del que deriva el sustantivo *pyynti* significa "pedir algo" o "solicitar ayuda". La misma palabra se utiliza también en relación a la pesca, referida tanto a los aparejos y redes como al propio acto de pescar. Se pide el pescado, no se pesca ni se coge como en muchos otros idiomas. La pesca como una relación de dar y recibir, en la que las personas muestran respeto por el mundo natural que las provee, es un concepto antiguo y ampliamente reconocido.

Pyynti, del fotógrafo finlandés Antti J. Leinonen, es un trabajo sobre la pesca como profesión y sobre el trabajo de los pescadores del golfo de Botnia. Las imágenes que componen el proyecto, realizadas entre 2014 y 2023, exploran la relación entre el ser humano y el mar y plantea cuestiones en torno a la explotación de los recursos naturales.

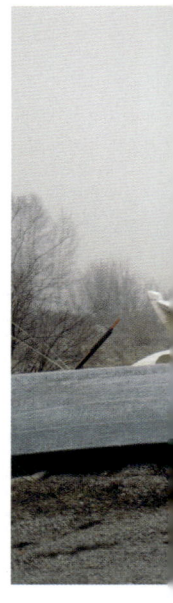

TODAS LAS FOTOS
Antti J. Leinonen
De la serie *Pyynti*,
2014 – 2023
© ANTTI J. LEINONEN

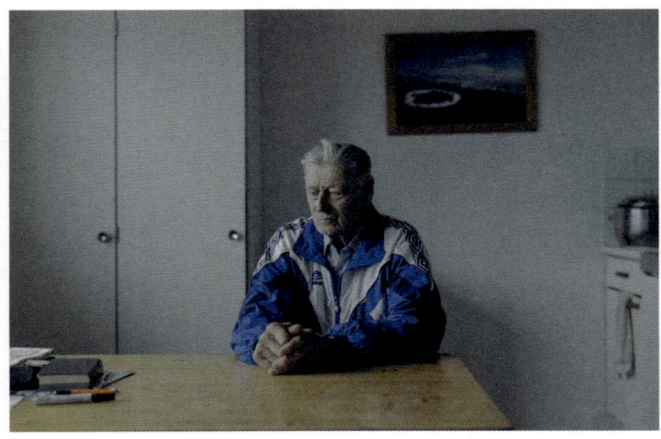

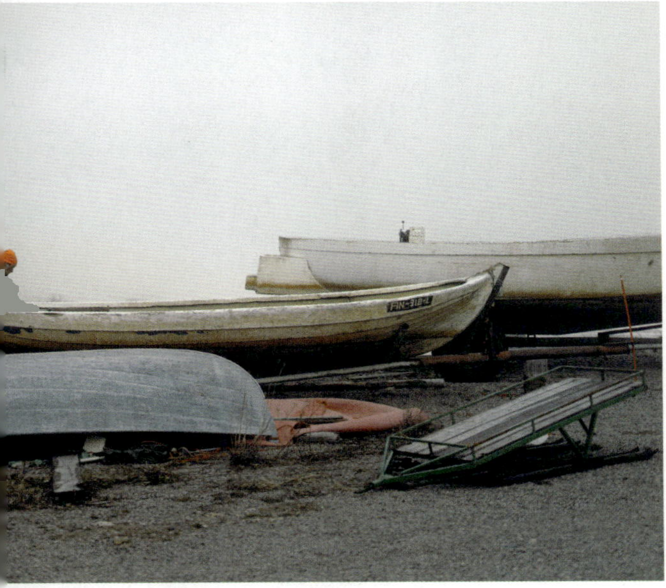

In Finnish, the word *pyytää*, a verb coming from the noun *pyynti*, means 'to request something' or 'to ask for help'. The same word is also used in fishing to refer to both tackle and nets and the act of fishing itself. The fish is asked, not fished or caught as in many other languages. Fishing, viewed as a give-and-take relationship in which people show respect for the natural world that sustains them, is an ancient and broadly acknowledged concept.

Pyynti, by the Finnish photographer Antti J. Leinonen, is a work on fishing as a profession and on the work of the fishers in the Gulf of Bothnia. The images comprising the project, taken between 2014 and 2023, explore the relationship between human beings and the sea and pose questions about the exploitation of natural resources.

29 **Instituto Iberoamericano de Finlandia**
San Agustín, 7
28014 Madrid
Madrid.fi

Organiza
Instituto Iberoamericano de Finlandia

Palermo Mon Amour

ISTITUTO ITALIANO DI CULTURA DI MADRID
08.05 – 29.06.2024

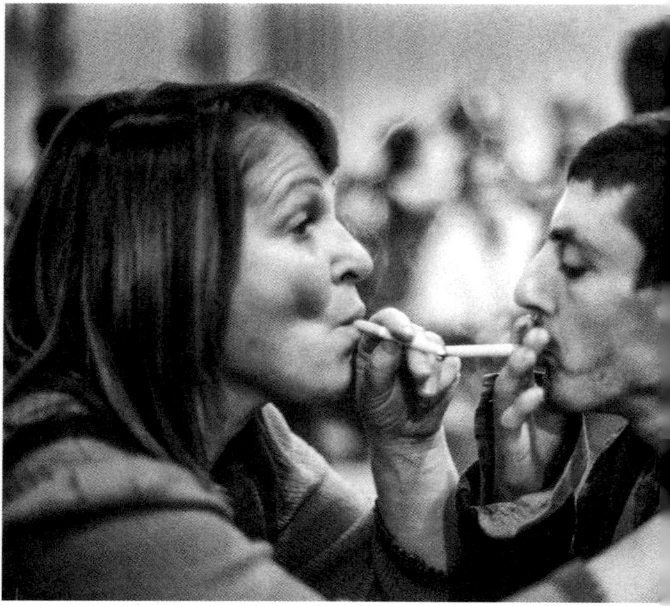

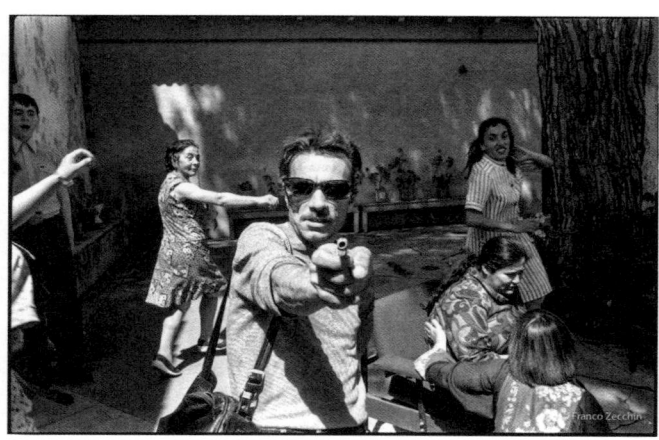

Cinco fotógrafos, cinco miradas diferentes, protagonizan esta exposición que recorre en imágenes la historia de la ciudad de Palermo, capital de la isla italiana de Sicilia. Un viaje que desvela una Palermo visionaria, a través de las investigaciones e intuiciones de Enzo Sellerio, Letizia Battaglia, Franco Zecchin, Fabio Sgroi y Lia Pasqualino. Cada uno de los citados autores representan y reflejan con sentimientos distintos el imaginario poético de Palermo desde los años 50 del siglo pasado hasta el año 1992.

Además, con motivo de la exposición en Madrid, la muestra incluye una selección de fotografías de Begoña Zubero, artista española que desde los años 80 trabaja sobre la memoria histórica a través del paisaje y de la arquitectura, realizadas durante su largo viaje a Palermo en 2020.

Five photographers, five different gazes, feature in this show that examines images from the history of the city of Palermo, the capital of the Italian island of Sicily. It is a journey that reveals a visionary Palmero through the inquiries and intuitions of Enzo Sellerio, Letizia Battaglia, Franco Zecchin, Fabio Sgroi and Lia Pasqualino. Each photographer depicts and reflects the poetic imaginary of Palermo from the 1950s until 1992 with different sentiments.

Plus, on the occasion of the exhibition in Madrid, the show is complemented by a selection of photographs by Spanish artist Begoña Zubero—who since the 1980s has examined historical memory through the landscape and architecture—which were taken during her long stay in Palermo in 2020.

Lia Pasqualino
Letizia Battaglia con un degente dell'ospedale psichiatrico,
Palermo, 1986
© LIA PASQUALINO

Franco Zecchin
Laboratorio teatrale allo Psichiatrico,
Palermo, 1983
© FRANCO ZECCHIN

30 **Istituto Italiano di Cultura di Madrid**
Calle Mayor, 86
28013 Madrid
iicmadrid.esteri.it

Comisaria
Valentina Greco

Organiza
Istituto Italiano di Cultura di Madrid y Fondazione Merz

Colabora
Instituto Cervantes, bajo los auspicios de Ambasciata d'Italia Madrid y Embajada de España en Italia

Centenario surrealista

LEICA GALLERY MADRID
06.06 – 14.09.2024

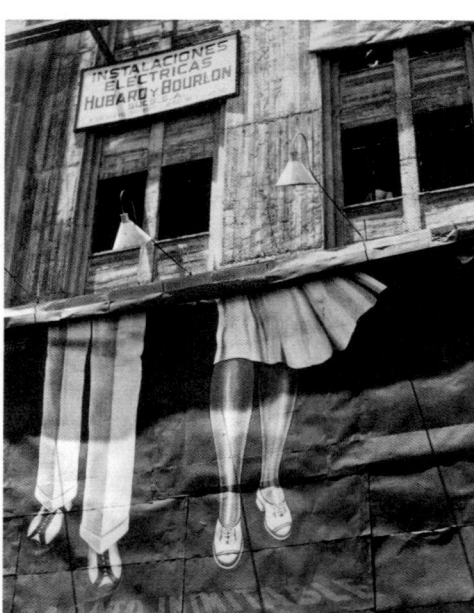

Manuel Álvarez Bravo
Dos pares de piernas, 192
© MANUEL ÁLVAREZ BRAVO

Selección de fotografías de época, contemporáneas, collages y vídeo, de autores cuya expresión artística es el resultado del trabajo realizado en plena libertad de pensamiento, ajeno a tabús sociales o limitaciones comerciales.

El Primer Manifiesto Surrealista escrito por André Breton y publicado en 1924 cumple este año su centenario. Por esa época, el trabajo de Germaine Krull, Man Ray, Lucía Moholy o Kertész despuntaba en Europa. Edward Weston y Tina Modotti llegaban desde Estados Unidos a México, donde las tradiciones y la arrebatadora luz del país les lleva a explorar con la cámara otras formas de mostrar la belleza y el sentir de un pueblo. La Exposición Internacional del Surrealismo organizada por Breton en México en 1940, con obra de Manuel Álvarez Bravo, entre otros, concurre con la llegada de artistas como Leonora Carrington, Kati Horna o Remedios Varo que, huyendo de la guerra en Europa, se instalaron en México.

A partir de ahí, la ideología recogida en el manifiesto surrealista sirvió de base para varias generaciones de artistas de todo el mundo que, sin formar parte de un grupo concreto, ha reforzado con su agudeza otras formas de ver para poder apreciar aquello que pueda resultar discordante.

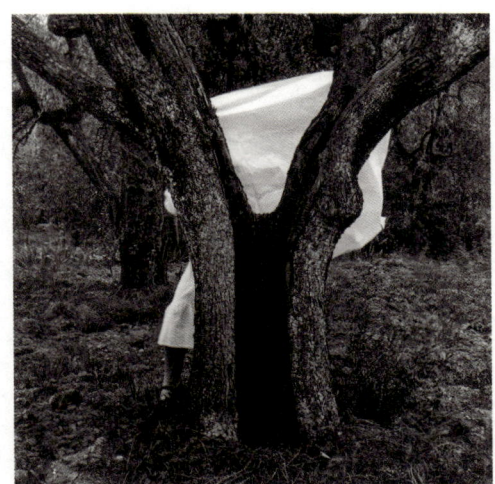

Francesca Woodman
Selfportrait behind a tree,
1977-1978
© FRANCESCA WOODMAN

Selection of period and contemporary photographs, collages and videos by authors whose artistic expression is the outcome of work done with total freedom of thought, far from any social taboos or commercial constraints.

André Breton's First Manifesto of Surrealism, published in 1924, is turning 100 years old this year. Around that time, the works of Germaine Krull, Man Ray, Lucía Moholy and Kertész were ascendant in Europe. Edward Weston and Tina Modotti went from the United States to Mexico, where the country's traditions and dazzling light led them to use their cameras to explore other ways of showing a people's beauty and feelings. The International Exhibition of Surrealism that Breton organised in Mexico in 1940, which featured the works of artists like Manuel Álvarez Bravo, dovetailed with the arrival of artists like Leonora Carrington, Kati Horna and Remedios Varo, who were fleeing the war in Europe and settled in Mexico.

From then on, the ideology contained in the Manifesto of Surrealism served as the foundation for several generations of artists all over the world who were not members of a specific group but whose acuity reinforced other ways of seeing in order to appreciate what may seem discordant.

 31 **Leica Gallery Madrid**
Ortega y Gasset, 34
28006 Madrid
Domingo cerrado
leica-camera.com

Comisaria
María Millán

Organiza
Fundación Loewe

Colabora
Leica Gallery Madrid

Ana Palacios
Niños esclavos. La puerta de atrás

MUSEO MISIONES SALESIANAS
24.11.2023 – 30.11.2024

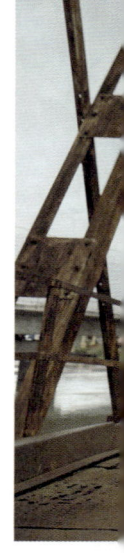

Esta exposición documenta, por primera vez, la esclavitud, el rescate, la rehabilitación y la devolución a sus familias de niños víctimas de trata en África Subsahariana, la región con más niños esclavos del mundo.

Ana Palacios (Zaragoza, 1972) relata las historias de vida de más de cincuenta niños esclavos que han conseguido encontrar, abrir y atravesar esa "puerta de atrás" para recuperar su infancia interrumpida. Unos protagonistas que luchan por entender, aceptar y olvidar un pasado lleno de abusos y que cuentan con el apoyo de Misiones Salesianas, Carmelitas Vedruna y Mensajeros de la Paz, junto con otras instituciones que los acompañan en su proceso.

La muestra consta de 86 fotografías, si bien, el proyecto completo incluye un libro, la exposición y un documental, fruto de tres años de investigación en Togo, Benin y Gabón.

Ana Palacios
Niños esclavos #24,
2016
© ANA PALACIOS

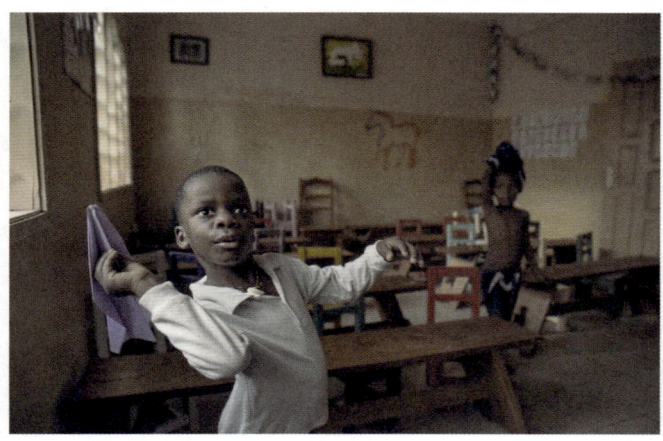

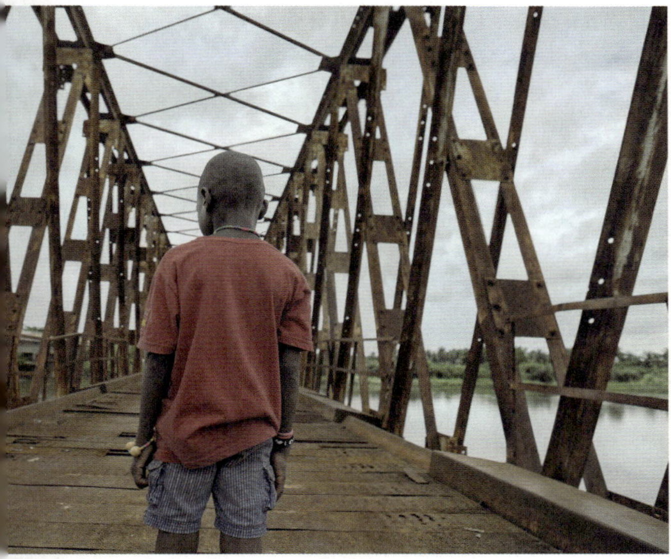

![Photograph of a child standing on a bridge]

Ana Palacios
Niños esclavos #01,
2015
© ANA PALACIOS

For the first time, this exhibition documents the enslavement, rescue, rehabilitation and return to their families of children who are the victims of human trafficking in sub-Saharan Africa, the region with the most child slaves in the world.

Ana Palacios (Zaragoza, 1972) recounts the life stories of more than 50 child slaves who have managed to find, open and go through that 'back door' to regain their interrupted childhoods. They struggle to understand, accept and forget a past full of abuse and are assisted by the Salesian Missions, Carmelite Sisters of Charity and Mensajeros de la Paz, along with other institutions that support them in this process.

The show includes 86 photographs, although the complete project includes a book, an exhibition and a documentary resulting from three years of research in Togo, Benin and Gabon.

 Museo Misiones Salesianas
Lisboa, 4
28008 Madrid
misionessalesianas.org/museo/

Comisario
Chema Conesa

Organiza
Museo de las Misiones Salesianas

Colabora
Misiones Salesianas, Carmelitas
Vedruna y Mensajeros de la Paz

#RecorridosUrbanosPHE24

Esta exposición colectiva es el resultado de la convocatoria online que, bajo el mismo título, invita a los seguidores de PHotoESPAÑA y de One Shot Hotels, hoteles oficiales del Festival, a descubrir y redescubrir las ciudades, tanto las propias como las que visitamos, cámara en mano.

El entorno urbano, en el sentido más amplio y abstracto, protagoniza las imágenes ganadoras de este concurso, celebrado por tercer año consecutivo. Fotografías que reflejan rincones únicos y singulares, lugares secretos o por todos conocidos, espacios interiores o exteriores, arquitecturas, detalles, situaciones, personas o visiones de conjunto.

Además, los autores de las fotografías ganadoras perciben un premio de 500 euros cada uno y pueden disfrutar de una noche en habitación doble en cualquiera de los establecimientos de la cadena hotelera.

This group exhibition is the outcome of the online call for submissions of the same name that invited followers of PHotoESPAÑA and of One Shot Hotels, the Festival's official hotels, to discover and rediscover both their own cities and the cities they visit, camera in hand.

In the broadest and most abstract sense, urban settings feature in the winning images of this contest, which is being held for the third year in a row. These photographs reflect unique, singular spots, secret locales or places everyone knows, both indoors and outdoors, along with architectures, details, situations, people and overviews.

Plus, the authors of the winning photographs each receive a 500-euro award and get to enjoy a night in a double room at any of the chain's hotels.

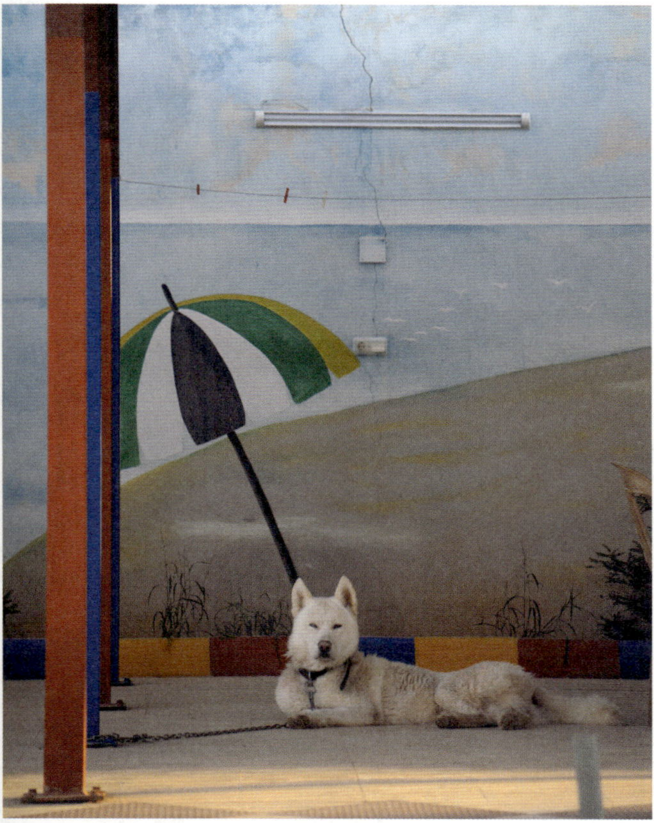

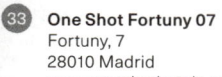

Cristina Cascajo
Reyhanli, Turquía, 2023
© CRISTINA CASCAJO
Imagen ganadora de la
convocatoria

33 **One Shot Fortuny 07**
Fortuny, 7
28010 Madrid
www.oneshothotels.com

Organiza
One Shot Hotels y PHotoESPAÑA

Juan Manuel Castro Prieto y Vicente López Tofiño
Dos cabalgan juntos.
Castro Prieto y Tofiño en la India

REAL SOCIEDAD FOTOGRÁFICA
11.06 – 27.07.2024

La Real Sociedad Fotográfica celebra este año su 125 aniversario y para conmemorar esta fecha rinde homenaje a dos de sus socios más destacados, Juan Manuel Castro Prieto y Vicente Lopez Tofiño, a través de esta exposición, que refleja una de sus innumerables aventuras fotográficas compartidas. En 2007, Castro Prieto y Tofiño viajaron a la India, un país de contrastes, con su latente espiritualidad y la sencillez de su vida diaria, bañada por la luz del alba y la luz del atardecer.

En estas fotografías, que hasta ahora se han expuesto en contadas ocasiones, los autores presentan su singular mirada, diversa y complementaria, en una muestra en la que se adivina la complicidad y admiración mutua que los une. Un diálogo esencial que conforma un espléndido testimonio del viaje.

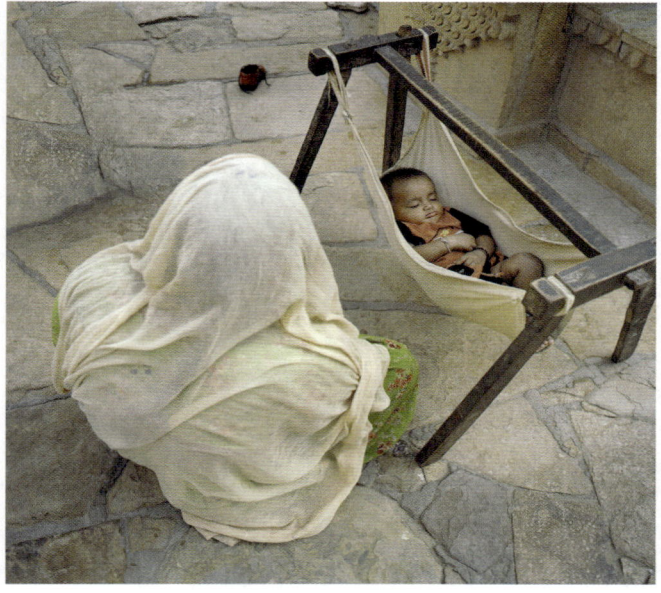

Juan Manuel Castro Prieto
Jaissalmer, 2007
© JUAN MANUEL CASTRO PRIETO

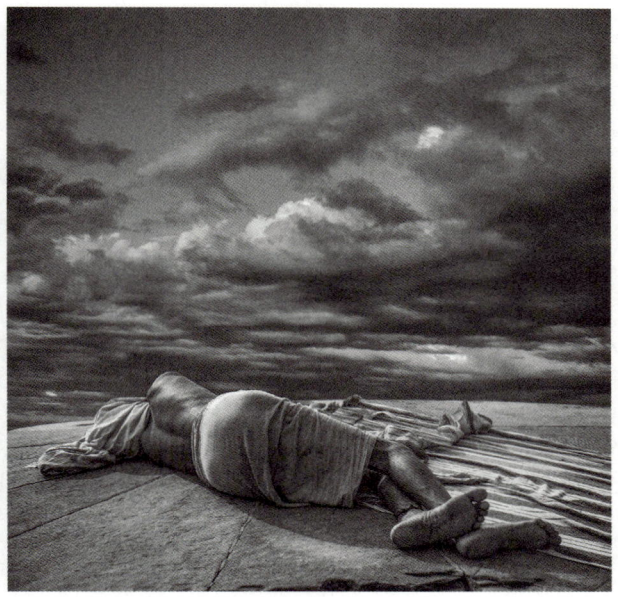

Vicente López Tofiño
Benarés, 2017
© VICENTE LÓPEZ TOFIÑO

The Real Sociedad Fotográfica is celebrating its 125th anniversary this year. To commemorate this milestone, it is paying tribute to two of its most outstanding members, Juan Manuel Castro Prieto and Vicente Lopez Tofiño, through this exhibition, which reflects one of the countless photographic adventures they shared. In 2007, Castro Prieto and Tofiño travelled to India, a country of contrasts, with its latent spirituality and the simplicity of its daily life, tinged with the dawn and evening light.

In these photographs, which have only been exhibited a few times, the photographers present their unique, diverse and complementary gazes in a show that reveals the complicity and mutual admiration that unites them. It is an essential dialogue that serves as a wonderful testimony of the journey.

 Real Sociedad Fotográfica
Tres Peces, 2
28012 Madrid
www.rsf.es

Comisario
Enrique Sanz Ramírez

Organiza
Real Sociedad Fotográfica

Isabela Muci
Naturaleza Muerta

SILO DE HORTALEZA
11.09 – 19.10.2024

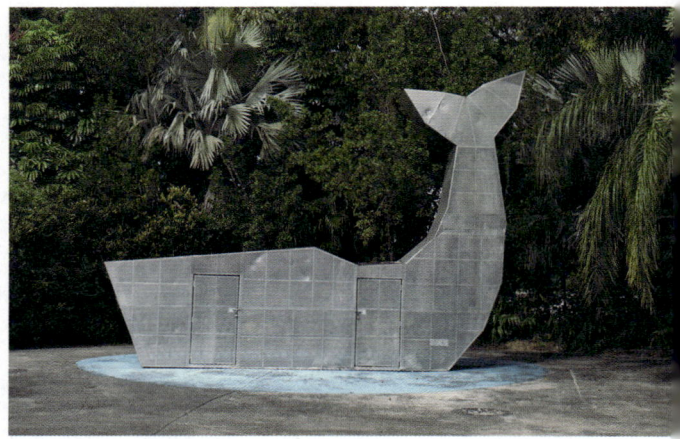

Con *Naturaleza Muerta,* Isabela Muci cuestiona la apropiación y la representación que se hace –en muchas ocasiones con un uso perverso– de la fauna salvaje y de ciertas especies animales en peligro de extinción hoy en día. Nuestra sociedad contemporánea produce una infinidad de objetos que recrean la naturaleza, prometiendo –a cambio de su consumo– una idea equivocada sobre su respeto y protección, cuando en realidad la producción masiva de dichos objetos mediante técnicas de representación agresivas, invasivas y contaminantes genera residuos y un fuerte impacto sobre el medio ambiente.

El proyecto funciona así como un registro de este tipo de imágenes domesticadas e irreales, de cartón piedra o plástico, que traspasan los límites de la naturaleza real, para proponer una reflexión crítica sobre la sociedad de consumo y sobre la falta de respeto hacia el entorno que nos rodea.

Isabela Muci
Ballena, de la serie
Naturaleza Muerta, 2022
© ISABELA MUCI

Isabela Muci
Langosta, de la serie
Naturaleza Muerta, 2022
© ISABELA MUCI

With *Naturaleza Muerta* [*Still Life*], Isabela Muci questions the appropriation and representation of wildlife and certain animal species that are currently endangered—oftentimes with perverse uses. Our contemporary society produces infinite objects that recreate nature, promising an erroneous idea of its respect and protection in exchange for consuming them, when the mass production of those objects using aggressive, invasive and polluting representation techniques actually leads to waste and has a heavy impact on the environment.

This project thus serves as a record of this type of domesticated, unreal image made of cardboard or plastic that oversteps the bounds of real nature to offer a critical reflection on consumer society and the lack of respect for the environment around us.

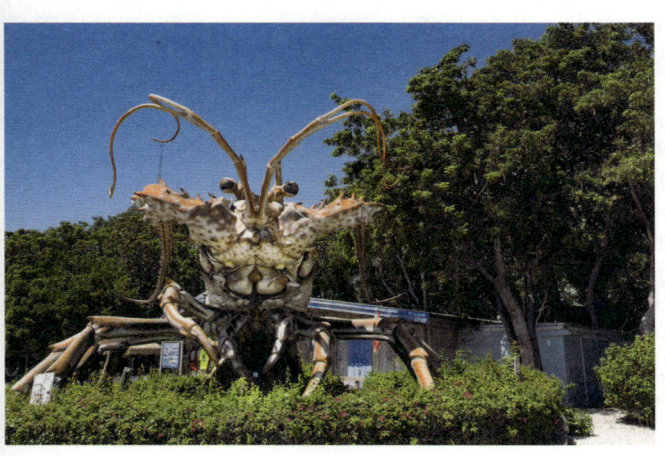

 Silo de Hortaleza
Mar de las Antillas, 14
28033 Madrid
Domingo cerrado

Organiza
Ayuntamiento de Madrid,
Silo de Hortaleza y PHotoESPAÑA

Colabora
Máster PHotoESPAÑA

Fernando Marcos
Lokt.Ag

TEATRO DE LA ABADÍA
29.05 – 13.07.2024

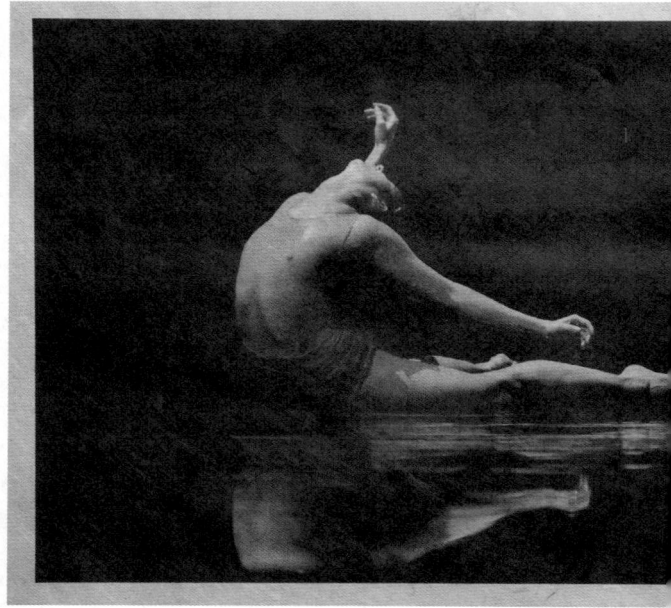

Fernando Marcos
Coreografías de Nacho Duato, 2006
© FERNANDO MARCOS

Lokta es un papel hecho a mano con fibras naturales procedente de Nepal. El paralelismo entre la sensibilidad, textura, resistencia, flexibilidad y movimiento del papel natural y el arte de la danza permite explorar un vasto universo de similitudes entre dos mundos aparentemente dispares.

Más allá de sus características físicas, tanto el papel como la danza comparten una serie de cualidades profundas que trascienden lo tangible y se sumergen en el reino de las emociones.

En esta exposición nos encontramos además con otro paralelismo: el de la escena y las películas fotográficas tradicionales. En el caso de las películas basadas en sales de plata, la imagen expuesta está presente «en estado latente», pero no visible hasta que se revela químicamente. De manera similar, las creaciones escénicas están presentes en la mente y el esfuerzo de los artistas, pero permanecen latentes hasta que se presentan al público.

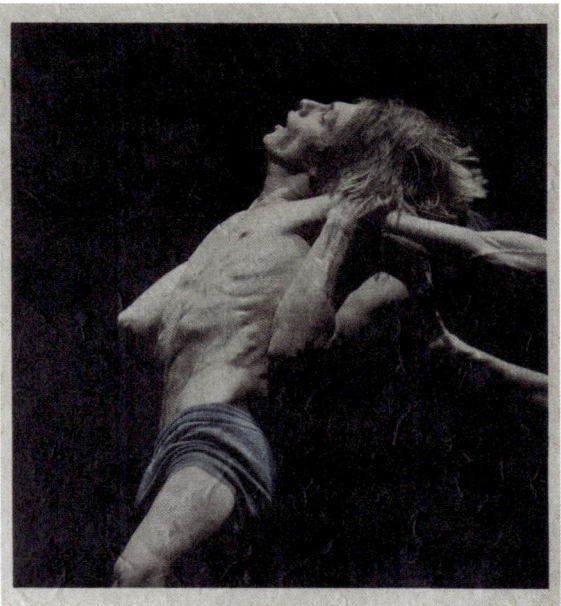

Lokta is a kind of paper from Nepal made of natural fibres. The parallels between the sensibility, texture, sturdiness, flexibility and movement of natural paper and the art of dance enable a vast universe of similarities between two apparently disparate worlds to be explored.

Beyond their physical characteristic, both paper and dance share a series of profound qualities that transcend the tangible and plunge them into the universe of emotions.

This exhibition also harbours another parallelism: between the stage and traditional photographic film. In the case of films based on silver salts, the image exposed is present 'in its latent state' but not visible until it is chemically developed. Similarly, stage creations are present in the artists' mind and efforts but remain latent until they are presented to the public.

 Teatro de La Abadía
Fernández de los Ríos, 42
28015 Madrid
www.teatroabadia.com

Organiza
Teatro de la Abadía

Madrid
Festival Off

Rob Woodcox
Bodies of Light
ARMA GALLERY / Valverde, 30. 28004 Madrid
27.05 – 26-07-2024

Para el fotógrafo y director de cine Rob Woodcox todos somos "cuerpos de luz" y, bajo este título, su trabajo busca generar una conversación inmediata sobre cuán diferente podría ser la sociedad cuando la comunidad y el apoyo mutuo están en el centro. Desde el asombro de los espectadores, busca inspirar sueños de un futuro mejor y celebrar aquello que nos une, a través de imágenes que destacan la belleza de los cuerpos.

To the photographer and film director Rob Woodcox, we are all 'bodies of light'. With this title his work seeks to prompt an immediate conversation on how different society could be if community and mutual support were at the core. Igniting the spectators curiosity through surrealism, he seeks to inspire dreams of a better future and celebrate what unites us through extraordinarily produced images that highlight the beauty of bodies in harmony with nature.

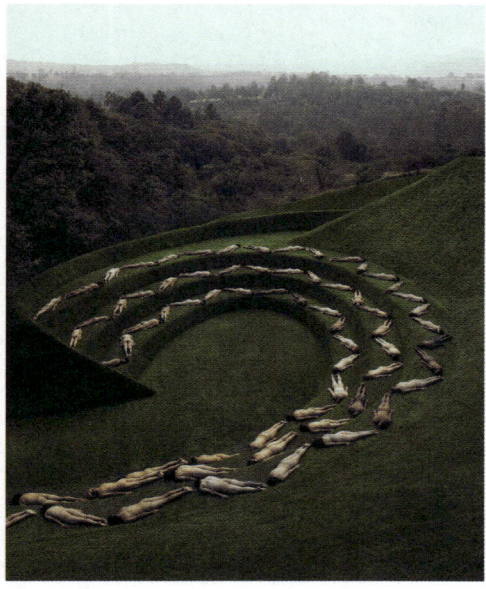

Rob Woodcox
Huma Thread, 2002
© ROB WOODCOX

(01) **Arma Gallery**
www.armagallery.com

Luis González Palma
Una Isla hecha alma

BLANCA BERLÍN / Limón, 28. 28015 Madrid
25.05 – 25.07.2024

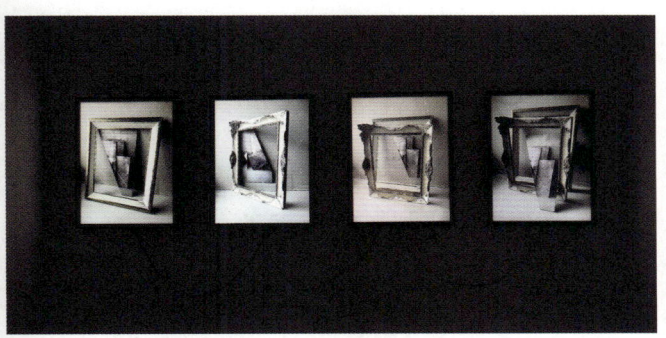

Luis González Palma
Maya. La ilusión de la realidad
© LUIS GONZÁLEZ PALMA. CORTESÍA GALERÍA BLANCA BERLÍN

Luis González Palma se sirve de sus imágenes para reflexionar sobre la mirada, la historia, la introspección y la representación de lo no visible. Una fotografía profundamente meditativa que juega con los sentidos y donde la palabra cobra protagonismo, transitando indistintamente entre la figuración y la abstracción. Aventuras microscópicas, indagación sobre el sonido o ejercicios filosóficos visuales forman parte del hilo conductor que da cuerpo a esta exposición.

Luis González Palma uses his images to think about the gaze, history, introspection and representation of the not visible. A deeply meditative photograph that plays with the senses and where the word takes center stage, moving interchangeably between figuration and abstraction.

Microscopic adventures, inquiry into sound or visual philosophical exercises are part of the common thread that gives body to this exhibition.

  Blanca Berlín
blancaberlingaleria.com

Comisaria
Blanca Berlín

Jon Gorospe
Esta y Todas las Ciudades

CAMARA OSCURA GALERIA DE ARTE / Alameda, 16, 1ºB. 28014 Madrid
30.05 – 20.07.2024

La primera exposición individual de Jon Gorospe en Madrid presenta obras seleccionadas de varios proyectos del autor centrados en la exploración de la arquitectura, el espacio urbano y la estética de las metrópolis contemporáneas. Las imágenes de esta colección funcionan como fragmentos de una única ciudad, ofreciendo visiones de una urbe contemporánea en forma de representaciones depuradas y mínimas que recorren los límites de la figuración.

Jon Gorospe's first solo exhibition in Madrid presents works chosen from various projects focused on exploring architecture, the urban space and the aesthetic of contemporary metropolises. The images in this collection work as fragments of a single city, offering views of a contemporary city in the guise of streamlined, minimalistic representations that exist on the edges of figuration.

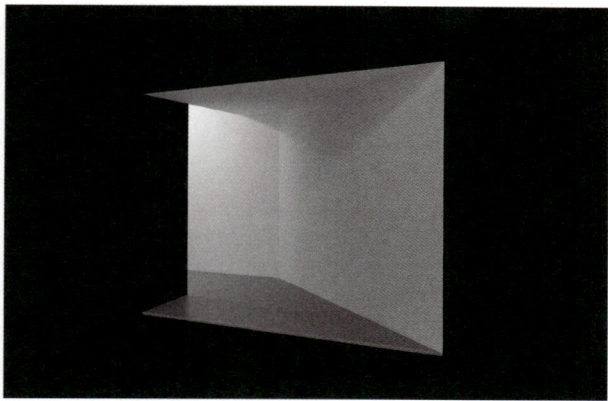

Jon Gorospe
Polished Cities: Berlin, de la serie Polished Cities, 2018-2024
© JON GOROSPE

(03) **Camara Oscura Galeria de Arte**
camaraoscura.net

Leandro Feal
Green Havana

EL APARTAMENTO / Puebla, 4. 28004 Madrid
28.05 – 03.08.2024

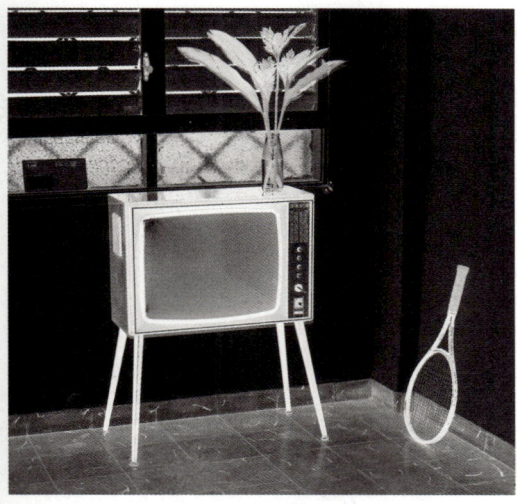

Leandro Feal
Sin título, de la serie
Green Havana,
2020-2024
© LEANDRO FEAL

Este proyecto personal del fotógrafo cubano Leandro Feal toma
su nombre de una serie realizada entre 2020 y 2022 que explora
las posibilidades de una Habana *vintage* y contemporánea
a la vez, surrealista, íntima, doméstica y arquitectónica.
Las fotografías no corresponden al paradigma turístico
que refleja una ciudad caribeña pensada para el placer y la
diversión, prostituida visualmente en su cliché más reproducido.

This personal project by the Cuban photographer Leandro
Feal gets its name from a series he made between 2020
and 2022 which explores the possibilities of a Havana that is
simultaneously vintage and contemporary, surrealistic, intimate,
domestic and architectural. The photographs do not match the
tourist paradigm that reflects a Caribbean city designed for
pleasure and fun, visually prostituted in its most common cliché.

 El Apartamento
artapartamento.com

Comisario
Osbel Suárez

Dagoberto Rodríguez, Francisco Nogueira, Juan Baraja,
Nuno Cera, Rodrigo Oliveira, Estudio Herreros y Tomáz Hipólito
Tectónica

EL APARTAMENTO / Puebla, 4. 28004 Madrid
28.05 – 03.08.2024

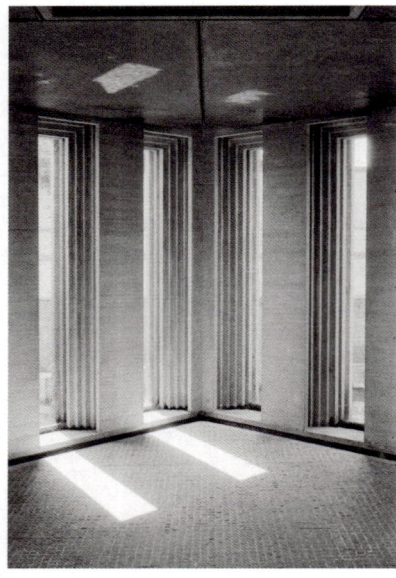

Nuno Cera
De la serie *Tomba Brion*, 2012
© NUNO CERA

Esta muestra del trabajo de fotógrafos, artistas y arquitectos
propone reflexionar sobre la importancia de medios artísticos
como la fotografía, el vídeo o las maquetas de estudio como
elementos fundamentales de la expresión tectónica de los
proyectos arquitectónicos y urbanísticos, así como parte
indispensable de los procesos involucrados en su construcción
y en la definición de su relación con el paisaje y el entorno.

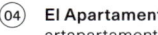

This show features the works of photographers, artists and
architects aims to reflect on the importance of artistic media like
photography, video and scale models as fundamental elements
in the tectonic expression of architectural and urban design
projects, as well as an indispensable part of the processes
involved in building them, defining their relationship with the
landscape and environs.

(04) **El Apartamento**   **Comisaria**
artapartamento.com   Verónica de Mello

David Goldblatt
Evidencia de la inmanencia
ELBA BENÍTEZ / San Lorenzo, 11. 2804 Madrid
04.06 – 27.07.2024

Esta selección de fotos de David Goldblatt se centra en el retrato, lleno de matices y de capas, de las estructuras –principal, pero no exclusivamente arquitectónicas– que conforman el entorno construido de Sudáfrica. Dado su compromiso y su manejo de la técnica, sus imágenes se convierten en artefactos poéticos que, por sí mismos, pueden ser leídos como «estructuras». Tal y como Goldblatt escribió, se trata de imágenes de «lo silencioso y lo cotidiano en donde nada "ha ocurrido", pero en las que todo está contenido y es inmanente».

This judicious selection of photographs by David Goldblatt focuses on his nuanced and layered portrayal of structures —primarily but not exclusively architectural—that comprise the built environment of South Africa. Given Goldblatt's engaged eye and exquisite craftsmanship, the images become poetic artifacts that themselves can be read as 'structures.' As Goldblatt wrote, these are images of "the quiet and the commonplace where nothing 'happened' and yet all was contained and immanent."

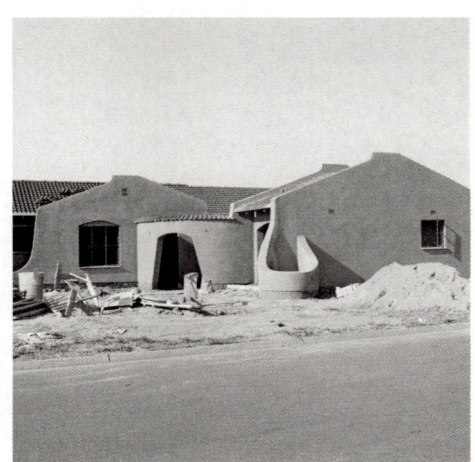

David Goldblatt
Showhouse nearing completion at Parkrand, 1979
© DAVID GOLDBLATT

(05) **Galería Elba Benítez**
elbabenitez.com

Paco Díaz Salas
Bajaré hasta llegar arriba

EST_ART SPACE / La Granja, 4. 28108 Alcobendas
28.05 – 24.08.2024

Esta propuesta de instalación presenta fotografías de cabezas romanas como máquinas del tiempo, impresas en diferentes soportes y tamaños. En la sala, doce telas cuelgan con una configuración de laberinto, como una puerta que invita a entrar a otro mundo. Rodeando a estos fantasmas aparecen fotografías de gran formato unidas por una línea blanca, como una línea de horizonte o hilo de Ariadna, que diferencia el cielo del suelo. O del infierno.

This installation presents photographs of Roman heads as time machines, printed on different media and in different sizes. In the room, twelve pieces of fabric are hung in the form of a labyrinth, like a translucent barrier or a door that invites you to enter another world. Surrounding these phantasms are large photographs connected by a white line, like a horizon line or Ariadne's thread, distinguishing the sky from the ground. Or hell.

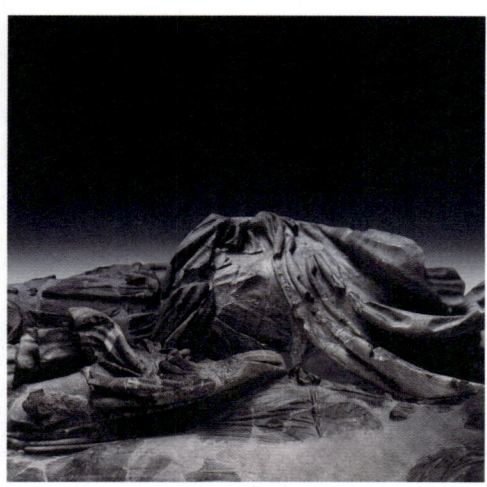

Paco Díaz Salas
Tan lejos, tan cerca
XVI, 2020
© PACO DÍAZ SALAS

 EST_ART SPACE
estartspace.com

Comisarias
Maite Sánchez Urueña
y Raquel Rico Calleja

Germán Gómez
Fichados - Tatuados

FACTORÍA DE ARTE Y DESARROLLO / Valverde, 23. 28004 Madrid
27.06 – 31.07.2024

Germán Gómez crea una autobiografía en imágenes a través de la piel de cincuenta hombres 'fichados' por la policía. La exposición, de carácter sociológico y conceptual, se compone de fichas policiales auténticas de personas que llevan tatuado en su cuerpo algún tipo de símbolo. Los retratos se completan con datos relativos a su aspecto físico, costumbres y otros detalles, entre los que encontramos el que da sentido al proyecto: las marcas externas o tatuajes.

Germán Gómez creates an autobiography in images via the skin of 50 men 'booked' by the police. The exhibition, which is both sociological and conceptual, is comprised of real police files of people who have some type of symbol tattooed on their body. The portraits are completed with data on their physical appearance, customs and other details, including the one that makes the project meaningful: external marks or tattoos.

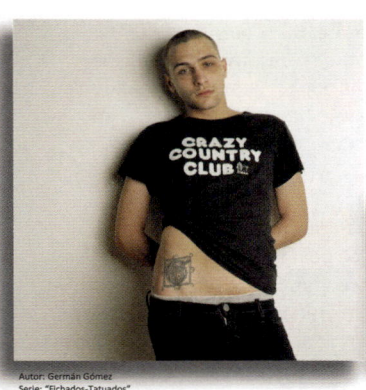

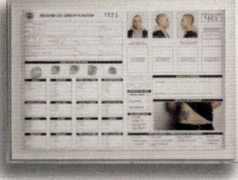

Autor: Germán Gómez
Serie: "Fichados-Tatuados"
Título: Fichado-Tatuado 1023
Año: 2005

Germán Gómez
Fichado/Tatuado 1023, 2005
© GERMÁN GÓMEZ

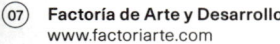

(07) Factoría de Arte y Desarrollo
www.factoriarte.com

Comisario
Javier Díaz Guardiola

Marcos López
(Sud) América

FERNANDO PRADILLA / Claudio Coello, 20. 28001 Madrid
04.06 – 13.07.2024

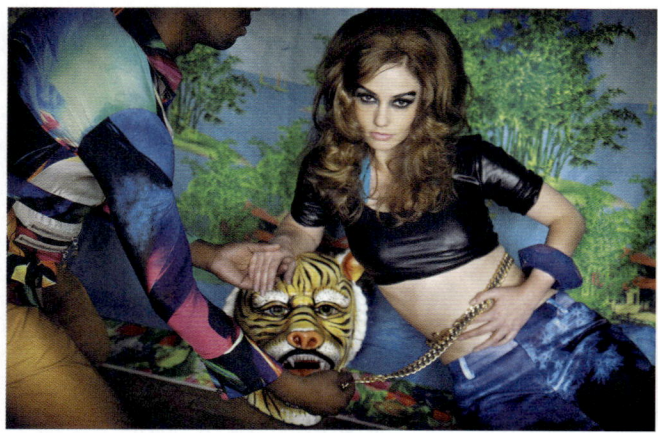

Marcos López
Chica con tigre, 2012
© MARCOS LÓPEZ

Marcos López nos muestra el Sur. La periferia de la periferia. El dolor que provoca ser parte de un país rico en recursos naturales, pero en el que más del 50 % de sus habitantes sobrevive bajo la línea de pobreza. La inmigración. La ira. Apropiarse de América Latina con un gesto bolivariano que toma la forma de un grito salvaje hasta transformarse en cumbia, en vallenato colombiano, en son cubano.

Marcos López shows us the South. The periphery of the periphery. The pain caused by being part of a country rich in natural resources where more than 50% of its inhabitants live beneath the poverty line. Immigration. Anger. Appropriating Latin America with a Bolivarian gesture which takes the form of a savage scream until it is transformed into cumbia, Colombian *vallenato*, Cuban *son*.

(08) **Galería Fernando Pradilla**
www.galeriafernandopradilla.com

Manauara Clandestina y Ventura Profana
Más allá del Oeste

FORMATO CÓMODO / Lope de Vega, 5. 28014 Madrid
04.06 – 31.07.2024

La muestra invita a reflexionar sobre la expansión colonial y sus impactos en la cultura, los cuerpos y los saberes, utilizando el Parque del Oeste de Madrid como un símbolo de resistencia y reconstrucción, ampliando el concepto de "Oeste". El proyecto presenta las identidades trans como fuerzas de cambio, desafiantes para las estructuras de poder, y reflexiona acerca de conceptos como la comunidad y la solidaridad como alternativas para reconstruir espacios de autodeterminación.

The show *Beyond the West* encourages spectators to reflect on the colonial expansion and its impact on culture, bodies and knowledge using Madrid's Parque del Oeste (West Park) as a symbol of resistance and reconstruction, thus expanding the concept of 'West'. The project presents trans identities as forces of change that are challenging to the power structure, and it reflects on concepts like community and solidarity as alternatives to reconstruct spaces of self-determination.

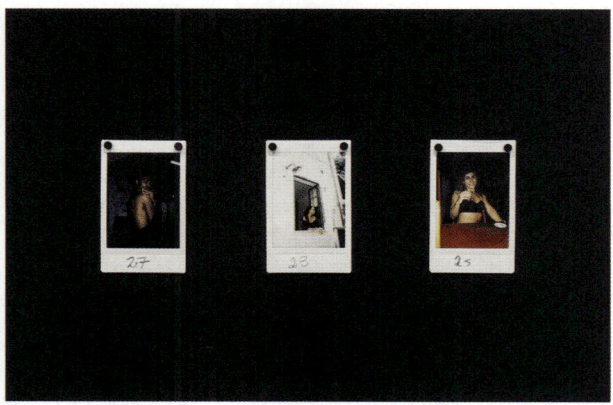

Manaura Clandestina
Por enquanto 35, 2018-2023
© MANAURA CLANDESTINA

 Formato Cómodo
formatocomodo.com

Comisario
Aldones Nino

Roberto Fernández Balbuena y Armando Salas Portugal
México. Arquitectura y paisaje

FREIJO / Zurbano, 46. 28010 Madrid
24.05 – 13.07.2024

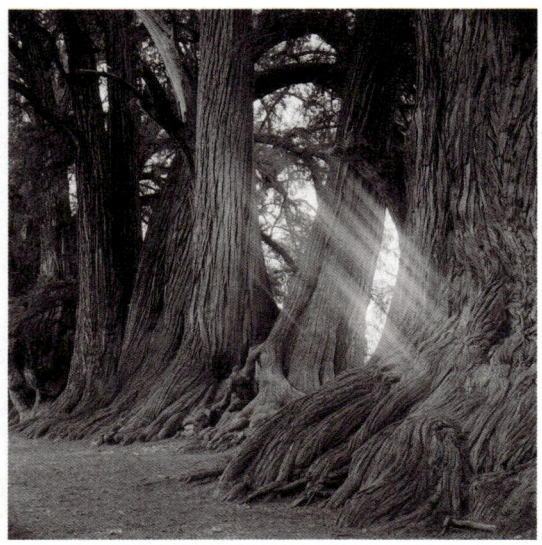

Roberto Fernandez Balbuena
Ahuehuete, ca.1950
© ROBERTO FERNÁNDEZ BALBUENA

Dos miradas singulares al México de mediados del siglo XX. Por un lado, se muestra un acercamiento a la arquitectura paraboloide del arquitecto español Félix Candela a través de la lente del fotógrafo mexicano, Armando Salas Portugal. Por otro, se invita al público a descubrir la naturaleza mexicana desde el enfoque de quien fue subdirector del Museo Del Prado, durante la República, Roberto Fernández Balbuena, arquitecto y pintor español.

This exhibition presentes two unique views of mid-twentieth century Mexico. On the one hand, an approach to the paraboloid architecture of Spanish architect Félix Candela through the lens of Mexican photographer Armando Salas Portugal. On the other hand, the public is invited to discover Mexico's nature from the perspective of Roberto Fernández Balbuena, Spanish architect and painter, and former deputy director of the Museo Del Prado during the Republic.

(10) **Galería Freijo**
www.galeriafreijo.com

Valeria Real
Gigantes del fin del mundo

GALERÍA DE ARTE A CIEGAS / Dos Hermanas, 5. 28012 Madrid
28.05 -25.07.2024

Valeria Real dirige su foco al Paleoarte, una disciplina que combina el arte y la ciencia para reconstruir animales y hábitats prehistóricos hoy extintos. En esta exposición, presenta las huellas que nos ha dejado el pasado para que nos ayuden a construir el paisaje del futuro. Disecciona las diferentes capas de los materiales y procesos fósiles para redescubrir el imaginario de un territorio remoto. Una exploración emocional de lo abstracto y lo desconocido.

Valeria Real focuses on palaeoart, a discipline that combines art and science to reconstruct prehistoric animals and habitats that are extinct today. In this exhibition, she presents the traces left by the past that can help us to construct the landscape of the future. She dissects the different layers of the materials and fossil processes to rediscover the imaginary of a remote territory. An emotional exploration of the abstract and the unknown.

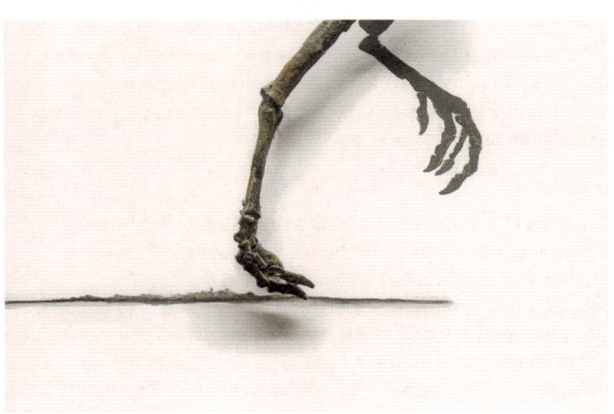

Valeria Real
4.000 millones de años, 2023
© VALERIA REAL

(11) **Galería de Arte A Ciegas**
www.galeriadearteaciegas.com

Comisario
Oscar García García

Miguel Santesmases
Hotel W

GALERÍA DE ARTE PILARES / Andrés Mellado, 39. 28015 Madrid
11.06 – 12.07.2024

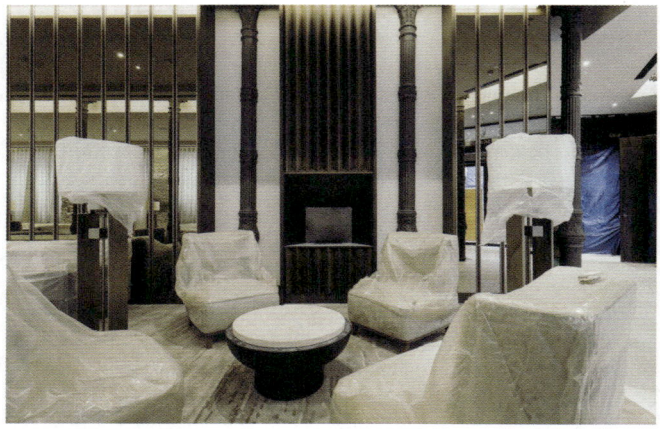

Miguel Santesmases
De la serie *Hotel W*, 2023
© MIGUEL SANTESMASES

A finales de 2015, Rockwell Group propone a Miguel Santesmases documentar la transformación de dos hoteles en el centro de Madrid en un hotel de lujo. Hasta la primavera de 2023, realizó un total de trece visitas al proceso de rehabilitación. El fotógrafo describe estas visitas como un viaje mental, como una exploración de un momento, de un lugar. De un archivo de más de 2.500 imágenes, se muestra en esta exposición una selección de 24 de ellas.

—

In late 2015, the Rockwell Group asked Miguel Santesmases to document the transformation of two hotels in the centre of Madrid into one luxury hotel. He visited the hotel's rehabilitation a total of thirteen times, until the spring of 2023. The photographer describes these visits as a mental journey, an exploration of a moment of a place. From an archive of more than 2,500 images, this exhibition shows a selection of twenty-four.

(12) **Galería de Arte Pilares**
galeriapilares.es

Alejandro Áboli
Siete, tres, uno
GALERÍA NUEVA / Doctor Fourquet, 10. 28012 Madrid
06.06 – 29.06.2024

Alejandro Áboli se inspira para este proyecto en elementos
extraídos de su propio proceso terapéutico, como la hipnosis,
la geocromoterapia y la numerología, para plasmar las diversas
fases del autoconocimiento e invitar a una reflexión individual a
cada visitante. Es el trabajo más íntimo del autor, al explorar la
integración emocional de la identidad inscrita en los números
de nacimiento. La muestra concluye con una instalación
interactiva inspirada en un icónico monolito cinematográfico.

Alejandro Áboli drew inspiration from elements taken
from his own therapeutic process, including hypnosis,
geochromotherapy and numerology, to capture the different
phases of self-knowledge and to encourage each visitor to
embark on an individual reflection. Áboli's most intimate work
by exploring the emotional integration of identity inscribed in
our birth numbers. The show concludes with an interactive
installation inspired by an iconic cinematographic monolith.

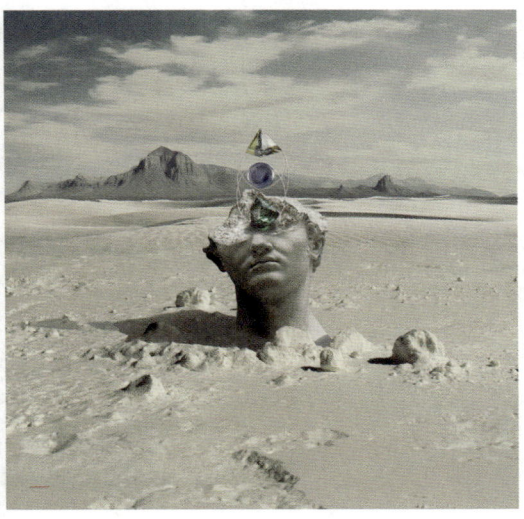

Alejandro Áboli
Unique Vol. 1, 2024
© ALEJANDRO ÁBOLI

(13) **Galería Nueva**
galerianueva.com

Comisaria
Carmen Huerta

Candida Höfer
Memorias en tiempos veloces

HELGA DE ALVEAR / Doctor Fourquet, 12. 28012 Madrid
09.05 – 13.07.2024

La artista alemana plantea una reflexión sobre la velocidad relativa del tiempo y el efecto colateral de esa dinámica en el registro de nuestra experiencia vital. La influencia de sus maestros Bernhard y Hilla Becher llega a ser fundamental para enfocar la atención de Höfer hacia el objeto más allá de las personas, cristalizándose de manera particular en el protagonismo de espacios interiores como bibliotecas, teatros, museos o lugares de culto.

The German artist is using this exhibition to reflect on speed relative to time and the collateral effect of this dynamic on the record of our life experience. The influence of her teachers Bernhard and Hilla Becher became fundamental in directing Höfer's attention to the object beyond people, and this particularly crystallised in the prominence of indoor spaces like libraries, theatres, museums or places of worship.

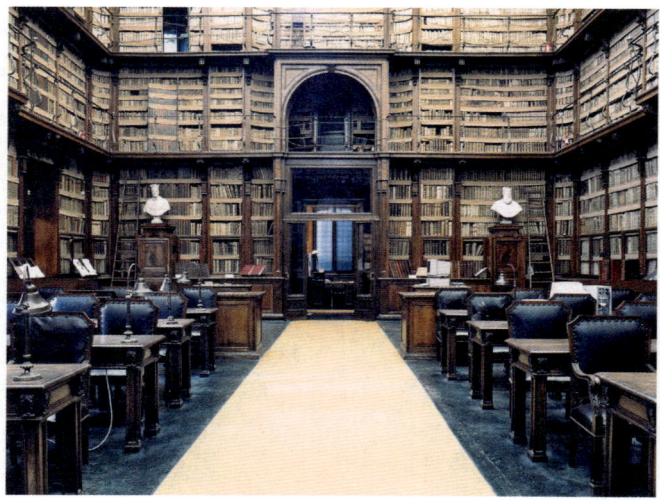

Candida Höfer
Biblioteca Angelica, Roma, 2003
© CANDIDA HÖFER

(14) **Galería Helga de Alvear**
helgadealvear.com

Marie Cloquet y Margot Kalach
Probabilidades, registros, experimentos y técnica

HILARIO GALGUERA / Doctor Fourquet, 12
28.05 – 05.09.2023

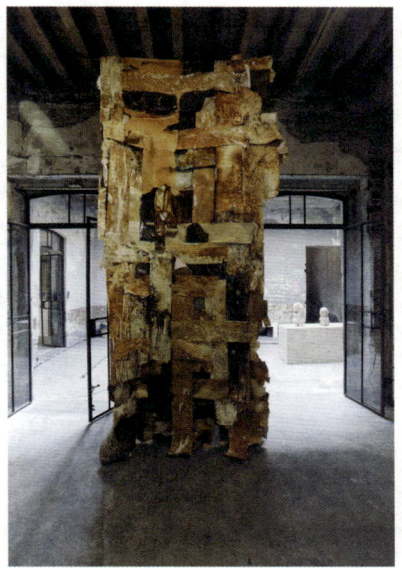

Margot Kalach
ÓXIDO, 2023
© MARGOT KALACH

El experimento, el juego y el accidente son una base importante del universo material de la artista. A gran escala, los proyectos buscan devolver la subjetividad al centro de los modelos científicos, los sistemas mecánicos, y las estructuras de conocimiento que hoy están al centro de nuestra vida diaria. Margot hace hincapié en tecnologías íntimas, la evolución orgánica y compleja del tiempo y la materia, y la filosofía y especulación de la ciencia como herramientas de creación.

Experiment, play and accident are an important basis of the artist's material universe. On a large scale, the projects seek to bring subjectivity back to the center of scientific models, mechanical systems, and structures of knowledge that are now at the core of our daily lives. Margot emphasizes intimate technologies, the organic and complex evolution of time and matter, and the philosophy and speculation of science as tools of creation.

(15) **Galería Hilario Galguera**
www.galeriahilariogalguera.com

Comisario
Javier Martín-Jiménez

David Jiménez
New York

IVORYPRESS / Aviador Zorita, 48. 28020 Madrid
01.03 – 29.06.2024

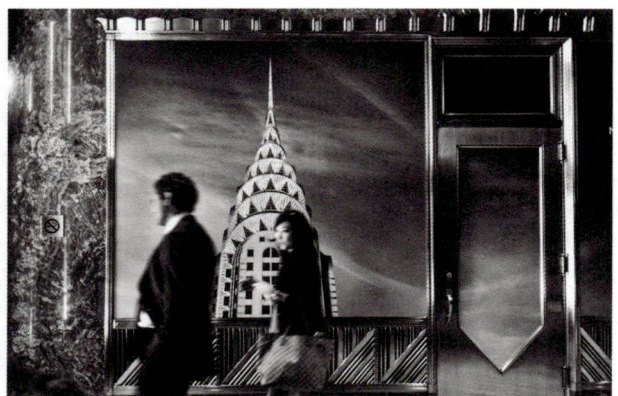

David Jiménez
De la serie *New York*, 2021
© DAVID JIMÉNEZ

La exposición reúne una serie de fotografías en blanco y negro que muestran imágenes de la ciudad de Nueva York, combinando fotografías de calle y arquitectónicas con ambientes y escenas cotidianas de la ciudad. Imágenes sencillas y otras más poéticas se combinan en un viaje cautivador en el que se pierde la noción del tiempo y del espacio. Las fotografías no pretenden describir una escena, sino evocar las sensaciones que produce la ciudad.

This exhibition brings together a series of atemporal black-and-white photographic impressions of the city of New York combining street scenes, visions on the architecture of the city with insights into specific ambiences and situations. Concrete and poetic shots combine in a visually compelling journey in which a sense of time and place are lost. The photographs seek not to describe but to evoke the sensations that the city produces.

 Ivorypress
ivorypress.com

Comisariado
Elena Ochoa Foster
y equipo Ivorypress

Ana Ibarra
En ningún lugar

LE MUR GALLERY / Amaniel, 20. 28015 Madrid
01.06 – 07.07.2024

¿Qué hace que una imagen nos conmueva? En esta obra, Ana Ibarra ha desarrollado un procedimiento de descomposición formal de la imagen. Este proceso comienza con la concepción de una retícula, una estructura subyacente que organiza y da forma a la composición visual. Luego, emplea un juego de rompecabezas, donde cada elemento de la imagen encaja de manera precisa para formar un todo coherente y armónico.

What makes an image move us? In this work, Ana Ibarra has developed a formal decomposition procedure of images. This process begins with the conception of a grid, an underlying structure that organises and gives shape to the visual composition. She then uses a puzzle in which each element of the image fits in precisely to create a coherent, harmonious whole.

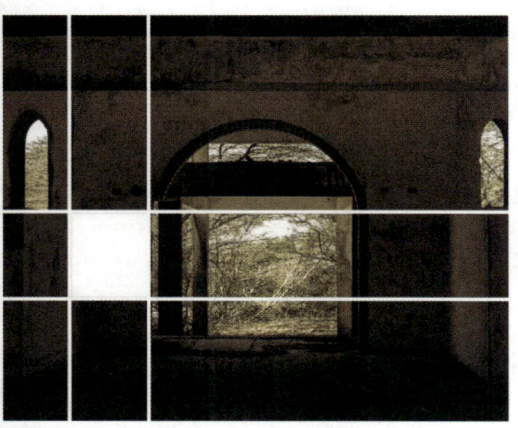

Ana Ibarra
En ningún lugar, 2018
© ANA IBARRA

(17) **Le MUR Gallery**
lemurgallery.com

Eduardo Momeñe
Retratos y otras ficciones

LUIS BURGOS / Plaza de Cataluña, 1. 28002 Madrid
06.06 -01.09.2024

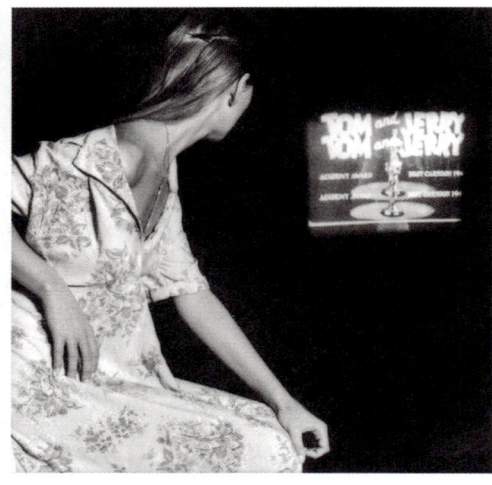

Eduardo Momeñe
Jerry, 1979
© EDUARDO
MOMEÑE

Eduardo Momeñe son muchos *Momeñes*. Son máscaras. Es ficción. Sus fotografías nos interpelan sin estridencia, mirándonos sin complacencia ni displicencia. Como un hecho de la realidad que, sin embargo, jamás pretende ni agotarla ni decir la última palabra, pero que invita al espectador a volver a ver lo que creía conocer. El lenguaje fotográfico de Momeñe es un intento desesperadamente tranquilo de hablar de la vida como un náufrago feliz.

Momeñe is a lot of Momeñes, a lot of masks. His photographs challenge us, but not harshly; they look at us with neither pleasure nor displeasure. They are like a fact of reality which nonetheless never seeks to exhaust it or have the last word but that instead invites us to see what we thought knew with fresh eyes. Momeñe's photographic language is a desperately calm attempt to talk about life as a felicitous shipwreck.

 Luis Burgos Galería de Arte
www.art20xx.com

Comisario
Luis Burgos

Lola Barcia Albacar y Marinela Forcadell Breva
Ciudades enlatadas – Fotos cocinadas a fuego lento

MALVIN GALLERY / Almadén, 13. 28014 Madrid
27.05 – 29.06.2024

Fotolateras, apasionadas de la técnica estenopeica, viajan por todo el mundo coleccionando imágenes obtenidas a través de sus cámaras-lata. En esta exposición presentan su serie más extensa, que se nutre de diferentes propuestas y muestra su inagotable afán de coleccionismo, de visitar nuevas ciudades y enlatarlas. La realización de cada fotografía les supone entrar en contacto con una luz, una arquitectura y un espacio nuevo.

Lola Barcia Albacar and Marinela Forcadell Breva as *fotolateras*, or photo-tinners, fans of the pinhole technique, who travel all over the world collecting images taken through their camera-tins. In this exhibition, they present their most extensive series, which is informed by different proposals and shows their inexhaustible zeal for collecting, visiting new cities and tinning them. Taking each photograph means getting in contact with a new light, architecture and space.

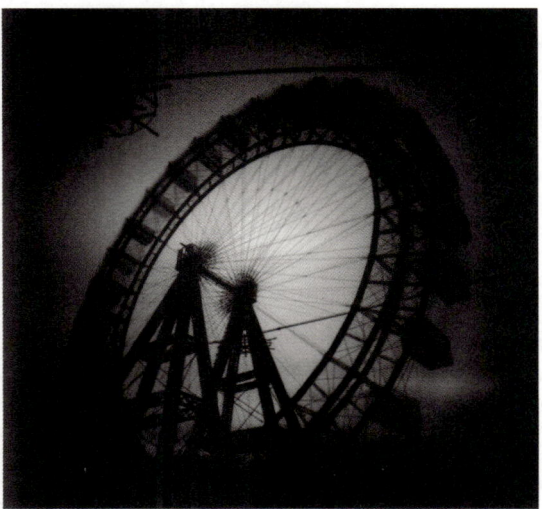

Fotolateras
Noria Prater, Viena, 2023
© FOTOLATERAS

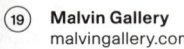 **Malvin Gallery**
malvingallery.com

Maya Goded
Soy mujer que habla con el viento

MEMORIA / Piamonte, 19. 28004 Madrid
29.05 – 20.07.2024

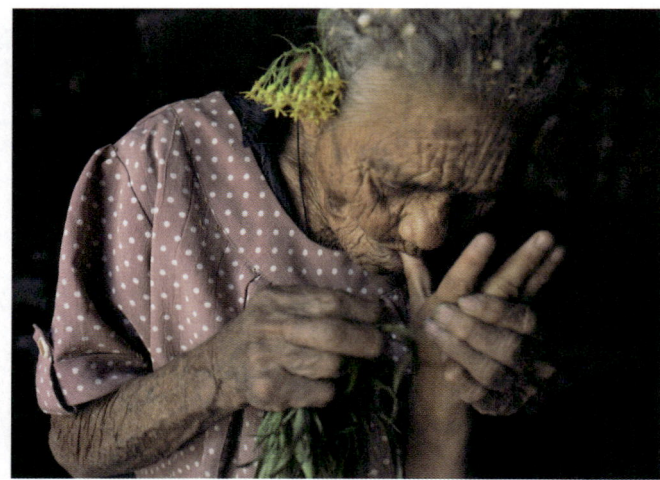

Maya Goded
De la serie *El rastro de la serpiente*, Zapotitlán, Puebla, 2020
© MAYA GODED

Esta exposición, primera individual en una galería en España de la fotógrafa y cineasta mexicana, reúne una selección de veinte imágenes cuyas protagonistas son mujeres en resistencia que luchan por abolir la violencia de quienes irrumpen en sus territorios para ocuparlos. Una lucha que se encarna en la piel y el cuerpo femenino.

This exhibition, the first solo show in a Spanish gallery by the Mexican photographer and filmmaker Maya Goded, brings together a selection of twenty images featuring women in resistance who are fighting to abolish the violence of those who encroach into their territories to occupy them, a struggle that is etched on the female skin and body.

 Galería Memoria
www.galeriamemoria.com

Comisario
Alejandro de Villota

David Romero Lomas
Ephemeral
MESTIZA GALERÍA DE ARTE / Larra, 10. 28004 Madrid
28.05 – 27.07.2024

Mediante cubos de papel realizados con la técnica del origami, combinados con un gran espejo en un entorno natural, se crean espacios oníricos que simbolizan nuestra presencia en la naturaleza. Estas estructuras cúbicas representan también las acciones humanas que tienen un impacto negativo en el entorno, como la tala de árboles, la contaminación del aire y del agua, la sobreexplotación de los recursos naturales y la degradación del suelo.

Through paper cubes made using the technique of origami, combined with a large mirror in a natural setting, dreamlike spaces are created which symbolise our presence in nature. These cubic structures also represent human actions that have a negative impact on the environment, such as tree felling, air and water pollution, the overexploitation of natural resources and soil degradation.

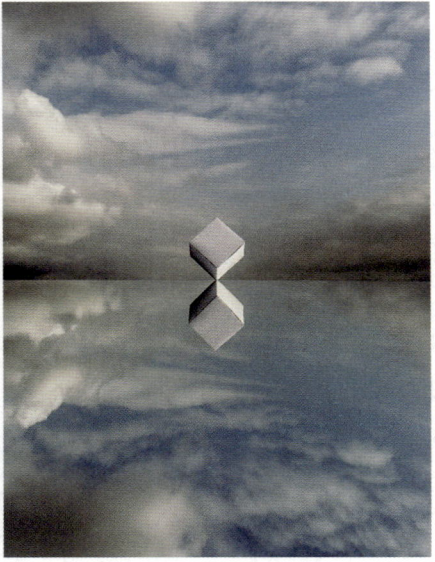

David Romero Lomas
Cubo I, 2015
© DAVID ROMERO LOMAS

(21) **Mestiza Galería de Arte**
www.mestizagaleria.com

José Luis Tejedor
Transitando Madrid

MODUS OPERANDI / Lope de Vega, 31. 28014 Madrid
13.06 – 06.07.2024

Esta exposición ofrece un análisis visual de los espacios como escenarios de instantes efímeros. Lugares que se convierten en testigos eternos de momentos fugaces vividos por miles de personas. Un proyecto fotográfico que captura la esencia de las personas que dan vida a los diferentes rincones de Madrid. José Luis Tejedor se aleja de la fotografía estática y posada para captar la idea de grupo, dejando a un lado las individualidades.

This exhibition offers a visual analysis of spaces as sites of fleeting moments, places that become eternal witnesses of transient moments experienced by thousands of people. It is a photographic project that captures the essence of the people who bring different spots in Madrid to life. José Luis Tejedor avoids static, posed photographs to instead capture the idea of the group, setting aside individualities.

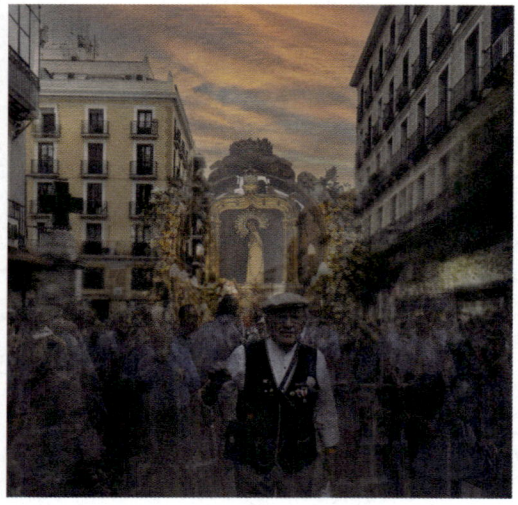

José Luis Tejedor
IV, sin fechar
© JOSE LUIS TEJEDOR

(22) **Galería Modus Operandi**
www.artemodusoperandi.com

Comisario
Óscar García García

Carlos Cánovas
Motivo y pretexto

MOISÉS PÉREZ DE ALBÉNIZ / MPA / Doctor Fourquet, 20. 28012 Madrid
28.05 – 20.07.2024

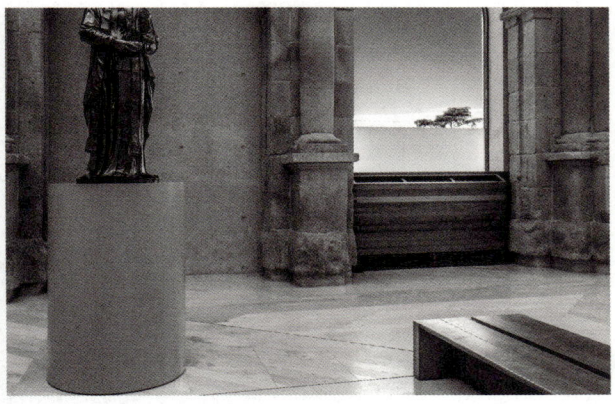

Carlos Cánovas
Museo Nacional del Prado, Madrid, 2013
© CARLOS CÁNOVAS, VEGAP, MADRID, 2024

En 2012, la Fundación María Forcada de Tudela solicita a Carlos Cánovas la realización de un proyecto fotográfico que busca obsequiar al arquitecto Rafael Moneo, con motivo de su septuagésimo quinto aniversario, con algunas fotografías de sus obras. El reto, tan atractivo como arriesgado, estaba en escoger una sola imagen de cada emplazamiento. Tras la exposición de estas fotografías, Cánovas continúa explorando fotográficamente las obras de Moneo, convirtiendo el motivo en pretexto.

In 2012, the Fundación María Forcada de Tudela asked Carlos Cánovas to make a photographic project with pictures of the architect Rafael Moneo's works to pay him tribute on the occasion of his seventy-fifth birthday. The challenge, which was as appealing as it was risky, was to capture each place in a single photograph. After these pictures were exhibited, Cánovas continues to photographically explore Moneo's works, turning the motive into a pretext.

 Galería Moisés Pérez de Albéniz
galeriampa.com

Carolina Paz Zúñiga, Javier Alonso, Lisa Borgiani y Royer Zayas
Crónicas

OCCO ART GALLERY / Espalter, 13 28014 Madrid
28.05 – 15.06.2024

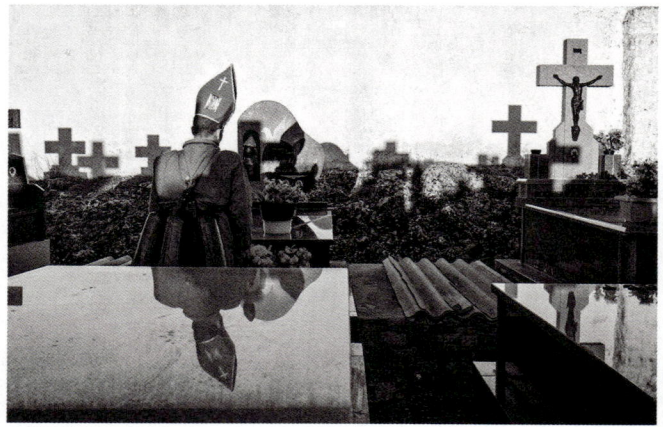

Javier Alonso
Rezo, 2019
© JAVIER ALONSO

Carolina Paz Zúñiga retrata en *Casa Patas* uno de los espacios más míticos de Madrid. En *What is Europe to you?* la fotógrafa Lisa Borgiani intenta dar respuesta a esta pregunta en un viaje por las principales ciudades de Europa. Javier Alonso se centra en su serie *Iberia ancestral*, los ritos y costumbres de la península ibérica. Por su parte, Roger Zayas presenta *Músicos Callejeros*, una veintena de fotografías que tiene como protagonistas a músicos.

Casa Patas, Carolina Paz Zúñiga portrays one of the most mythical spots in Madrid. In *What is Europe to You?*, the photographer Lisa Borgiani tries to answer this question in a journey around the main cities of Europe. In his series *Ancestral Iberia*, Javier Alonso focuses on the rites and customs of the Iberian Peninsula. Roger Zayas, in turn, presents twenty photographs featuring street musicians.

 OCCO Art Gallery
www.occoartgallery.com

Comisaria
Carmen Bescós

Alberto García-Alix y Juan Cabello Arribas
Materia Prima

PAISAJE DOMÉSTICO / Alfonso Gómez 11, 2ºA. 28037 Madrid
31.05 -05.07.2024

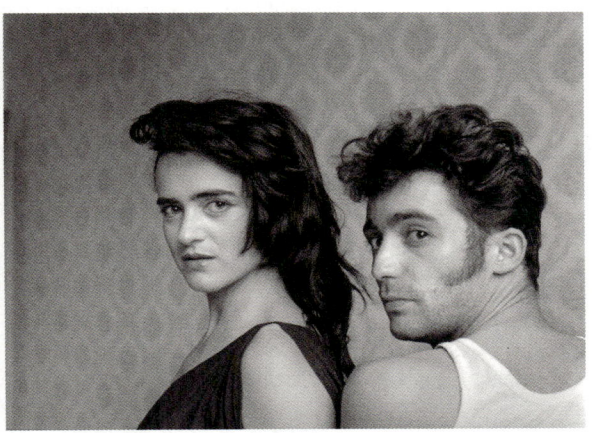

Alberto García-Alix
Autorretrato con Ana Curra, 2006
© ALBERTO GARCÍA-ALIX, VEGAP, MADRID, 2024

La visión atenta y siempre atmosférica de Alberto García-Alix
delata la existencia de una complejidad que trasciende a su
propia representación. Tras un riguroso proceso de observación
e interpretación, el artista Juan Cabello Arribas reconstruye
su propia narración capturando la energía que García-Alix
ha depositado meticulosamente en cada uno de sus trabajos.
La exposición recoge toda esa energía de ambos artistas,
presentando sus obras como una revisión de la vida en sí misma.

The attentive and always atmospheric vision of Alberto García-
Alix reveals the existence of a complexity that transcends
the representation itself. After a rigorous observation and
interpretation process, the artist Juan Cabello Arribas
reconstructs his own narrative, capturing the energy that
García-Alíx meticulously deposited in each of his works. The
exhibition offers us the chance to summon all the energy that
both artists captured during their viewing practices, presenting
their works as a revision of life itself.

 Paisaje Doméstico
instagram.com/paisajedomestico

Guillermo Santos
Interbau 57

PAVILION / Monteleón, 34. 28010 Madrid
28.05 – 08.06.2024

La Exposición Internacional de Berlín de 1957 (Interbau), promovida tras la destrucción de la ciudad durante la Segunda Guerra Mundial, invitó a arquitectos de 14 países, como Walter Gropius, Alvar Aalto u Oscar Niemeyer, a reconstruir un distrito completo con 36 proyectos residenciales y diversos servicios públicos. Esta exposición busca reflejar el concepto bajo el que se pensaron las obras fotografiadas, tratando de sintetizar en imágenes los aspectos más representativos de cada proyecto.

The 1957 International Exhibition of Berlin, *Interbau*, which was promoted after the city's destruction during the Second World War, invited architects from fourteen countries, including Walter Gropius, Alvar Aalto and Oscar Niemeyer, to rebuild an entire district with 36 residential projects and a range of public services. This exhibition seeks to reflect the concept under which the photographed works were designed in an attempt to synthesise the most representative features of each project.

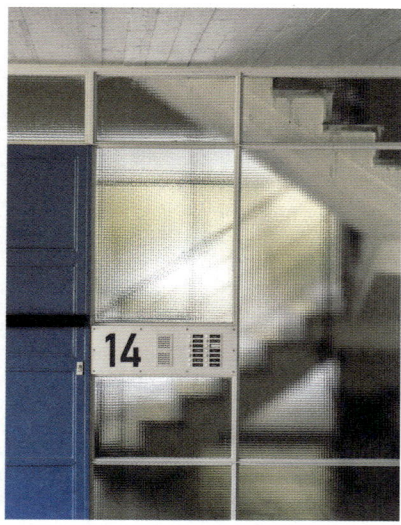

Guillermo Santos
De la serie *Interbau 57*, 2023
© GUILLERMO SANTOS

(26) **Pavilion**
planteaestudio.com

Cristina García Rodero, Cristina de Middel y Lúa Ribeira
Llibrets de Festes

PONCE+ROBLES / Alameda, 5. 28014 Madrid
01.06 – 12.07.2024

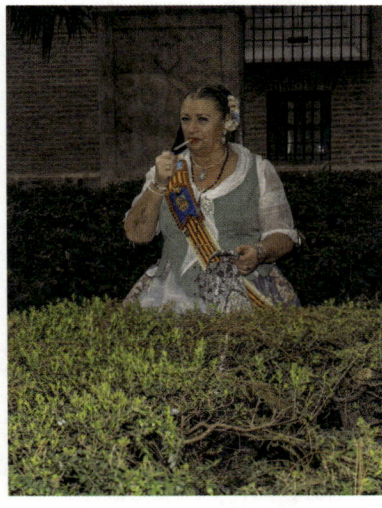

Cristina de Middel
Sin título, del proyecto
Llibrets de Festes, 2023
© CRISTINA DE MIDDLE

Las tres fotógrafas españolas de la Agencia Magnum trabajaron juntas por primera vez en este proyecto desarrollado en 2023 en la Comunidad Valenciana, que aborda las fiestas de primavera de la región desde diferentes perspectivas. García Rodero trabajó en diferentes lugares, alimentando la construcción de su gran retrato antropológico de nuestro país. De Middel se acercó a las Fallas de Valencia, haciendo uso de cierta ironía, mientras que Ribeira puso el foco en las periferias.

In 2023, the three Spanish women photographers belonging to the Magnum Agency were invited to work together for the first time on this project in the Region of Valencia which addresses the region's spring festivals from different perspectives and routes. García Rodero worked in different places, helping to build her grand anthropological portrait of Spain. De Middel went to the Fallas in Valencia and used a kind of irony, while Lúa Ribeira focused on the peripheries of the festival.

 (27)

Ponce+Robles
poncerobles.com

Comisario
Rafael Doctor Roncero

Colabora
Fujifilm España, Magnum Photos,
Los Doscientos y This Book is True

Nick Brandt
SINK / RISE. The Day May Breack – Chapter Three

TAMARA KREISLER GALLERY / Hermanos Álvarez Quintero, 6. 28004 Madrid
04.06 – 20.07.2024

Este es el tercer capítulo de *The Day May Break*, una serie
en curso del fotógrafo y cofundador de la Fundación Big Life,
Nick Brandt, que retrata a personas y animales afectados por
la degradación y destrucción del medio ambiente en diferentes
lugares del mundo. Este tercer capítulo se centra en los
habitantes de las islas del Pacífico Sur afectados por la crecida
de los océanos provocada por el cambio climático.

This is the third chapter in *The Day May Break*, an ongoing
series by the photographer and co-founder of the Big Life
Foundation, Nick Brandt, who takes portraits of people and
animals affected by environmental degradation and destruction
in different places in the world. This third chapter focuses on
the inhabitants of the South Pacific islands affected by the rising
oceans caused by climate change.

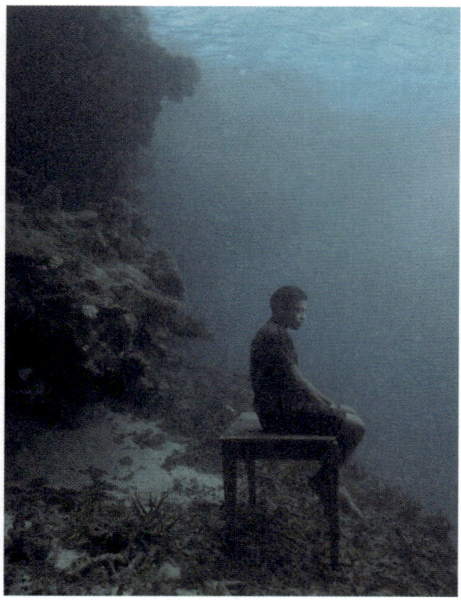

Nick Brandt
Petero by Cliff, Fiji, 2023
© NICK BRANDT

 Tamara Kreisler
tamarakreislergallery.com

Comisaria
Tamara Kreisler

Cayetana Llopis Álvarez
Y así, todo

TWIN GALLERY / San Hermenegildo, 28, 28014 Madrid
08.06 – 06.07.2024

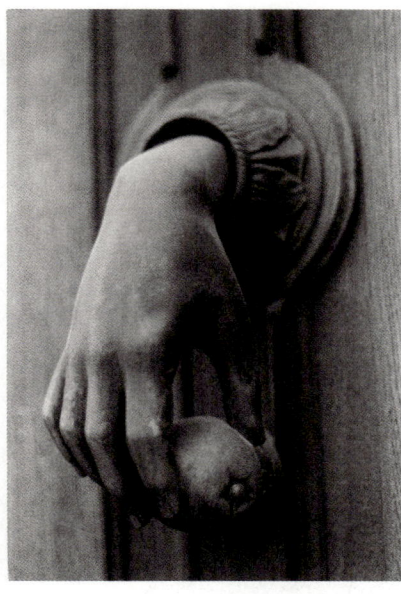

Cayetana Llopis Álvarez
*La sutileza de
la intención*, 2023
© CAYETANA LLOPIS
ÁLVAREZ

Cayetana Llopis Álvarez rinde homenaje al concepto del instante decisivo acuñado por Henri Cartier-Bresson con el deseo de expandir sus posibilidades de apreciación y asimilación. Tras una labor de selección de fotografías propias y de escritos literarios ajenos, se presentan una serie de diálogos entre cada imagen y fragmento de texto en los que quedan inmortalizados sutiles y poéticos instantes decisivos.

Cayetana Llopis Álvarez proposes paying tribute to the concept of the decisive moment, coined by Henri Cartier-Bresson, with the goal of expanding the possibilities of its assimilation and appreciation. Given that the decisive moment is associated with the camera because of its ability to capture it, her artwork consists of compiling similar photographs taken by the artist that immortalise subtle and poetic decisive moments, when observed.

 Twin Gallery
twingallery.es

Yamamoto Masao y Alisa Sibirskaya

VALID FOTO / San Agustín, 14. 28014 Madrid
29.05 – 22.06.2024

El fotógrafo japonés Yamamoto Masao, conocido por crear pequeñas imágenes que individualiza como objetos únicos y por desdibujar el límite entre la pintura y la fotografía, presenta su proyecto *Tomosu*, una colección de sus trabajos más actuales, inéditos en nuestro país. Por su parte, la fotógrafa y artista siberiana Alisa Sibirskaya, presenta una selección de su trabajo más conocido junto con un proyecto inédito en formato miniatura.

The Japanese photographer Yamamoto Masao, known for creating small images that he individualises as unique objects and for blurring the boundary between painting and photography, is presenting his project *Tomosu*, a collection of his latest works never before seen in Spain. Likewise, the Siberian photographer and artist Alisa Sibirskaya, is presenting a selection of her best-known work along with a new miniature project.

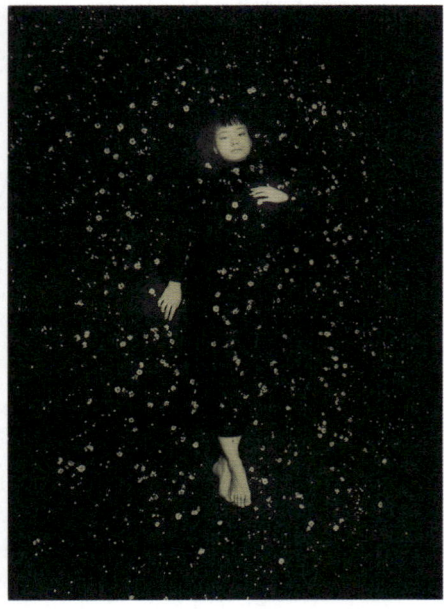

Yamamoto Masao
Tomosu #6009, 2023
© YAMAMOTO MASAO

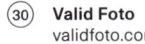

Valid Foto
validfoto.com

Ube (José Ángel Uberuaga)
To be or not to be, that's the answer

YURI LÓPEZ KULLINS / Santa Brígida, 23. 28004 Madrid
12.04 – 29.06.2024

Esta exposición da visibilidad, en tono de denuncia y reivindicación, a la discriminación por orientación sexual, identidad y expresión de genero. Maquillaje y tacones, hombres desnudos con la cabeza tapada para esconderse de un mundo hostil, secretos inconfesables, medias rotas, referencias culturales, miradas tristes... Imágenes en ocasiones provocadoras que buscan remover conciencias sobre la realidad que sufren aquellos hombres que aún se ven empujados a esconder su auténtica identidad sexual.

This exhibition takes condemnatory, protesting tone to give visibility to discrimination on the basis of sexual orientation, identity and gender expression from the perspective of men. Makeup and high heels, naked men with their heads covered to hide from a hostile world, untellable secrets, torn stockings, cultural references, sorrowful gazes... Some of the images are provocative; they seek to jolt us into awareness of the reality suffered by men who are still driven to hide their true sexual identity.

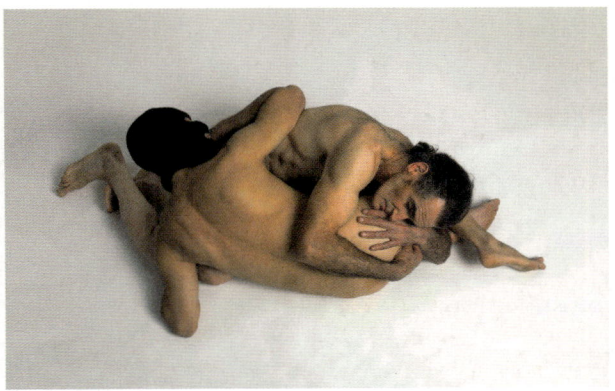

Ube
Sin título, 2022
© UBE

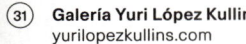

Galería Yuri López Kullins
yurilopezkullins.com

Comisario
Asier Arrieta Elorza

Otras ciudades

Sebastián Bruno
TA-RA. Wales 2013-2022

ANTIGUO HOSPITAL DE SANTA MARÍA LA RICA
13.06 – 01.09.2024

Las 39 fotografías monocromáticas que conforman esta exposición son el relato de una década de vida en el Reino Unido, en concreto en el País de Gales. La experiencia que describe Sebastián Bruno (Bueno Aires, 1989) en su obra es una mezcla de extrañeza y familiaridad, marcada por acontecimientos sociopolíticos históricos y actuales, como son las políticas de austeridad aplicadas durante doce años, la desindustrialización, el Brexit y la crisis económica.

Se trata de un recorrido por personajes, terrenos y texturas que conforman el tejido cotidiano del lugar, el cual revela una interpretación alternativa y abierta de un país en proceso de cambio. Un trabajo documental impregnado tanto de ficción como de evidencia, que reconoce la naturaleza compleja y fracturada de la identidad en Gales y en el mundo de hoy.

Proyecto ganador del Premio Mallorca de Fotografía Contemporánea 2022, el jurado valoró su inserción en el discurso de la fotografía contemporánea, así como la exploración que lleva a cabo de un territorio europeo, con la intención de indagar en lo más íntimo de las personas que lo habitan.

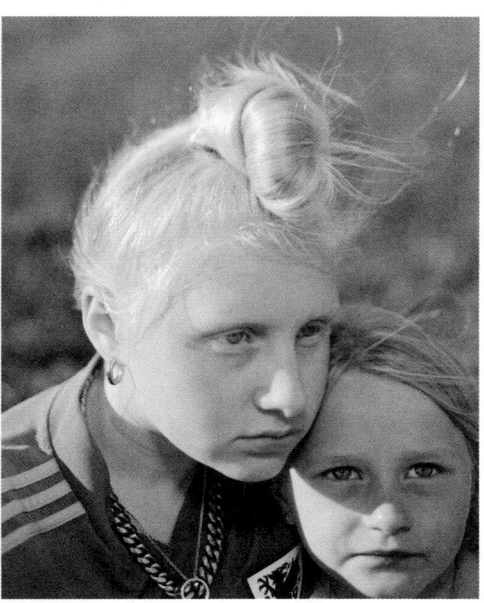

Sebastián Bruno
Methyr Vale, de la serie
TA-RA, 2018
© SEBASTIÁN BRUNO

Sebastián Bruno
Barry Island, de la serie
TA-RA, 2021
© SEBASTIÁN BRUNO

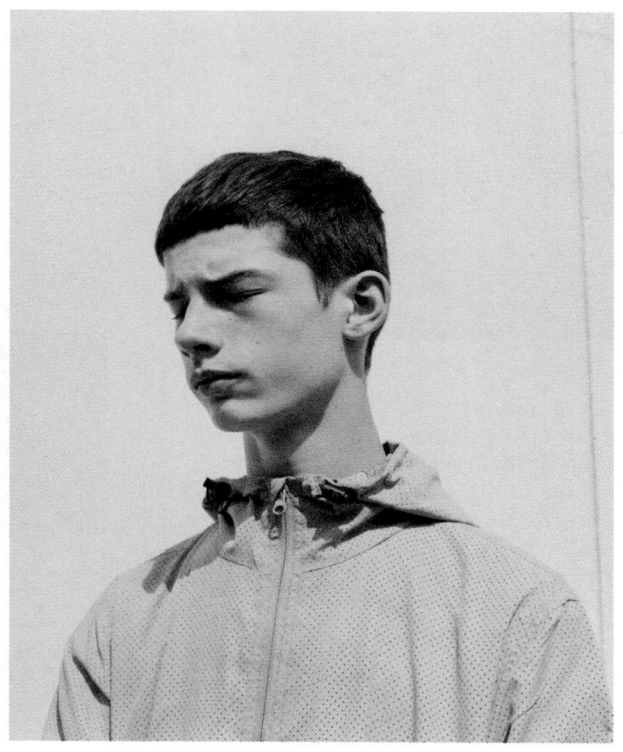

Con unas imágenes tan originales como clásicas, Bruno describe la sociedad actual de Gales mediante el retrato, género fotográfico por antonomasia, para captar el instante en que la máscara social tapa al individuo, en un juego irónico, mordaz y tierno a la vez.

Destacan, en el joven autor hispano-argentino, la coherencia visual en un proyecto de largo recorrido en el tiempo y su firme voluntad de expresarse a través del lenguaje de la fotografía, en la búsqueda de un estilo propio sin concesión a las modas.

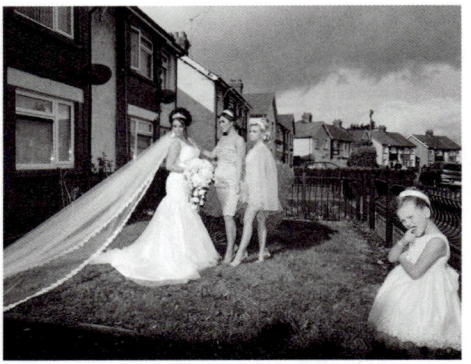

The 39 monochromatic photographs in this exhibition are the story of a decade in the life of the United Kingdom, specifically Wales. The experience that Sebastián Bruno (Buenos Aires, 1989) describes in his works is a mixture of strangeness and familiarity, marked by past and present sociopolitical events like the austerity policies applied for twelve years, deindustrialisation, Brexit and the economic crisis.

It is a survey of the people, lands and textures that make up the everyday fabric of the place, which reveals an alternative, open interpretation of a country in the throes of change. It is a documentary work imbued with both fiction and evidence which acknowledges the complex, fractured nature of identity in Wales and in the world today.

The winner of the Mallorcan Contemporary Photography Award in 2022, the jury appreciated the project's fit within the discourse of contemporary photography, as well as its exploration of a specific European territory with the intention of inquiring into the most intimate aspects of the people that inhabit it.

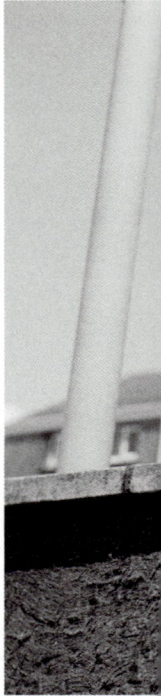

Sebastián Bruno
Cardiff, de la serie
TA-RA, 2020
© SEBASTIÁN BRUNO

Sebastián Bruno
Swansea, de la serie
TA-RA, 2021
© SEBASTIÁN BRUNO

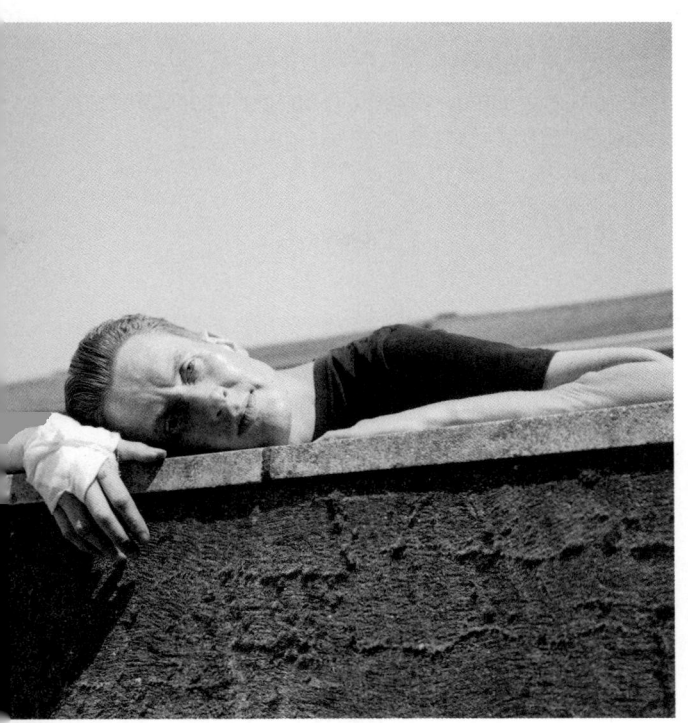

With images that are equal parts original and classic, Bruno describes today's Welsh society through portraits, the quintessential photographic genre, to capture the moment when the social mask conceals the individual in a playful way that is simultaneously ironic, caustic and tender.

The hallmarks of this young Spanish-Argentine photographer are the visual coherence of his long-term project and his steadfast determination to express himself through the language of photography in the quest for his own style, without bowing to trends.

Antiguo Hospital de Santa María la Rica. Sala Antonio López
Santa María la Rica, 3
28801 Alcalá de Henares
Lunes cerrado
Cerrado del 5 al 19 de agosto
www.culturalcala.es

Taller formativo con el autor
Más info en phe.es

Comisario
Francesc X. Bonnín Salamanca

Organiza
Ayuntamiento de Alcalá de Henares
y PHotoESPAÑA

Colabora
Consell de Mallorca
y Arxiu del So i de la Imatge

Alumnos Máster PHE
Tránsitos. Fotografías en un mundo global
Tres exposiciones colectivas
del Máster PHotoESPAÑA

CENTRO DE ARTE ALCOBENDAS
10.09 – 27.10.2024

Esta muestra reúne los proyectos artísticos de las ediciones 2023-24 del Máster PHotoESPAÑA. Un año más, esta exposición presenta los trabajos de 30 artistas visuales que han desarrollado su proyecto durante el máster. Los temas tratados reflejan las complejidades y contradicciones en nuestra sociedad global actual invitando a la reflexión sobre cuestiones fundamentales como la identidad, la soledad, la problemática de género o el deterioro ambiental. A través de las artes visuales se abordan aspectos íntimos y colectivos de la experiencia humana desde contextos culturales diversos. La transculturalidad y el postcolonialismo cuestionan las narrativas dominantes y celebran la diversidad cultural en este mundo globalizado. La maternidad, los espacios públicos, la muerte y la vejez abordan aspectos íntimos y colectivos de la experiencia humana. En definitiva, la contemporaneidad nos desafía a repensar nuestras identidades, valores y creencias en un entorno cada vez más complejo.

—

This exhibition brings together projects from the 20th and 21st editions of Master PHotoESPAÑA. Once again, this year, 30 visual artists will present their work in this show. The themes reflect the complexities and contradictions in our current global society, inviting reflection on fundamental issues such as identity, loneliness, gender problems, environmental deterioration, extraterrestrial life, death, addressing through various visual forms intimate and collective aspects of the human experience. Loneliness, death, and identity are explored by artists in diverse cultural contexts. Transculturality and postcolonialism question dominant narratives and celebrate cultural diversity in this globalized world. Motherhood, public spaces, death and old age address intimate and collective aspects of the human experience. In short, contemporary times challenge us to rethink our identities, values, and beliefs in an increasingly complex environment.

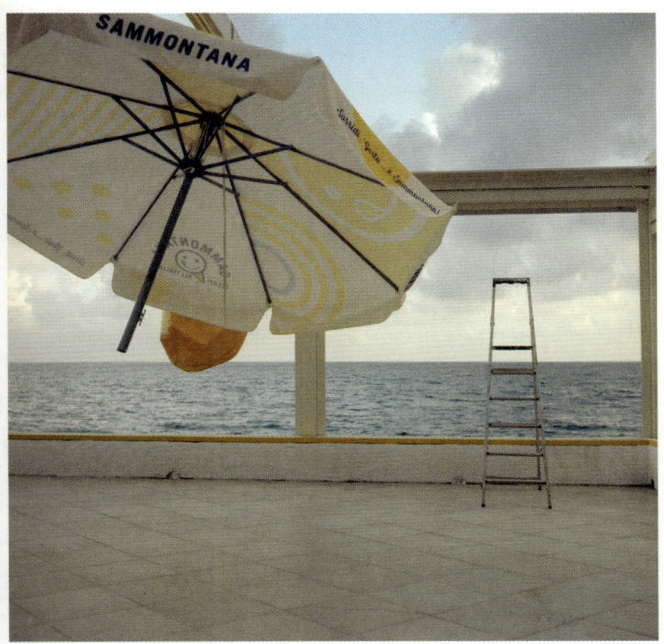

Alessandro Pugno
Ya se fue el Verano, 2023
© ALESSANDRO PUGNO

Centro de Arte Alcobendas
Mariano Sebastián Izuel, 9
28100, Alcobendas

Autores
Achim Boers / Alva Martín
/ Ana Tejedor Ruiz / Alex
Nowiczewski / Alejandro Solo /
Alessandro Pugno / Alexandra
Karam / Brenda María Fernández /
Carlos Chable / Clara Toro / Claudia
Suárez / Emma Puig de la Bellacasa
/ Marta Cabané / Nélia Dos Santos
Azevedo / Javier López Benito /
Luisa Brillembourg / Marcos Bauzá
/ Miguel Gamart / Lalo / Esther
Garrison / Isabel Pinto / Isabella
Delfino / Jesús Umbría Brito /
Johanna Ekonen / Juliana González
/ Yin Bunker / May Reguera / Tomás
Opitz / Marcella Echavarría

Comisaria
Ana Berruguete

Coordinadora
Ana Ibarra

Organiza
Centro de Arte Alcobendas,
Máster PHotoESPAÑA
y PHotoESPAÑA

MAPPING

MECA MEDITERRÁNEO CENTRO ARTÍSTICO
27.09 – 24.10.2023

MAPPING es una exposición colectiva de fotografía que se presenta como un proyecto cartográfico que guiará a los visitantes a través de un viaje único, explorando las intersecciones entre las diferentes propuestas artísticas de cada autor.

El proyecto consta de cuatro mapas visuales: por un lado, *Territorios Interiores*, que inicia el recorrido explorando los paisajes internos de la mente y las emociones; por otro, *Geografía Urbana*, centrado en la arquitectura y las dinámicas sociales de las ciudades; el tercer mapa, *Paisajes en Transformación*, adentra al espectador en la naturaleza en constante cambio; y por último *El Ser Humano como Territorio*, donde el cuerpo humano se convierte en un mapa en sí mismo.

Además, el proyecto *MAPPING* se completa con una performance lumínica, un ciclo internacional de vídeo arte y un video mapping.

Mar Garrido
Horizonte duplicado 3, 2024
© MAR GARRIDO

Dori Fernández
Sin título, 2023
© DORI FERNÁNDEZ

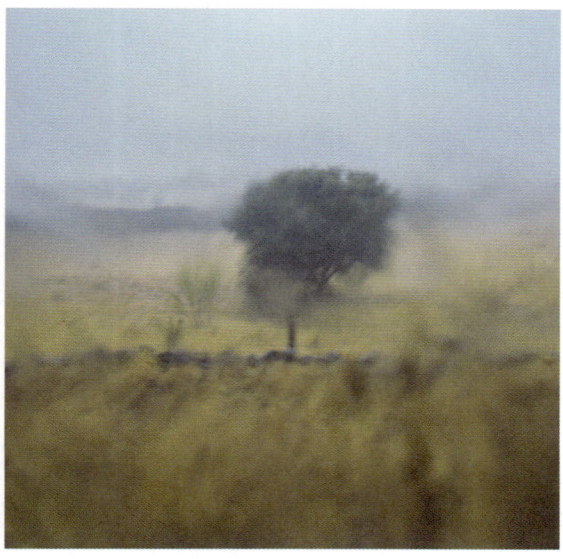

MAPPING is a collective photography exhibition which is framed as a cartographic project that will guide visitors on a unique journey exploring the intersections among each artist's different proposals.

The project encompasses four visual maps: the first one, *Interior Territories*, starts the route by exploring the internal landscapes of the mind and the emotions; next comes *Urban Geography*, which focuses on architecture and cities' social dynamics; the third map, *Landscapes in Transformation*, takes the spectator into constantly-changing nature; and the last map is *The Human Being as Territory*, where the human body itself becomes a map.

The *MAPPING* project is also completed with a light performance, an International Video Art Series and a *video mapping*.

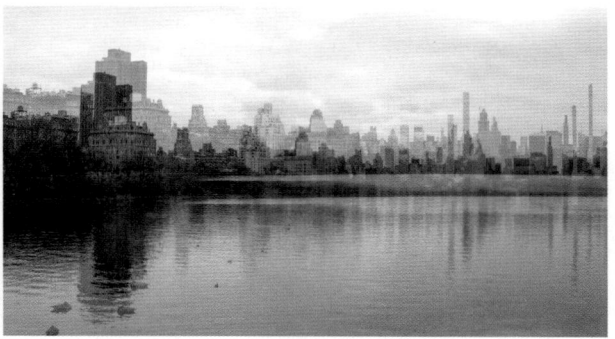

MECA Mediterráneo Centro Artístico
Navarro Darax, 11
04003 Almería

Artista/s
Alejandro del Valle, Amable Marín, Ángel García Roldán, Ángel Pantoja, Antonio Jesús García, Asunción Lozano, Blanca Morales, Cristóbal C.Cassinello, Domingo Campillo, Dori Fernández, Emilio Barrionuevo, Estela García, Francisco Sánchez Montalbán, Francisco Uceda, Gonzalo Moyano, Isabel Aranda, Iván Izquierdo, Javier Flores, José Luis Lozano, Karlos Kaplan, Colectivo Laramascoto, Mar Garrido, Mar Giménez, María Caro, María Valdés, Marisa Mancilla, Marit Schmeling, Mónica Vázquez Ayala, Oihana Cordero, Pedro Osakar, RMB, Rodrigo Valero, Rubén García Felices, Toña Gómez

Comisario/a
Fernando Barrionuevo y Rosa Muñoz Bustamante en el programa general y Ángel García Roldán en la sección del Ciclo Internacional de Video Arte

Organiza
MECA Mediterráneo Centro Artístico

Colabora
Universidad de Almería

Lúa Ribeira
Agony in the Garden

FUJIFILM WONDER EXPO
05.09 – 26.20.2024

Agony in the Garden es una serie realizada en colaboración con jóvenes del centro y sur de España. Creada con la pandemia como telón de fondo, el objetivo de este proyecto es prestar atención a los movimientos juveniles contemporáneos y reflexionar sobre el momento presente, en relación con el pasado.

Desde 2021, Lúa Ribeira (As Pontes de García Rodríguez, A Coruña, 1986) ha creado imágenes que reflejan el hedonismo y el nihilismo encarnados en la escena emergente de la música *trap* y *drill*. El resultado es un encuentro cercano con las personas implicadas en esta ola cultural, global y diversa, que se desarrolla de forma peculiar en algunas localizaciones españolas. A través de una investigación visual y una colaboración performativa, que son parte integral de su trabajo, Ribeira se centra en gestos y paisajes para evocar una atmósfera particular, producto de la relación que entabla con las personas que fotografía.

TODAS LAS FOTOS
Lúa Ribeira
Sin título, de la serie
Agony in the Garden, 2021-2023
© LÚA RIBEIRA,
CORTESÍA DE LA ARTISTA

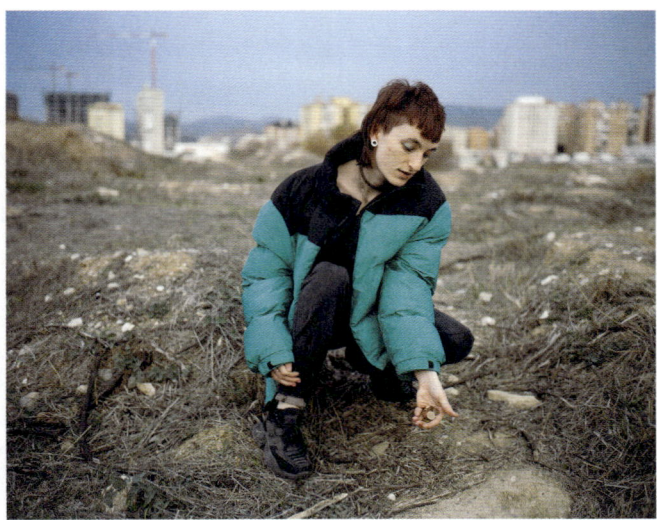

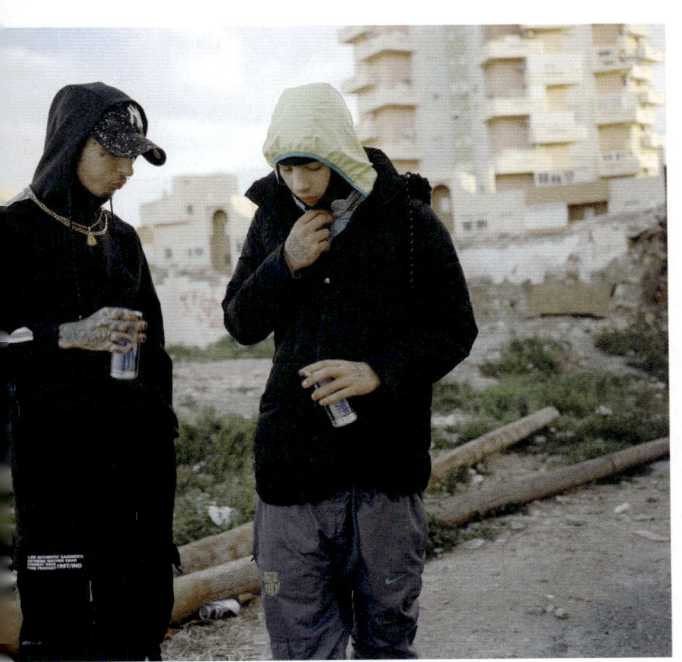

Agony in the Garden is a series made in collaboration with young people throughout the arid landscapes of central and southern Spain. Created within the backdrop of the pandemic, the aim of the work was to pay close attention to contemporary youth movements and reflect on the present moment in relation to an ancient past.

Since 2021, Lúa Ribeira (As Pontes de García Rodríguez, A Coruña, 1986) has been creating images that mirror the hedonism and nihilism embodied in the emerging trap and drill music scene in Spain. The result is a close encounter with the people involved in a global and diverse cultural wave as it unfolds uniquely at the local level. Embracing a visual research and a performative collaboration that is integral to her work, Ribeira focussed on a series of gestures and landscapes to evoke a particular atmosphere product of the relationships she enters into with the people she photographs.

Fujifilm Wonder Expo
Gran de Gràcia, 1
08019 Barcelona
wonderphotoshop.es/noticias

Organiza
Fujifilm España y PHotoESPAÑA

Paz Errázuriz

KBr FUNDACIÓN MAPFRE
06.06 – 15.09.2024

En el año 2018 Fundación MAPFRE incorporaba 175 obras de la fotógrafa chilena Paz Errázuriz (Santiago de Chile, 1944) a sus fondos, tras haber realizado la primera retrospectiva de la artista en España. La exposición que ahora se presenta en el Centro de Fotografía KBr, Barcelona, está conformada por una cuidadosa selección de estas fotografías, e incluye algunas de sus series más conocidas, como La Manzana de Adán o El infarto del alma, junto a otros de sus trabajos representativos, desde los años setenta hasta la actualidad.

El trabajo de Paz Errázuriz arranca en los años de la segunda mitad de los años setenta en Chile, sometido a la violencia y represión del régimen de Pinochet (1973-1990), y llega hasta la actualidad. Sin querer definirse como cronista de un momento concreto, durante esos años Errázuriz se centró en documentar a aquellos que de alguna manera se oponían al régimen. Además, de forma continuada, la artista ha elegido temas y ha retratado individuos que se salen del discurso hegemónico y de la oficialidad. Sus series están pobladas de ancianos, niños, enfermos mentales, prostitutas, travestis o nativos americanos, por citar solo algunos ejemplos. En sus imágenes, la autora muestra permanentemente una fuerte conciencia social como fotógrafa, una gran relevancia conferida a la postura ética ante el mundo, así como un profundo sentido de respeto y proximidad hacia las personas retratadas y los asuntos que le han preocupado.

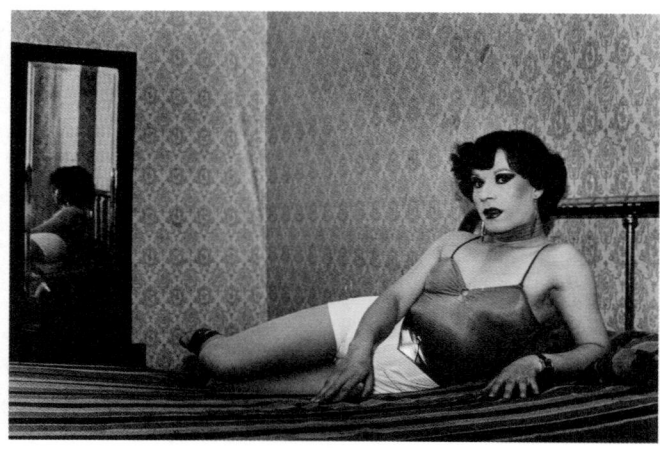

In 2018, the Fundación MAPFRE added 175 works by the Chilean photographer Paz Errázuriz (Santiago de Chile, 1944) to its collection, after having held an initial retrospective of the artist in Spain. The exhibition presented now at the Centro de Fotografía KBr, Barcelona, is comprised of a painstaking selection of those photographs and includes some of her best-known series, like *Adam's Apple* and *Heart Attack of the Soul*, along with other representative works from the 1970s until today.

Paz Errázuriz's work started in the second half of the 1970s in Chile, which was besieged by the violence and repression of the Pinochet regime (1973-1990), and continues until today. Without aiming to define herself as a chronicler of a specific time, during those years Errázuriz focused on documenting those who somehow opposed the regime. Plus, the artist has continually chosen themes and portrayed individuals who do not fall within the hegemonic, official discourse. Her series are populated by elderly people, children, the mentally ill, prostitutes, transvestites and Native Americans, just to cite several examples. Her images consistently show a strong social consciousness as a photographer, the importance she attached to taking an ethical stance in the world, as well as a profound sense of respect and closeness with her sitters and the issues that concerned her.

Paz Errázuriz
Evelyn I, de la serie
La manzana de Adán,
Santiago de Chile, 1987
© PAZ ERRÁZURIZ

KBr Fundación MAPFRE
Avenida Litoral, 30
08005 Barcelona
Lunes cerrado
kbr.fundacionmapfre.org

Comisario
Carlos Gollonet

Organiza
Fundación MAPFRE

Louis Sttetner

KBr FUNDACIÓN MAPFRE
06.06 – 15.09.2024

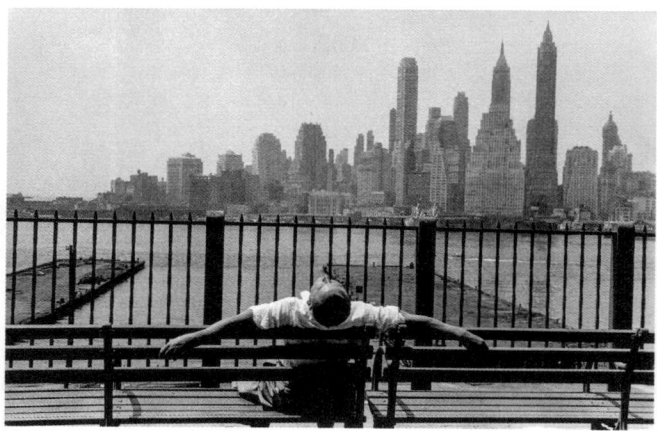

A lo largo de su carrera de casi ochenta años, Louis Stettner (Nueva York, 1922 - Saint-Ouen, Francia, 2016) creó miles de imágenes. Adquirió su primera cámara siendo un joven adolescente y rápidamente se sintió atraído por las calles de su ciudad natal. Pronto se hizo un nombre en la famosa Photo League de Nueva York, donde entabló amistad con Sid Grossman y Weegee. Trabajó como fotógrafo de combate durante la Segunda Guerra Mundial y en 1947, tras la guerra, visitó París donde permaneció durante cinco años y donde se instalaría definitivamente en 1990.

Su trabajo desafía cualquier categorización y contiene elementos tanto de la estética de la fotografía callejera neoyorquina como del humanismo lírico de la tradición francesa. Stettner, marxista durante toda su vida, rindió homenaje a la clase trabajadora y se inspiró en la lectura de Walt Whitman y en la naturaleza humana. Como muestra esta exposición, exploró una amplia gama de temas, y a menudo volvía sobre ellos muchos años después. Sin embargo, a pesar de su variedad, la obra de Stettner es coherente desde el punto de vista temático: buscaba la belleza en la gente corriente y en su vida cotidiana.

Tras su paso por Madrid, la selección de obra que se presenta, de la que buena parte pertenece a las colecciones Fundación MAPFRE, constituye la mayor retrospectiva de la obra de Stettner hasta la fecha. Organizada cronológicamente, la exposición recorre el trabajo del fotógrafo desde sus inicios en Nueva York y París, pasando por su posterior uso de la fotografía en color, hasta sus últimas meditaciones sobre el paisaje de Les Alpilles.

Louis Stettner (New York, 1922—Saint-Ouen, France, 2016) created thousands of images throughout his eighty-year career. He acquired his first camera as an adolescent and soon felt attracted to the streets of his native New York City. He quickly made a name for himself in New York's famous Photo League, where he befriended Sid Grossman and Weegee. He worked as a combat photographer during the Second World War, and after the war, in 1947, he visited Paris, where he remained for five years. He made Paris his permanent home in 1990.

His work defies any categorisation and contains elements of both the aesthetic of New York street photography and the lyrical humanism of the French tradition. A lifelong Marxist, Stettner paid tribute to the working class and drew inspiration by reading Walt Whitman, and from human nature. As this exhibition shows, he explored a wide array of themes and often returned to many of them years later. However, despite its variety, Stettner's work is thematically coherent: he sought beauty in everyday people and everyday life.

After their stop in Madrid, this selection of works presented, many of which belong to the Fundación MAPFRE collection, is the best retrospective of Stettner's work to date. Organised chronologically, the exhibition surveys the photographer's oeuvre from his beginnings in New York and Paris to his subsequent use of colour photography until his last meditations on the landscape of Les Alpilles.

KBr Fundación MAPFRE
Avenida Litoral, 30
08005 Barcelona
Lunes cerrado
kbr.fundacionmapfre.org

Comisaria
Sally Martin Katz

Organiza
Fundación MAPFRE

Rosell Meseguer
Cosmología. The Keepers of Light

SALA DE EXPOSICIONES DEL AUDITORIO EL BATEL
01.06 - 01.09.2024

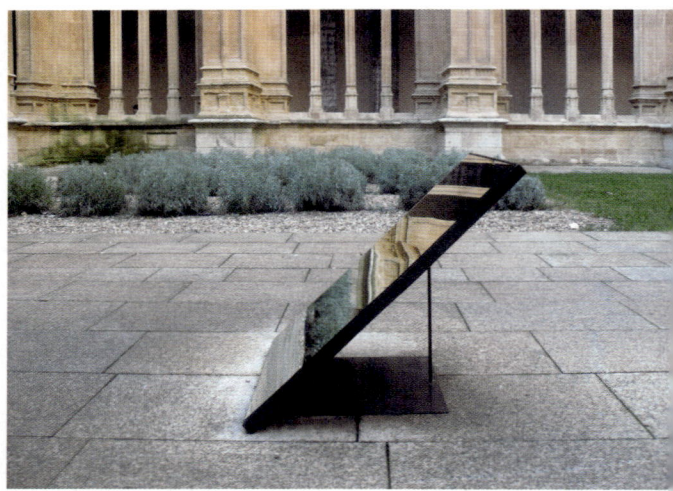

Este proyecto se inspira en la capacidad de generar energía luminosa mediante la retro-reflexión o cómo algunas superficies, por su estructura, pueden reflejar la luz de vuelta hacia la fuente lumínica. Este comportamiento se puede observar, por ejemplo, en un espejo, cuando éste se encuentra perpendicular al objeto reflejado –fuente–. La fotografía es un espejo del pasado. Es el reflejo de un reflejo, puro trampantojo: una cámara réflex lleva un espejo que devuelve a su posición natural aquello que se ha fotografiado.

En este proyecto se presenta en forma de instalación, que muestra espejos, fotografías, fotodibujos y parte del proceso creativo de la autora. Así, recoge una colección de imágenes de radiotelescopios –luz y espejos– y su capacidad de captar material del exterior, con especial protagonismo del Radiotelescopio de Arecibo en la Isla de Puerto Rico, un centro de poder abandonado desde el que Estados Unidos decidió enviar material terrestre al espacio, esperando contestación.

This project is inspired by the ability to generate light energy through retro-reflection or how some surfaces, due to their structure, can reflect light back to the light source. This behaviour can be observed, for example, in a mirror, when it is perpendicular to the reflected object—the source. The photograph is a mirror of the past. It is the reflection of a reflection, pure trompe l'oeil: a reflex camera carries a mirror that returns to its natural position that which has been photographed.

In this project it is presented in the form of an installation, showing mirrors, photographs, photodrawings and part of the author's creative process. Thus, it brings together a collection of images of radio telescopes—light and mirrors —and their capacity to capture material from outside, with special emphasis on the Arecibo Radio Telescope on the island of Puerto Rico, an abandoned power centre from which the United States decided to send terrestrial material into space, awaiting a reply.

TODAS LAS FOTOS
Rosell Meseguer
Instalación *Cosmología.*
The Keepers of Light, 2023
© ROSELL MESEGUER

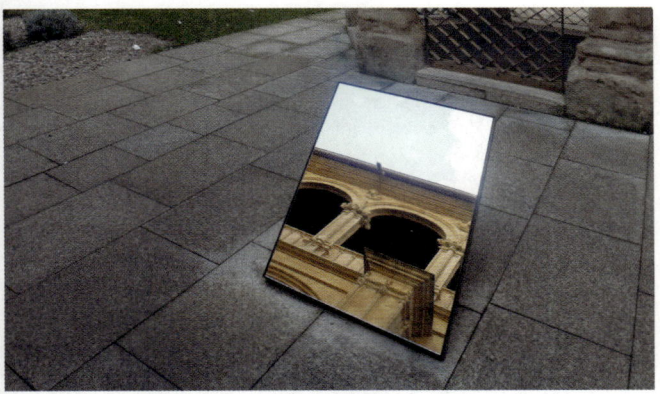

Sala de Exposiciones
del Auditorio El Batel
Pº Alfonso XII, s/n
30201 Cartagena
www.auditorioelbatel.es

Comisarios
Nacho Ruiz y Carolina Parra

Organiza
Ayuntamiento de Cartagena
y Auditorio El Batel

Masahisa Fukase
Ravens 烏

CENTRO DE DOCUMENTACION DE LA IMAGEN DE SANTANDER (CDIS)
Septiembre 2024

Masahisa Fukase (Hokkaido, Japón, 1934 – 2012) irrumpió en la escena fotográfica japonesa en los años 60, desafiando las convenciones de la época y explorando temas emocionales y personales en una sociedad en transformación. Fusionó sensibilidad artística con destreza técnica, siendo un innovador en la difusión de su obra a través de revistas y fotolibros, los cuales también estarán presentes en esta exposición.

Su extensa serie *Ravens,* 烏 (1975-1986) es, en conjunto, una obra maestra que trasciende fronteras culturales y temporales. En ella, Fukase explora la soledad, la melancolía y la obsesión en un dramático viaje personal. Las imágenes de cuervos, en blanco y negro, capturan la dualidad de la vida y la muerte, resonando profundamente en el espectador.

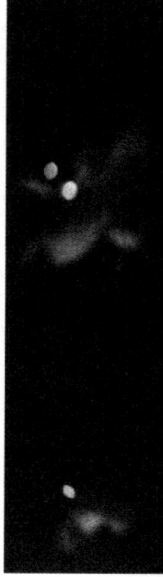

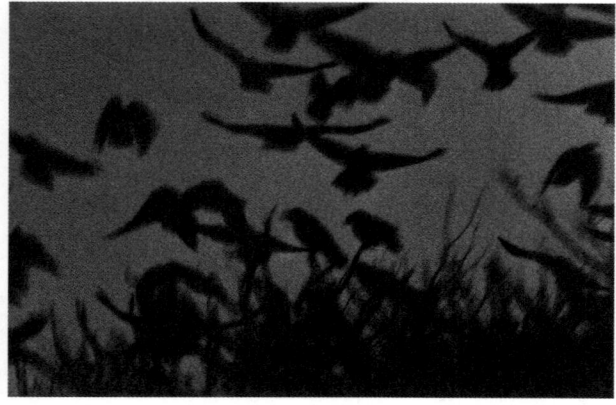

Masahisa Fukase
Ravens, Kanazawa, 1978
© MASAHISA FUKASE
ARCHIVES

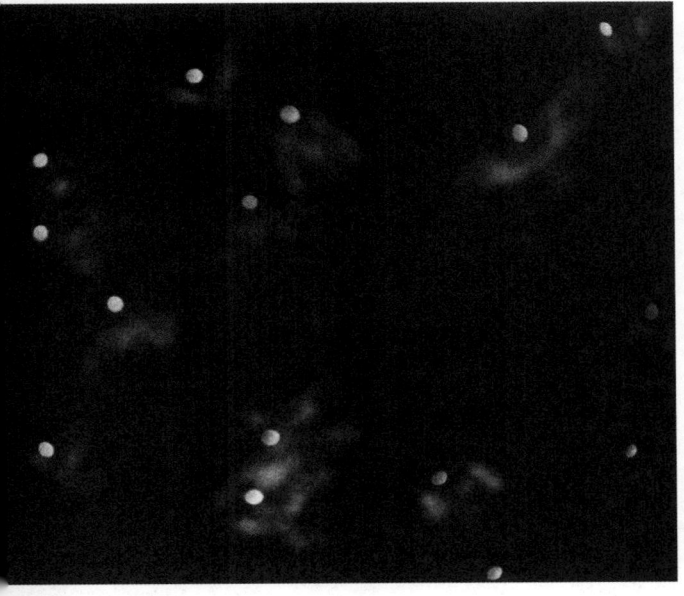

Masahisa Fukase
Ravens, Kanazawa, 1986
© MASAHISA FUKASE
ARCHIVES

La importancia de *Ravens*, serie que por primera vez –y tras su paso por Madrid– se expone de manera exclusiva en España, radica en su capacidad para evocar emociones y reflexiones existenciales a partir de la búsqueda interior de Fukase como artista. Al identificarse con los cuervos, nos invita a explorar el alma humana. *Karasu* [*Ravens*, en el original en japonés] ha influenciado a generaciones de fotógrafos, consolidando a Fukase como pionero de la fotografía del Yo.

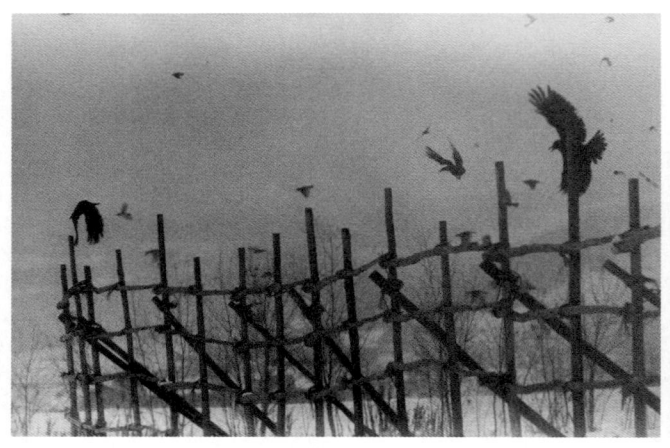

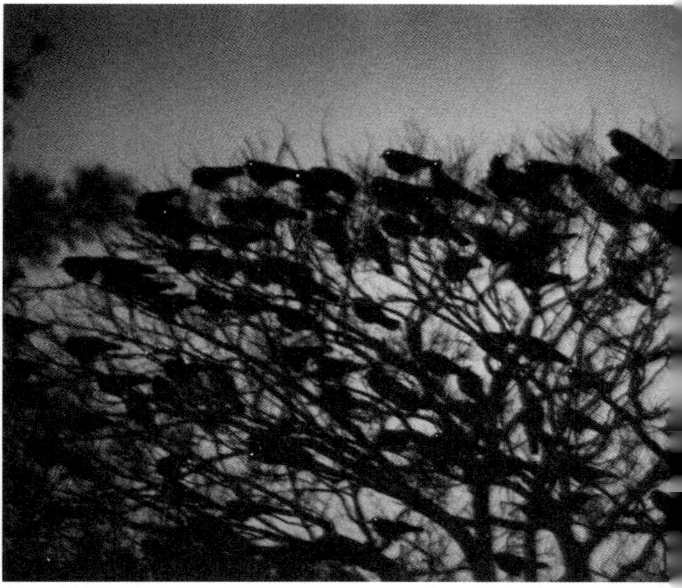

Msahisa Fukase (Hokkaido, Japón, 1934 -2012) emerged onto the Japanese photography scene in the 1960s, challenging the conventions of the time and delving into emotional and personal themes in a society undergoing transformation. He melded artistic sensitivity with technical prowess, innovating the dissemination of his work through magazines and photobooks, which will also be featured in the exhibition.

His extensive series *Ravens*, 烏 (1975-1986) is a masterpiece that transcends cultural and temporal boundaries. In it, Fukase explores solitude, melancholy, and obsession in a dramatic personal journey. The black and white images of crows capture the duality of life and death, resonating deeply with the viewer.

The significance of *Ravens* lies in its ability to evoke emotions and existential reflections stemming from Fukase's inner artistic quest. By identifying with the crows, he invites us to explore the human soul. *Karasu* has influenced generations of photographers, solidifying Fukase's pioneering role in self-reflective photography.

Masahisa Fukase
Ravens, Kanazawa, 1986
© MASAHISA FUKASE
ARCHIVES

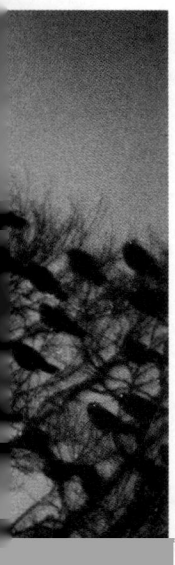

Masahisa Fukase
Ravens, Kanazawa, 1977
© MASAHISA FUKASE
ARCHIVES

Centro de Documentación de la Imagen de Santander (CDIS)
Magallanes, 30
39007 Santander

Comisarios
Tomo Kosuga
y Lorenzo Torres

Organiza
Ayuntamiento de Santander, Centro de Documentación de la Imagen de Santander (CDIS), Círculo de Bellas Artes y PHotoESPAÑA

Accionar / Secuenciar
Fotografía en la Colección Helga de Alvear

BIBLIOTECA CENTRAL DE CANTABRIA. SALA CONCEPCIÓN ARENAL
Septiembre 2024

La exposición pretende trazar algunas de las vías de interrogación sobre el medio fotográfico y sus límites disciplinares planteadas a finales de los años 60, cuando los anhelos desmaterializadores de la obra de arte, la importancia que adquiere el proceso, el primado del concepto o la interdisciplinaridad dieron lugar a un cambio de paradigma en el arte.

A través de las fotografías existentes en la Colección Helga de Alvear, la muestra sigue el rastro de aquellas obras que, abandonando la autonomía de la imagen única, se apoyan en la contigüidad de los elementos de un conjunto fotográfico para conjugar secuencia y acción y traspasar a la fotografía de la narratividad propia de la imagen en movimiento y de la temporalidad que a esta es inherente. Desde el fotoconceptualismo, que borra los márgenes entre la performance y la fotografía, ya sea como registro de una acción previa, ya sea haciendo de la performance el motivo, hasta los relatos construidos y las realidades fabricadas a los que llevará la teoría posmoderna en los años 90.

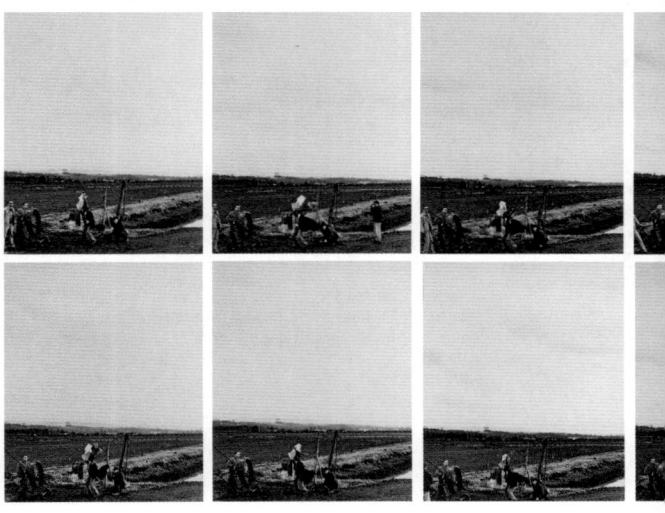

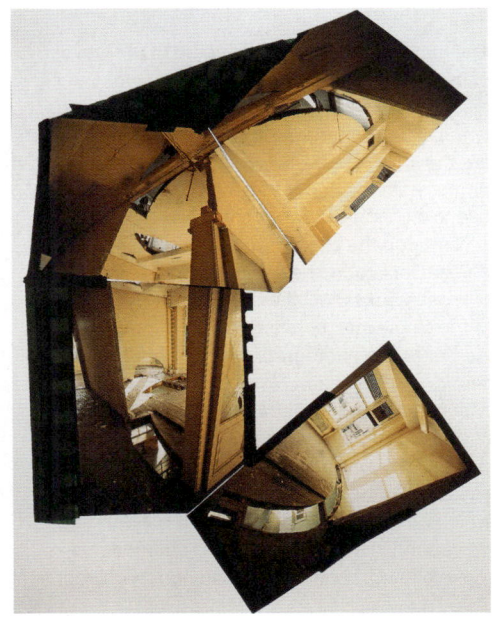

Gordon Matta-Clark
Office Baroque, 1977
© ESTATE OF GORDON
MATTA-CLARK,
VEGAP, MADRID, 2024

Jeff Wall
*Untitled (Production
photo, A Sudden Gust
of Wind, Richmond, B.C.,
Winter 1993)*, 1993
© JEFF WALL, 2024
© DE LAS
REPRODUCCIONES
AUTORIZADAS, VEGAP,
MADRID, 2024

Interesa en este recorrrido encontrar antecedentes en aquellos fotógrafos que asumieron el "modo director" en los años 70 y avanzar hasta las narrativas fotográficas de los *tableaux vivants*, donde realidad y ficción resultan indistinguibles. Además, detenerse en aquellos modos de hacer que se basan en evidenciar el artificio, mediante el absurdo, la fragmentación dispersa o la suspensión de tiempo y movimiento.

La conquista de otros *mediums* donde la imagen fotográfica, entendida igualmente como multiplicidad secuenciada en un *continuum*, alcanza nuevas formalizaciones a través de la película y la videoinstalación, sale al encuentro del deseo de expansión de la noción de la fotografía que orienta a PHotoESPAÑA 2024 y cierra este relato dando un paso más en las articulaciones teóricas de la fotografía contemporánea.

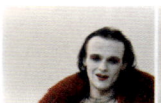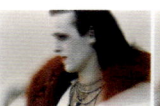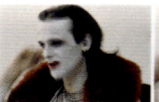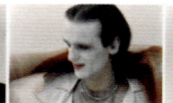

The exhibition aims to trace some of the ways of questioning the photographic medium and its disciplinary limits posed at the end of the 1960s, when the dematerialising yearnings of the work of art, the importance acquired by the process, the primacy of the concept or interdisciplinarity gave rise to a change of paradigm in art.

Through the photographs in the Helga de Alvear Collection, the exhibition follows the trail of those works that, abandoning the autonomy of the single image, rely on the contiguity of the elements of a photographic ensemble to combine sequence and action. From photoconceptualism, which blurs the margins between performance and photography, either as a record of a previous action or by making performance the motif, to the constructed narratives and fabricated realities to which postmodern theory led in the 1990s. It is interesting in this journey to find antecedents in those photographers who assumed the "director

Jürgen Klauke
Eine Ewigkeit ein Lächeln, 1973
© DE LAS REPRODUCCIONES AUTORIZADAS, VEGAP, MADRID, 2024

Tracey Moffat
Up in the Sky, 1997
© DE LAS REPRODUCCIONES AUTORIZADAS, VEGAP, MADRID, 2024

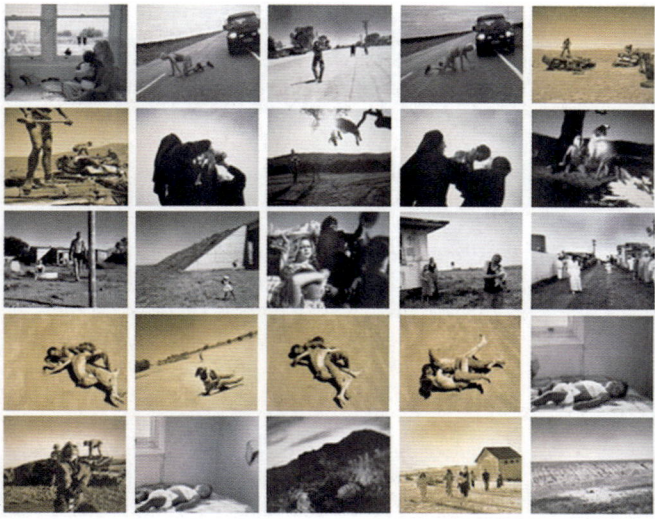

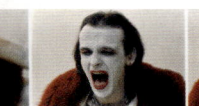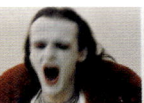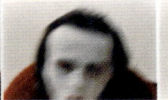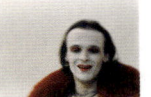

mode" in the 1970s and to move on to the photographic narratives of the tableaux vivants, where reality and fiction are indistinguishable. In addition, we will look at those ways of doing that are based on highlighting artifice, through absurdity, dispersed fragmentation or the suspension of time and movement.

The conquest of other *mediums* where the photographic image, also understood as multiplicity sequenced in a *continuum*, reaches new formalisations through film and video installation, meets the desire to expand the notion of photography that guides PHotoESPAÑA 2024 and closes this narrative by taking a further step in the theoretical articulations of contemporary photography.

Biblioteca Central de Cantabria
Sala Concepción Arenal
Ruiz de Alda, 19
39009 Santander
www.bcc.cantabrica.es

Autores
Pep Agut, Eija-Liisa Ahtila, Heleina Almeida, Nobuyoshi Araki, Vanessa Beecroft, Anne & Bernhard Blume, Christine Boshier, Olafur Eliasson, Hamish Fulton, Nan Goldin, Roni Horn, Alfredo Jaar, Robert Kinmont, Jürgen Klauke, Kasper König, Gordon Matta-Clark, Boris Mikailov, Tracey Moffatt, Mabel Palacín, João Penalva, Liliana Porter, Klaus Rinkle, Jason Rhoades, Ugo Rondinone, Eullàlia Valldosera, Jeff Wall, Ai Weiwei, Jane & Louise Wilson

Comisaria
María Jesús Ávila

Organiza
Gobierno de Cantabria. Consejería de Cultura, Turismo y Deporte, Museo de Arte Contemporáneo Helga de Alvear y PHotoESPAÑA

Martí Llorens y Rebecca Mutell
Eclipses de 1' en 1'

CENTRO DE ARTE FARO CABO MAYOR
Septiembre 2024

Esta propuesta creativa se inspira y reflexiona sobre las conexiones históricas existentes entre la luz proyectada del Faro, –como guía para navegantes– y la luz proyectada de una cámara oscura (invención usada originalmente para observar eclipses solares de manera segura o para realizar observaciones astronómicas).

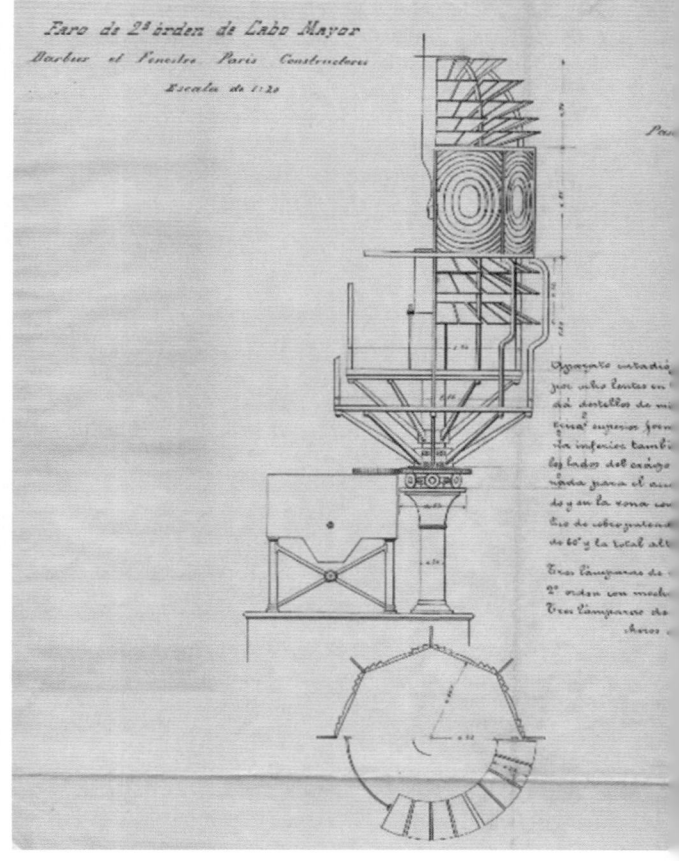

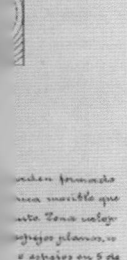

El proyecto indaga por tanto sobre las relaciones entre arte y ciencia y sobre el fenómeno de la visión como el anverso y reverso de dos investigaciones históricas confrontadas. Un proyecto que permite hablar de la trayectoria de la luz a través de diferentes modelos ópticos y catóptricos.

La exposición se presenta así como una muestra ilustrada donde conjugar objetos, documentos históricos y obras de carácter instalativo, y donde repensar el Centro de Arte Faro Cabo Mayor como un dispositivo escópico de alto interés cultural, creativo y didáctico.

El título hace alusión al propio sistema de iluminación utilizado en el Faro, formado por ocho lentes Fresnel con luz blanca y eclipses regulares, específicamente *eclipses de minuto en minuto*. Esta característica implica que la luz del faro se oscurece en intervalos de sesenta segundos, lo que proporciona un patrón de destellos y pausas distintivo, siendo fundamental para su identificación por parte de los navegantes y para distinguirlo de otros faros cercanos.

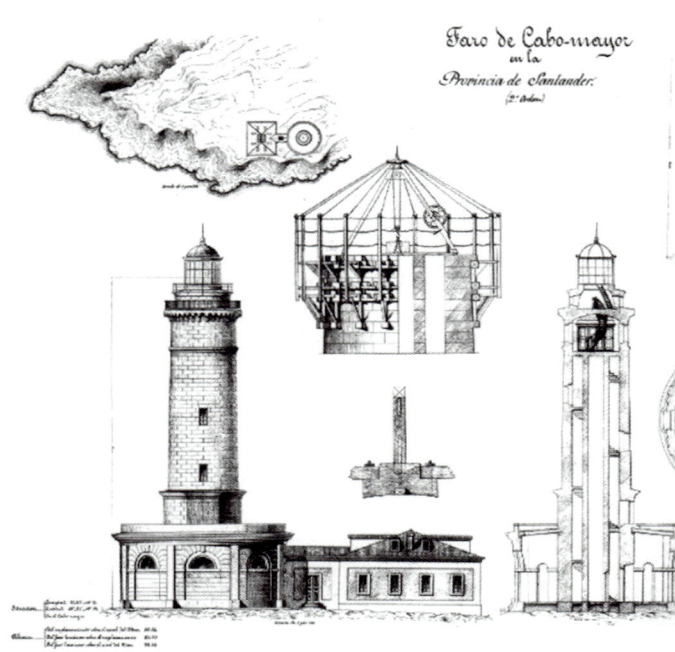

Faro de Cabo-mayor en la Provincia de Santander. (2ª Orden)

«Planta, alzado, sección por la torre, secciones de la torre, terreno y ubicación orográfica».

This creative proposal is inspired by and reflects on the historical connections between the light projected from The Faro Cabo Mayor lighthouse—to guide sailors—and the projected light of a camera obscura (an invention originally used to look safely at solar eclipses or make astronomical observations).

Therefore, the project inquires into the relationships between art and science and into the phenomenon of sight as the flip sides of two related historical inquiries. It is a project that enables the history of light to be discussed through different optical and catoptric models.

The exhibition is thus presented as an illustrated show where objects, historical documents and installation-style works intermingle, and where the Centro de Arte Faro Cabo Mayor can be reconsidered as a scopic device of keen cultural, creative and didactic interest.

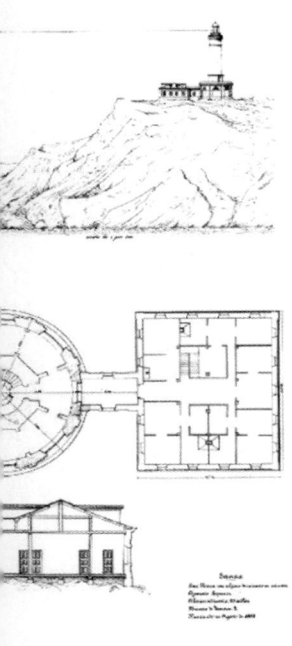

The title alludes to the lighting system used at the lighthouse, which is comprised of eight Fresnel lenses with white light and regular eclipses every minute. This characteristic implies that the lighthouse's light is turned off in 60-second intervals, which provides a unique pattern of flashes and eclipses that is essential for sailors to identify it and distinguish it from other nearby lighthouses.

Centro de Arte
Faro de Cabo Mayor
Avenida del Faro.
Pintor Eduardo Sanz s/n
39012 Santander
www.puertosantander.es/es/
faro-de-cabo-mayor

Organiza
Autoridad Portuaria de Santander
y PHotoESPAÑA

José Manuel Ballester
Premio Trayectoria
Fundación ENAIRE 2023
De arboris perennis

NAVES DE GAMAZO
12.06 – 22.09.2024

De arboris perennis es un homenaje, una muestra de respeto, un reencuentro con la naturaleza. Una propuesta con la que José Manuel Ballester, con el árbol como protagonista, manifiesta la necesidad del hombre actual de conectar con la naturaleza, con la vida. El trabajo de este artista parte de una intensa búsqueda interior, de una infinita curiosidad que le lleva a captar con su cámara aquellos elementos que le rodean y conmueven, que conectan con su mundo íntimo. Ballester nos traslada a esos espacios misteriosos y solitarios que nos invitan a la reflexión, a descubrir su infinitud a través del silencio.

El proyecto pone de relieve la universalidad del árbol; imágenes tomadas a lo largo y ancho del mundo que crean un mapa que trasciende las fronteras, porque allá donde vayamos siempre habrá un árbol, seres naturales que habitan con nosotros. El árbol que el artista, inmerso en una cultura plagada de mitos asociados a la naturaleza, utiliza como símbolo.

José Manuel Ballester
Primavera, 2015
© JOSÉ MANUEL BALLESTER

José Manuel Ballester
Nuevo Manhattan 3, 2018
© JOSÉ MANUEL BALLESTER

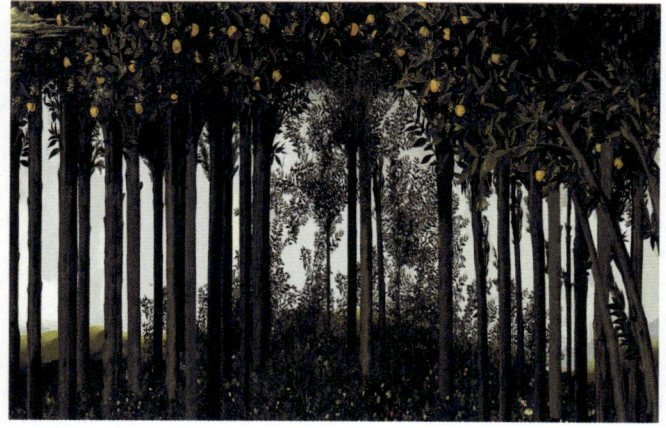

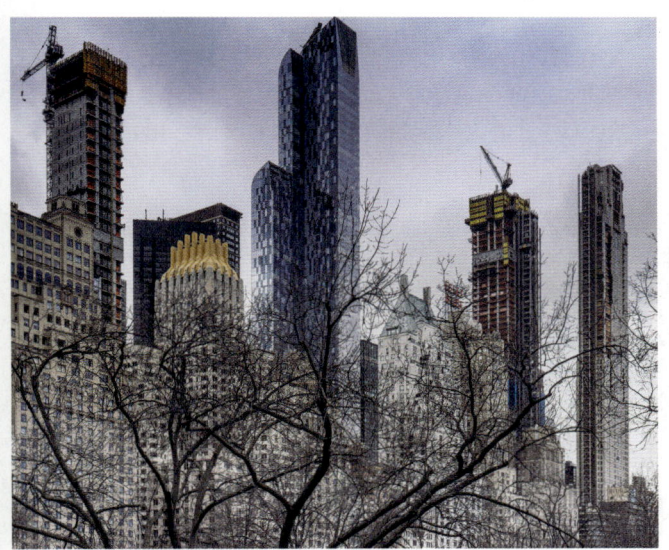

De Arboris Perennis is a tribute, a show of respect, a reencounter with nature. It is a proposal with trees as the centrepiece in which José Manuel Ballester expresses the need for humans today to connect with nature, with life. This artist's work is based on a keen inner quest, an infinite curiosity which leads him to use his camera to capture the elements that surround and move him, and that connect with his intimate world. Ballester spirits us away to mysterious, solitary spaces that beckon us to reflect, to discover their infiniteness through silence.

The project highlights the universality of trees with images taken all over the world that create a map that transcends borders, because wherever we go there is always a tree, natural beings that inhabit the planet with us. Trees that the artist, immersed in a culture brimming with myths associated with nature, uses as a symbol.

Naves de Gamazo
Av. Severiano Ballesteros, s/n
39004 Santander

Comisaria
Lola Durán

Organiza
Fundación ENAIRE

Paloma Navares
Sombras del sueño profundo
En la noche. Proyecciones al aire libre

NAVES DE GAMAZO
Septiembre 2024

Esta vídeo instalación de Paloma Navares (Burgos, 1947) que se proyectará sobre la fachada de las Naves de Gamazo es una de las más simbólicas de las que hizo entre 1985 y 1986. Sus protagonistas son panteras, que ocupan escenarios imaginarios construidos por la propia artista, en los que el público se convierte en un observador silente que acompaña el deambular de las fieras.

Según la propia autora: "Es una imagen onírica que se representa fantasmagóricamente en blanco y negro, como Evas enjauladas por algún hechizo, la culpa de ser mujer. Panteras que pasan y vuelven a pasar sin descanso vigilando · el paso, y sin dejar que nadie pueda atravesar el cerco que ellas crean a su alrededor para protegerse del cazador furtivo. No saben que son miradas, pero nos miran."

El juego de miradas potencia la participación del público en la obra, que puede descubrir de forma impactante la fascinación de Navares por los animales feroces, que la atraen irresistiblemente por su belleza.

This video installation by Paloma Navares (Burgos, 1947), which will be projected on the façade of the Naves de Gamazo, is one of the most symbolic of those she made between 1985 and 1986. Its protagonists are panthers, who occupy imaginary scenarios constructed by the artist, in which the spectators become silent observers who accompany the wandering of the beasts.

According to the author: "It is a dreamlike image that is phantasmagorically represented in black and white, like Eves caged by some spell, the guilt of being a woman. Panthers that pass and pass again, relentlessly guarding the pass, and not allowing anyone to cross the fence that they create around themselves to protect themselves from the poacher. They don't know they are being watched, but they watch us".

The play of glances enhances the participation of the audience in the work, who can discover in a striking way Navares' fascination for the fierce animals, which attract her irresistibly by their beauty.

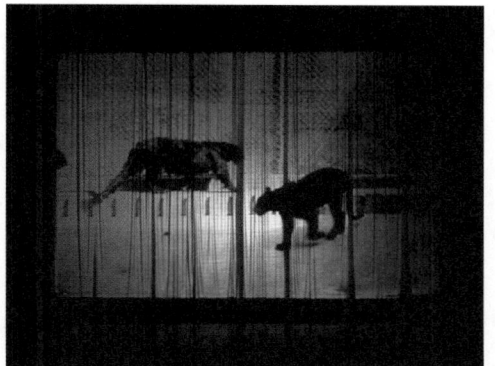

Paloma Navares
Vídeo instalación sonora
Sombras del sueño profundo, 1985
© PALOMA NAVARES

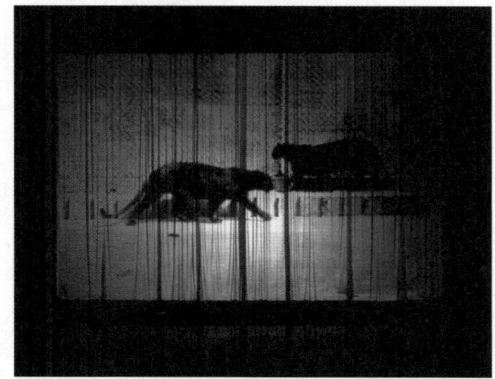

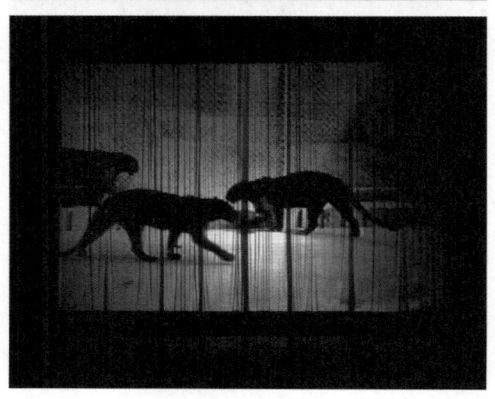

Naves de Gamazo.
Fundación ENAIRE
Av. Severiano Ballesteros, s/n
39004 Santander

Organiza
Fundación ENAIRE

Sofía Crespo
Perpetual Present

MUSEO NACIONAL Y CENTRO DE INVESTIGACIÓN DE ALTAMIRA
Septiembre 2024

A medida que aumenta la distancia que nos separa de nuestros antepasados, que desarrollaron diversas series de instrumentos de gran precisión y exactitud. Éstos, con relación a las manifestaciones rupestres que elaborarían, contaron con el conocimiento, capacidades y útiles que les permitieron alcanzar una asombrosa perfección técnica, siendo uno de sus paradigmas la cueva de Altamira y las manifestaciones artísticas del Paleolítico Superior que en ella se conservan. Gracias a los avances tecnológicos, tenemos más posibilidades de documentar, conocer y valorar dichos conjuntos como nuestro Primer Arte. Las capas invisibles que dichos avances permiten desentrañar se manifiestan, por ejemplo, en las imágenes multiespectrales, en la datación de materiales y en muchas otras nuevas vías de investigación.

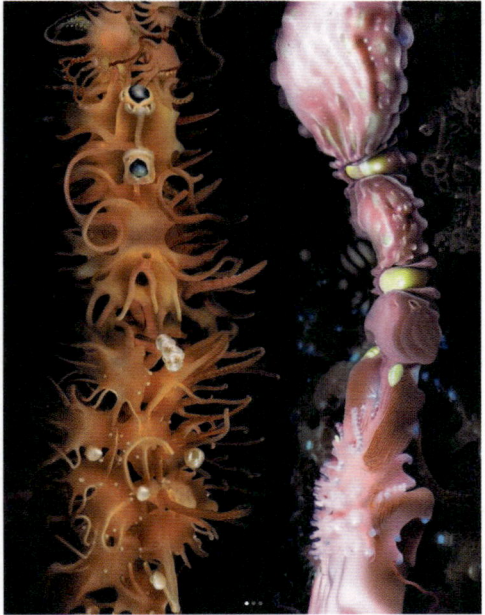

Sofía Crespo
Mutating morphologies, 2023
© SOFÍA CRESPO

Sofía Crespo
Perpetual Present, 2024
© SOFÍA CRESPO

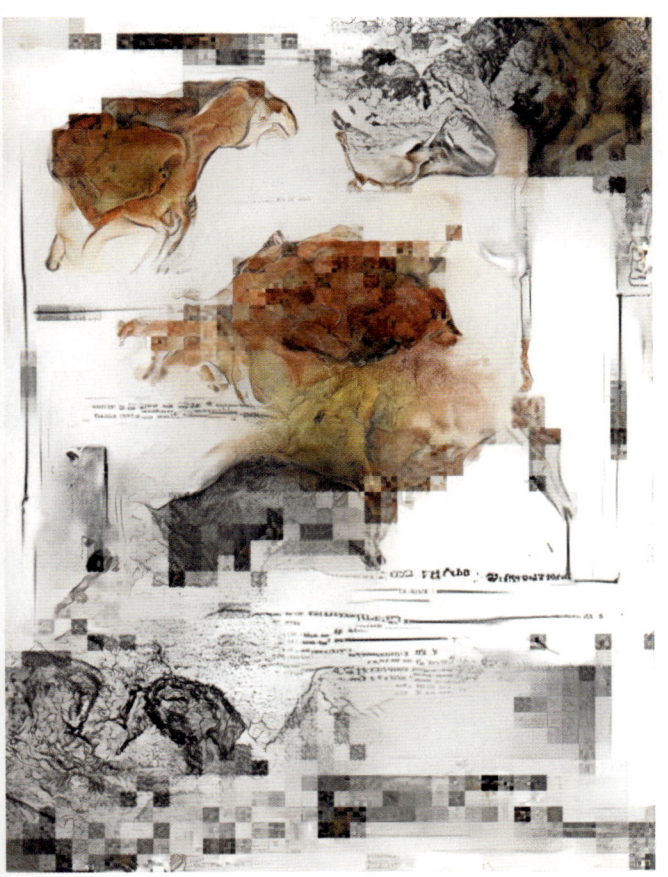

Los espectros hasta ahora invisibles para el ojo moderno son especialmente fascinantes, ya que prometen ofrecer ventanas a los rastros de actividad humana que el tiempo ha borrado. Como tal, de una superficie aparentemente inerte como un muro de piedra emerge una nueva plasticidad, que requiere de un nuevo proceso de alfabetización visual para su relectura.

En su proyecto *Perpetual Present*, el interés de Sofía Crespo radica precisamente en la exploración de las nuevas tecnologías empleadas para estudiar y dar sentido a lo que ocurrió hace tantos miles de años, pero también para remoldear nuestra comprensión de la creatividad y, por extensión, nuestra visión del mundo. Del mismo modo, este trabajo invita a reflexionar y reconsiderar qué restos de nuestra cultura pasada podrían y deberían preservarse y transmitirse a través del tiempo.

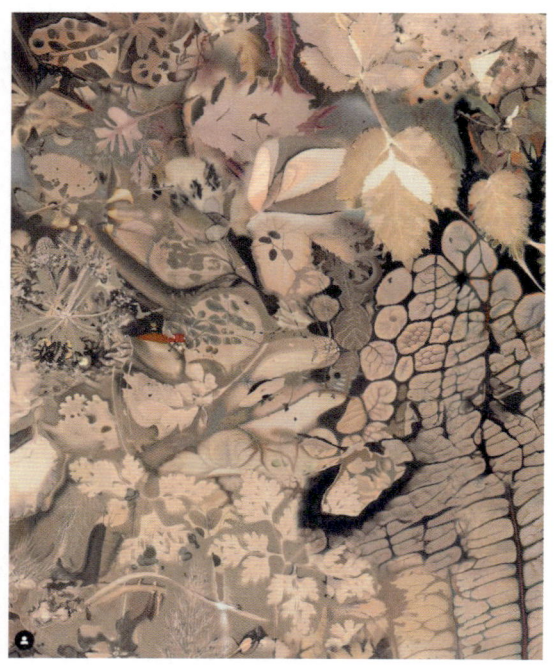

Sofía Crespo
*Various and Casual
Occursions*, 2023
© SOFÍA CRESPO

As the distance separating us from our ancestors who used rudimentary tools (ancient technologies and supports to carve, paint and shape the inner walls of caves and other palaeolithic rock art sites like the one in Altamira) increases, the more possibilities we have to better understand and appreciate them thanks to technological advances. The invisible layers that these advances enable us to detect can be seen, for example, in multispectral images, material dating and many other new forms of research.

Spectrums that have been invisible until now are particularly intriguing to the modern eye, as they promise to offer glimpses into the traces of human activity that time has erased. As such, a new plasticity is emerging from apparently inert surfaces like stone walls, which requires a new visual literacy process to reinterpret them.

In her project *Perpetual Present*, Sofía Crespo is precisely interested in exploring the new technologies used to study and give meaning to what occurred so many thousands of years ago, as well as to reshape our understanding of creativity and, by extension, our view of the world. This work also encourages spectators to reflect on and reconsider which remains of our past culture could and should be preserved and conveyed throughout time.

Museo Nacional y Centro de Investigación de Altamira
Av. Marcelino Sanz de Sautuola, s/n
39330 Santillana del Mar, Cantabria
Lunes cerrado

Organiza
Ministerio de Cultura, Museo Nacional y Centro de Investigación de Altamira y PHotoESPAÑA

Juan Millás
El bosque en los ojos

SALA MUNICIPAL DE EXPOSICIONES DE SAN BENITO
17.05 – 07.07.204

Esta muestra reúne reportajes editoriales, series autobiográficas, exploraciones líricas subjetivas y ensayos visuales realizados por Juan Millás (Madrid, 1975) desde el año 2017 hasta el presente. Fotografías que nacen de la vida vivida; pero también imágenes que son fruto de la experiencia íntima, de la observación, de la vida pensada e interiorizada.

Las diferentes series se corresponden con una etapa de enorme entusiasmo naturalista, de muchas lecturas sobre mariposas, pájaros y anfibios. También hay paisajes y algunos detalles de la flora y la fauna del Parque Natural de Redes, en Asturias.

Millás reúne a su vez una secuencia de fotomontajes, ensoñaciones vividas o imaginadas durante el confinamiento del año 2020. La serie más reciente documenta la vida minúscula de los insectos en una pradera, un ensayo sobre pequeños mundos que están integrados en nuestras vidas a los que casi no prestamos atención.

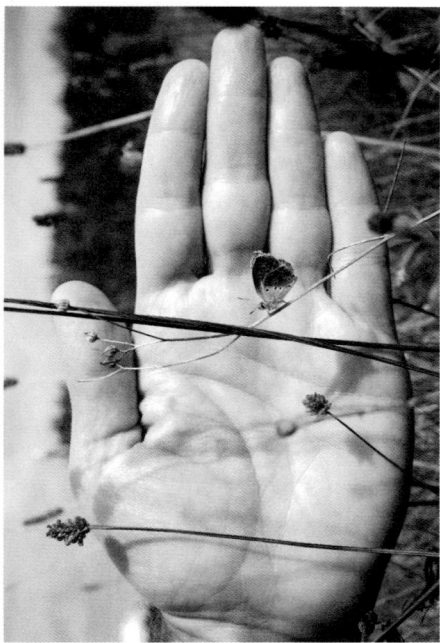

TODAS LAS FOTOS
Juan Millás
De la serie *El bosque en los ojos*, 2017 – 2024
© JUAN MILLÁS

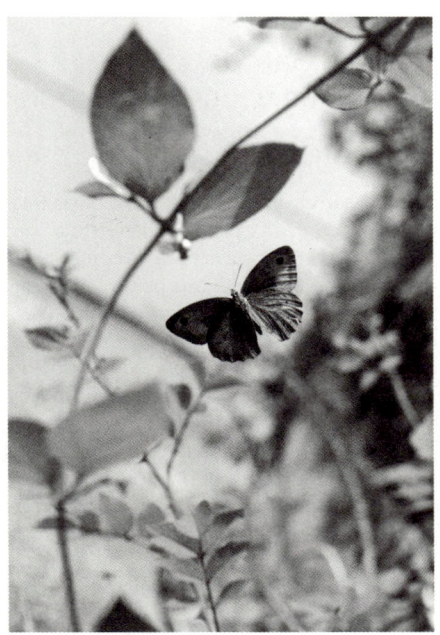

This show brings together editorial reports, autobiographical series, lyrical subjective explorations and visual tests made by Juan Millás (Madrid, 1975) from 2017 until today. His photographs spring from life lived, yet there are also images that are the outcome of intimate experience, observation, a mindful, internalised life.

The different series correspond to a stage of eager enthusiasm about nature, with countless readings about butterflies, birds and amphibians. There are also landscapes and several close-ups of flora and fauna from the Parque Natural de Redes in Asturias.

Millás has also collected a sequence of photomontages, vivid or imagined dreams during the 2020 lockdown. The most recent series documents the minuscule life of the insects in a meadow, an essay on small worlds that are integrated into our lives which mostly escape our attention.

Sala Municipal
de Exposiciones San Benito
San Benito, 1
47003 Valladolid
Lunes cerrado

Organiza
Fundación Municipal de Cultura.
Ayuntamiento de Valladolid
y PHotoESPAÑA

Cristina Garrido
El color es un invento extranjero

SALA DE EXPOSICIONES DE LA IGLESIA DE LAS FRANCESAS
17.05 – 07.07.2024

Cristina Garrido (Madrid, 1986) explora la relación histórica entre pintura y geografía y plantea nuestra relación con los paisajes en los que crecemos a la hora de conformar nuestra manera de estar en el mundo. Inspirada por la célebre afirmación de Jorge Luis Borges "'*El color local es un invento extranjero [surge de que otros nos miren, no de que nosotros seamos]*'," Garrido cuestiona la posibilidad de descubrir el verdadero color local de un lugar.

La muestra se presenta como una instalación multidisciplinar en la que se reúnen un amplio conjunto de piezas en las que congrega fragmentos de representaciones pictóricas del cielo, desde el siglo XVI hasta la actualidad, que ha ido agrupando según zonas geográficas, conformando un archivo cromático que condensa las experiencias que artistas frente a diversos paisajes a través de los siglos.

Abordando temas como la identidad, el colonialismo, el comercio, los nacionalismos, la globalización o el cambio climático, Garrido busca trascender fronteras políticas y resaltar similitudes en la experiencia humana conectada a paisajes y climas específicos.

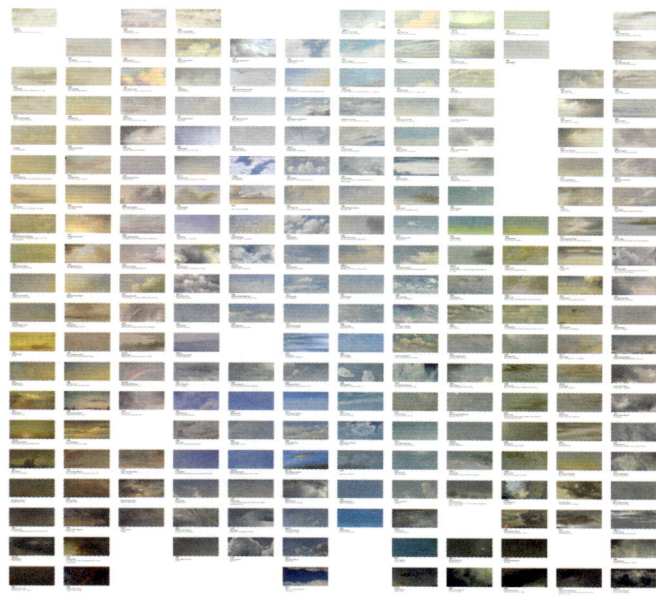

Cristina Garrido (Madrid, 1986) explores the historical relationship between painting and geography and considers how our relationship with the landscapes in which we grow up shape our way of being in the world. Inspired by the celebrated quip by Jorge Luis Borges, '*Local colour is a foreign invention [it emerges from others looking at us, not from what we are]*', Garrido questions the possibility of discovering a place's true local colour.

The show is set up as a multidisciplinary installation which brings together an extensive set of pieces, including fragments of pictorial depictions of the sky from the sixteenth century until today, which have been grouped together according to geographic regions. They form a colour archive which condenses the experiences of artists facing different landscapes over the centuries.

Addressing themes like identity, colonialism, trade, nationalism, globalisation and climate change, Garrido seeks to transcend political boundaries and highlight similarities in the human experience connected to specific landscapes and climates.

Cristina Garrido
El color local es un invento extranjero (Estados Unidos), 2021
© CRISTINA GARRIDO.
CORTESÍA DE LA ARTISTA Y GALERÍA THE GOMA

Cristina Garrido
El color local es un invento extranjero (España), 2021
© CRISTINA GARRIDO.
CORTESÍA DE LA ARTISTA Y GALERÍA THE GOMA

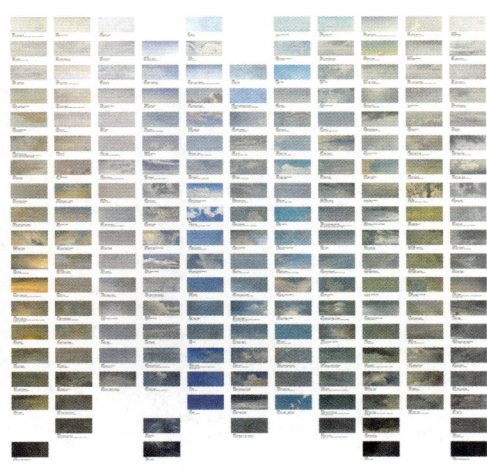

Sala de Exposiciones de la Iglesia de Las Francesas
Santiago, 22
47001, Valladolid
Lunes cerrado

Organiza
Fundación Municipal de Cultura.
Ayuntamiento de Valladolid
y PHotoESPAÑA

Cristóbal Ascencio
Las flores mueren dos veces

CAMPO GRANDE
17.05 – 07.07.2024

Este proyecto explora una relación paterno filial llena de pérdida, silencio, muerte y reconciliación. El padre de Cristóbal Ascencio falleció cuando el autor tenía 15 años, pero no descubrió hasta que cumplió 30 que su muerte había sido un suicidio. Esta información llevó a Ascencio a revisitar las imágenes, los lugares y los recuerdos que quedaron atrás; a revisar su archivo familiar y el último lugar donde trabajó su padre, jardinero de profesión, empleando para ello diferentes estrategias digitales.

Una representación tridimensional del jardín mediante fotogrametría aborda cuestiones relacionadas con la plasticidad de la memoria, representada en las plantas que cultivaba su progenitor y que aún hoy siguen vivas. A través de la imagen, el autor busca darle forma a la ausencia. La fotografía sirve como punto de partida para cuestionar narrativas personales y explorar un universo nuevo donde las plantas sirven de puente entre dos mundos.

Cistóbal Ascencio
Plecanthus Verticillatu,
2022
© CRISTÓBAL ASENCIO

Cistóbal Ascencio
Jardín, 2023
© CRISTÓBAL ASENCIO

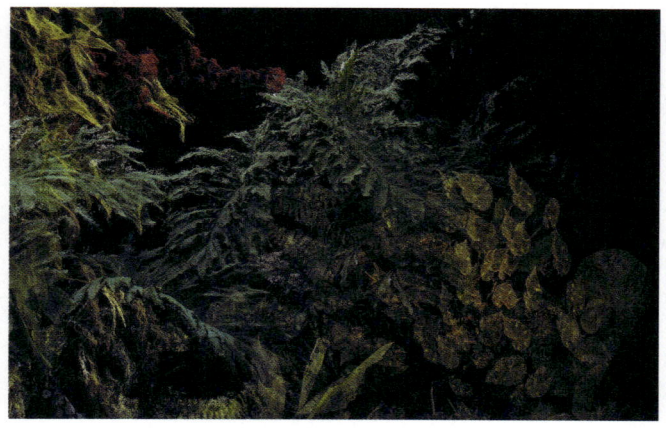

This project explores a father-son relationship brimming with loss, silence, death and reconciliation. Cristóbal Ascencio's father died when the photographer was just 15 years old, but he was 30 years old before he discovered that his father had committed suicide. This information led Ascencio to revisit the images, places and memories left behind, and to dig into his family archive and the last place his father, a professional gardener, worked, using different digital strategies.

A three-dimensional representation of the garden using photogrammetry addresses questions related to the plasticity of memory, represented by plants his father grew that are still alive today. Using images, the photographer aims to give shape to this absence. Photography is used as a starting point for questioning personal narratives and exploring a new universe where plants serve as a bridge between two worlds.

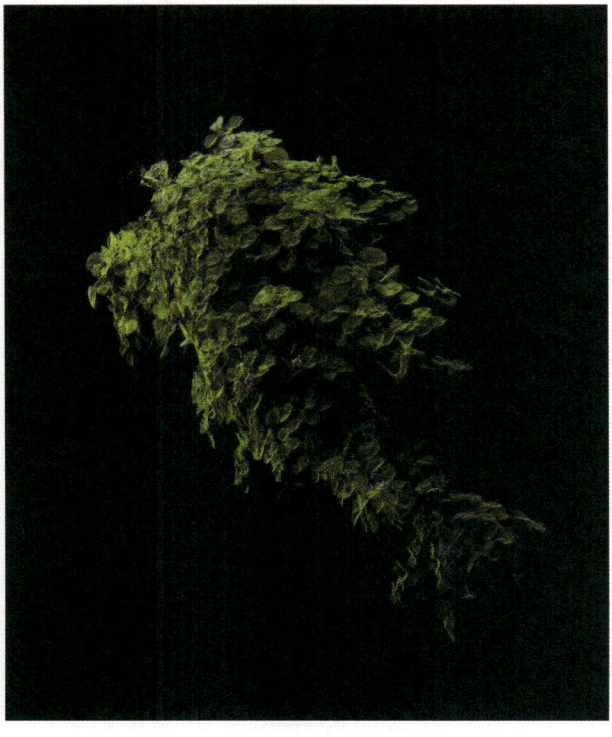

Campo Grande
Paseo de Zorrilla, s/n
47007 Valladolid

Organiza
Fundación Municipal de Cultura.
Ayuntamiento de Valladolid
y PHotoESPAÑA

ZARAGOZA

Pilar Aymerich
Memoria vivida

SALA DE EXPOSICIONES LA LONJA
06.06 – 08.09.2024

La exposición *Pilar Aymerich. Memoria vivida* es la primera retrospectiva de una de las autoras fundamentales de la fotografía española, galardonada en 2021 con el Premio Nacional de Fotografía. La selección de obra a cargo de la comisaria Neus Miró, abarca su trayectoria desde finales de los 60 hasta 2007 y se acompaña por material de archivo que permite profundizar en su producción y entenderla en su contexto.

Pilar Aymerich (Barcelona, 1943) inicia su trayectoria profesional en fotografía a finales de los años 60, en el marco del tardofranquismo y la Transición. Su cámara será testigo de manifestaciones, huelgas, celebraciones y movimientos sociales, siempre desde una consciencia social, humanista y feminista. Sus fotografías se caracterizan desde sus inicios por poseer un potente carácter narrativo. Su obra supone una deconstrucción de la estrategia del foto-reportaje o fotoperiodismo moderno.

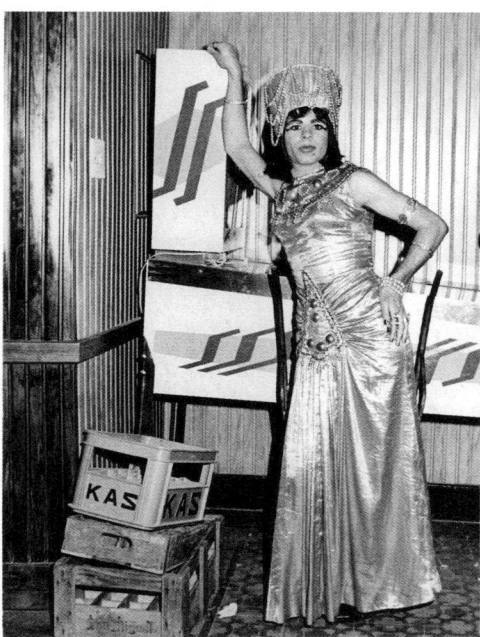

Pilar Aymerich
*Primer Carnaval
después de la
Guerra Civil,*
Vilanova i la Geltrú, 1973
© PILAR AYMERICH

Pilar Aymerich
*Prisión de mujeres de
La Trinitat*, Barcelona, 1978
© PILAR AYMERICH

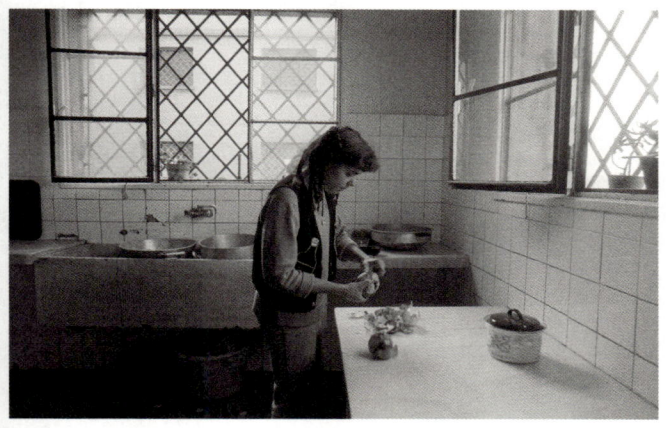

The exhibition *Pilar Aymerich*. Lived Memory is the first retrospective of one of the most important Spanish photographers, the winner of the National Photography Award in 2021. The works were chosen by the curator Neus Miró and span her career from the late 1960s until 2007. They are accompanied by archival material that provides further insights into her oeuvre and help it to be understood in its context.

Pilar Aymerich (Barcelona, 1943) started her career in photography in the late 1960s during the late Franco regime and the Transition to democracy. Her camera paid witness to demonstrations, strikes, celebrations and social movements, always with a social, humanist and feminist consciousness. Her photographs have always been characterised by being powerfully narrative, and her works entail a deconstruction of the modern photo-report or photojournalism strategy.

Sala de Exposiciones La Lonja
Plaza de Nuestra Señora
del Pilar, s/n
50003 Zaragoza

Organiza
Ayuntamiento de Zaragoza
y PHotoESPAÑA

Coproduce
Círculo de Bellas Artes, Tecla Sala.
Centre d'Art y La Fábrica

Jorge Fuembuena
Ánimas

LA ZARAGOZANA. FÁBRICA DE CERVEZAS AMBAR
Septiembre 2024

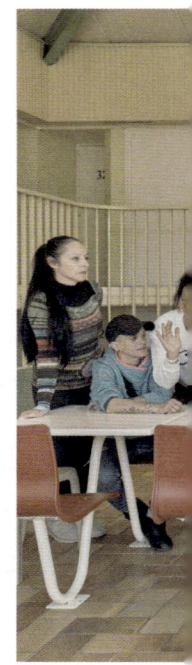

La fachada y el espacio industrial de la fábrica histórica de cervezas Ambar se convierte de nuevo en soporte de una exposición, protagonizada en esta ocasión por Jorge Fuembuena (Zaragoza, 1979), que presenta una selección de fotografías de retrato.

Sobre su trabajo, escribe su amigo y maestro Bernard Plossu: *"Hace años, la maravillosa revista madrileña Nueva Lente publicó un número especial: La Realidad existe, y otro número titulado La Realidad no existe. Esta filosofía podría bien aplicarse actualmente a la creación de Jorge Fuembuena; ¿realidad o no? ¿Verdad o mentira?*

¿Cómo transmitir los olores de las cosas, de los lugares, en fotografías? ¿Tienen olores de la vida? Sí, pero con delirio. El delirio sin una verdadera continuación, Rimbaud / Fuembuena. El delirio y el desorden son más fuertes que el orden y la belleza. Fotos conseguidas, fotos fracasadas, nada importa. Ver. Ver. Todo sin objetivos. Errar en las imágenes. Y eso se llama la LIBERTAD".

TODAS LAS FOTOS
Jorge Fuembuena
De la serie *Muros*, 2024
© JORGE FUEMBUENA

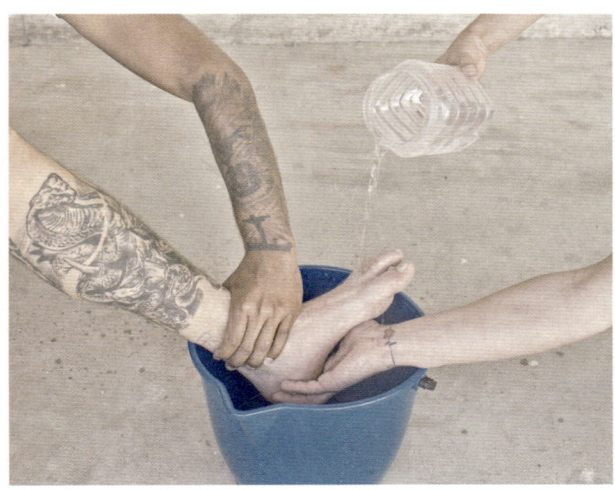

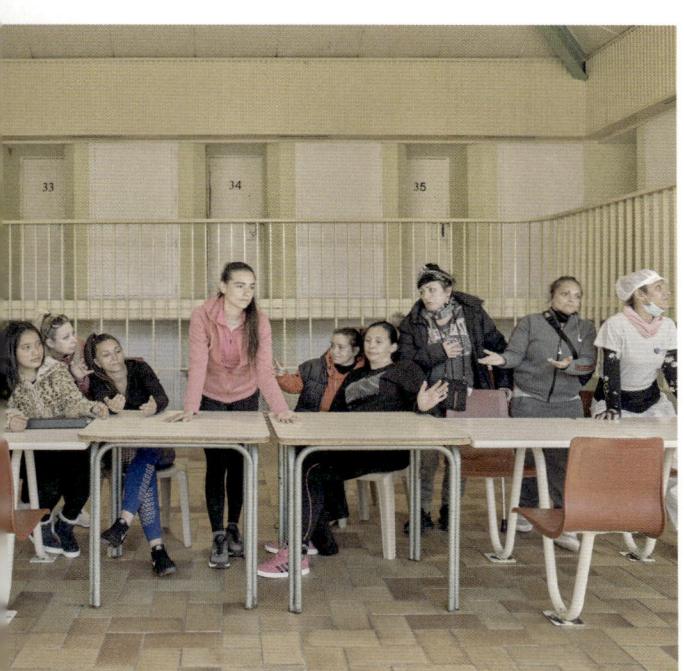

The façade and industrial space of the historic Ambar brewery once again becomes the backdrop for an exhibition, this time featuring Jorge Fuembuena (Zaragoza, 1979), who presents a selection of portrait photographs.

About his work, his friend and teacher Bernard Plossu writes: *'Years ago, the wonderful Madrid magazine Nueva Lente published a special issue: La Realidad existe, and another issue entitled La Realidad no existe. This philosophy could well be applied today to Jorge Fuembuena's creation; Reality or not? Truth or lie?*

How to convey the smells of things, of places, in photographs? Do they have the smells of life? Yes, but with delirium. Delirium without a real continuation, Rimbaud/ Fuembuena. Delirium and disorder are stronger than order and beauty. Successful photos, failed photos, nothing matters. Everything without objectives. And that is called FREEDOM'.

La Zaragozana.
Fábrica de cervezas Ambar
Ramón Berenguer IV, 1
50007 Zaragoza
ambar.com

Organiza
Cervezas Ambar y PHotoESPAÑA

Lucía Herrero
Antropología Fantástica

F/DKV CENTRO DE FOTOGRAFÍA CON CAUSA
05.06 – 01.09.2024

Lucía Herrero (Madrid, 1976) emplea la fotografía documental con un enfoque único al que ella misma llama *Antropología Fantástica*, donde combina elementos de realismo mágico, fantasía y realidad. Su fotografía está en constante evolución, a medida que explora nuevos métodos de narración. Se esfuerza por transmitir las verdades importantes de la vida, a través de imágenes poderosas y poéticas que aprovechan la memoria colectiva, la historia y la comunidad.

Esta exposición reúne cuatro de sus proyectos antropológicos: *Tribus*, *Especies*, *Reindeer-Man*, y *Tributo a la Bata*. Todos y cada uno de ellos hablan de nosotros, de quiénes somos, de la vida que anhelamos. A la hora de fotografiar, Herrero se comporta como una directora de teatro, retratando a personas o grupos con elementos fantásticos y dramáticos en una especie de foto-evento en el que los actores se interpretan a sí mismos, convirtiéndose en protagonistas de su propia historia.

Lucía Herrero (Madrid, 1976) takes a unique approach to documentary photography that she calls *Fantastical Anthropology*, where she combines elements of magical realism, fantasy and reality. Her photography is constantly evolving as she explores new narrative methods. She strives to convey the important truths in life via powerful, poetic images that take advantage of collective memory, history and community.

This exhibition brings together four of her anthropological projects: *Tribes*, *Species*, *Reindeer-Man* and *Tribute to La Bata*. Each and everyone of them talks about us, about who we are, about the life we yearn for. When taking pictures, Herrero acts like a theatre director, portraying people or groups with fantastical and dramatic elements in a kind of photo-event in which the actors play themselves, becoming the main characters in their own story.

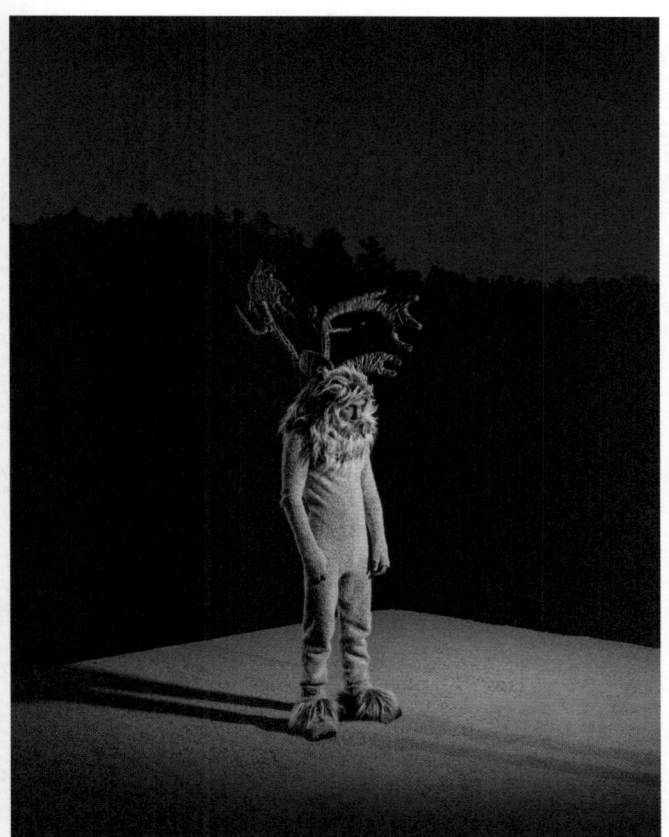

Lucía Herrero
Reno, sin fechar
© LUCÍA HERRERO

f/DKV Centro de Fotografía con Causa
Torre DKV
Av. María Zambrano, 31
50018 Zaragoza
dkv.es/corporativo/f-dkv-centro-fotografia-con-causa

Comisaria
Natalia Garcés

Organiza
DKV

Colabora
Aula de Fotografía de la Universidad de Alcalá de Henares

+PHE

¿QUÉ MIRAS?
Primera temporada

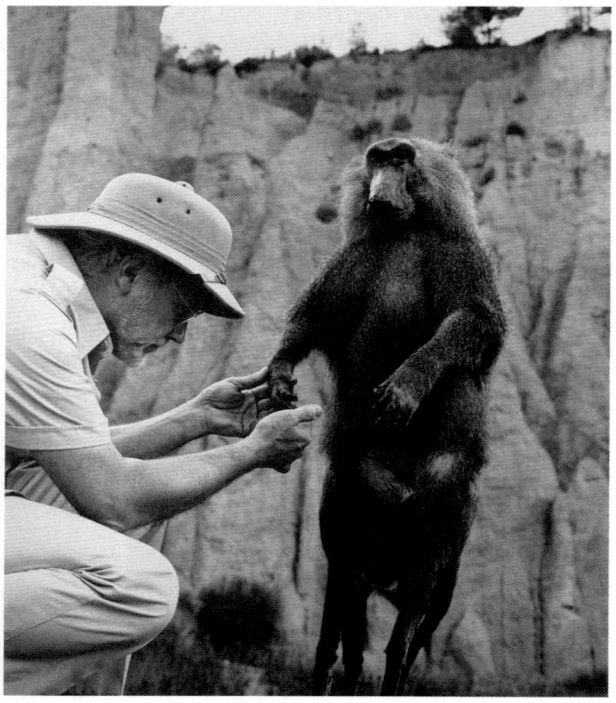

La fotografía se ha convertido en un medio de expresión fundamental para el conjunto de la población global, y prioritario para los nativos digitales. Sin embargo, aunque casi todos hacemos, recibimos y compartimos fotos, no siempre sabemos interpretar lo que una imagen dice o puede llegar a decir más allá de su superficie.

El lenguaje visual implica unas claves de lectura y comprensión a las que no todo el mundo tiene acceso: una capacitación que pocos entornos educativos ofrecen pese a que el consumo de imágenes crece exponencialmente. En definitiva, empleamos cada vez más un idioma que no dominamos. El analfabetismo o la iletralidad visual es una amenaza que nos hace vulnerables ante usos manipulativos o dañinos de las imágenes, pero también compromete nuestro espíritu crítico, nuestra libertad de pensamiento y de expresión.

Si para aprender a leer recurrimos a la buena literatura, ¿por qué no recurrir a la buena fotografía para aprender a leer imágenes?

¿QUÉ MIRAS? es una miniserie documental para todos los públicos cuyo objetivo es enseñar a leer imágenes a través de la experiencia, la voz y el ejemplo de artistas y profesionales. Atendiendo de manera prioritaria a los grandes temas que conciernen a la sociedad actual, la serie nos invita a mirar con atención y curiosidad, a atrevernos a analizar, deducir, formular, imaginar... Una práctica que aumenta nuestra capacidad de comprensión y expresión visual.

La primera temporada de la serie aborda cuestiones como la mentira, el conflicto, la condición femenina, la otredad o el amor, y está protagonizada por figuras destacadas como Joan Fontcuberta, Cabello/Carceller y Tanit Plana, además de quince invitados expertos en distintos ámbitos que nos demostrarán que hay tantas lecturas como lectores, pero que no hay imagen sin lectura posible.

Joan Fontcuberta y Pere Formiguera
Centaurus Neandertalensis, 1987
© JOAN FONTCUBERTA © PERE FORMIGUERA

Joan Fontcuberta y Pere Formiguera
Micostrium Vulgaris, 1985
© JOAN FONTCUBERTA © PERE FORMIGUERA

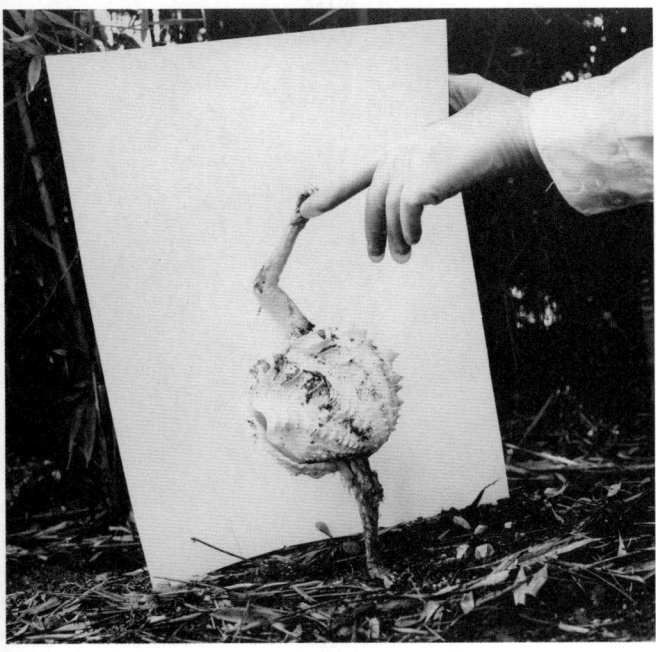

Photography has become a fundamental means of expression for global society as a whole and a priority for digital natives. However, even though almost all of us take, receive and share photos, we do not always know how to interpret what an image says or might say beyond its surface.

The visual language comes with keys to interpreting and understanding it which are not accessible to everyone. It is a kind of training that few educational settings offer, even though image consumption is increasing exponentially. In short, we are increasingly using a language that we have not mastered. Visual illiteracy is a threat that makes us vulnerable to manipulative or damaging uses of images, but it also compromises our critical spirit and our freedom of thought and expression.

If we turn to good literature when we learn how to read, why should we not turn to good photography to learn how to read images?

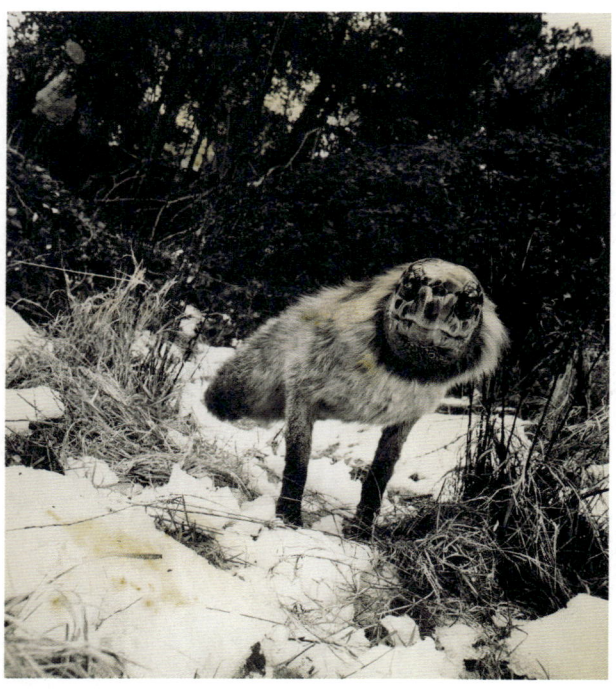

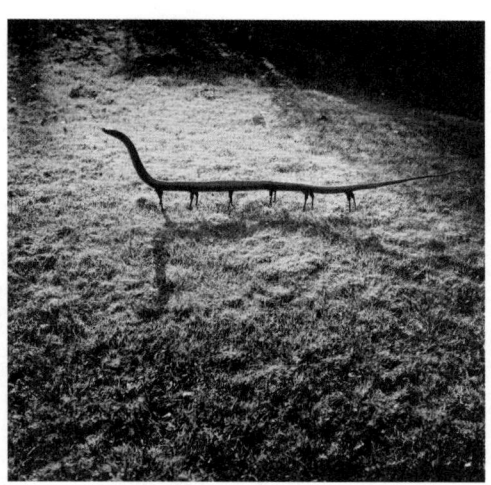

Joan Fontcuberta y Pere Formiguera
Solenoglypha Polipodida, 1985
© JOAN FONTCUBERTA © PERE FORMIGUERA

Joan Fontcuberta y Pere Formiguera
Alopex Stultus, 1987
© JOAN FONTCUBERTA © PERE FORMIGUERA

¿QUÉ MIRAS? [What are you looking at?] is a documentary miniseries for all audiences whose goal is to teach people how to read images through experience, voice and the example of artists and professionals. With primary attention on the major issues concerning today's society, the series invites us to look with attention and curiosity, to dare to analyse, deduce, formulate and imagine, practices that boost our visual understanding and expression skills.

The series' first season addresses questions like lies, conflict, the status of women, alterity and love, and it features prominent figures like Joan Fontcuberta, Cabello/Carceller and Tanit Plana, in addition to fifteen guest experts in different fields who show us that there are as many interpretations as there are people interpreting, but there is no image without a possible interpretation.

Creadora
María Santoyo / PHotoESPAÑA

Produce
La Fábrica / Caixaforum+

Colabora
Magnum Photos

Transcultura
Fotografía joven del Caribe en PHotoESPAÑA

CASA DE AMÉRICA
28.05 – 06.06.2024
Visionado de porfolios: 29.05.2024 | 11.00 h

Transcultura. Integrando a Cuba, el Caribe y la Unión Europea mediante la Cultura y la Creatividad es una iniciativa financiada por la Unión Europea e implementada por la Oficina Regional de la UNESCO en La Habana, que tiene como objetivo ofrecer un marco formativo, de visibilidad profesional, networking y movilidad internacional a jóvenes creadores del Caribe. El programa da la oportunidad a quince fotógrafos caribeños, de entre 18 y 35 años, de participar en PHotoESPAÑA 2024 presentando su obra en el Festival y conectando profesionalmente con destacados comisarios, gestores culturales y otros agentes del sector.

El jurado integrado por Luis Prados (Director de programación de Casa de América), Semíramis González (Comisaria independiente), Rubén Bermúdez (Fotógrafo), Valerie Maasburg (Directora de libros de artista de Ivory Press) y la dirección artística de PHotoESPAÑA, ha seleccionado a autores procedentes de Cuba, Bahamas, Jamaica, Trinidad y Tobago, Belice, República Dominicana y Barbados para participar en este programa de actividades que se desarrolla entre el 28 de mayo y el 5 de junio, coincidiendo con la semana inaugural de PHotoESPAÑA 2024.

Autores seleccionados:
Abdon Deromi Tzib / Belice
Betsaida Vanessa Montero Espaillat / República Dominicana
Clavia Aaliyah McClain / Bahamas
Corri Isaiah Luke Latapy / Trinidad y Tobago
Delton Oshain Barrett / Jamaica
Gabriel Ashleigh Turnquest-Martin / Bahamas
Ishan Amaro Ribalta / Cuba
Jamal Olajuwon Shaquille Scott / Trinidad y Tobago
Joe Abreu Feijo / Cuba
Jordan Issell Lopez Martinez / Cuba
Leyci Cardonet Herrera / Cuba
Maydely Pérez Reguera / Cuba
Monica (Moník) Molinet Bernal / Cuba
Stephan Tyrel Marshall / Barbados
Wane Micheal Anthoney Fearon / Jamaica

Mediante esta acción conjunta para el intercambio y la cooperación cultural, el programa *Transcultura* de la UNESCO apoya la visibilidad internacional de los artistas seleccionados a través de diferentes actividades, como un visionado de porfolios, recorridos por estudios de artistas y centros culturales españoles, asistencia a las ruedas de prensa, presentaciones e inauguraciones de las exposiciones incluidas en la programación de PHotoESPAÑA 2024, así como talleres de formación presenciales y online, diseñados a medida para los fotógrafos del Caribe, a quienes se les brindan de este modo nuevas herramientas y conexiones profesionales para el desarrollo y expansión de sus carreras.

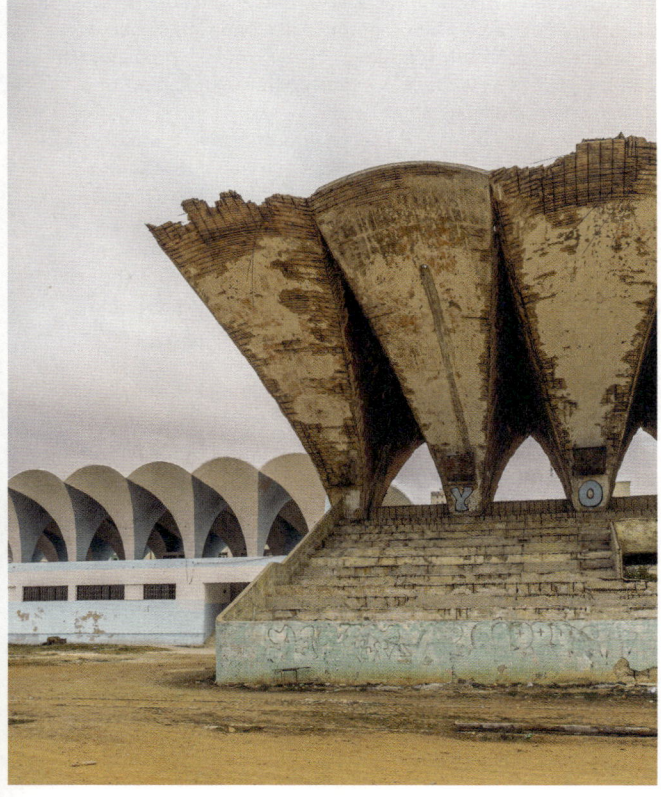

© JOE ABREU

Transcultura. Integrating Cuba, the Caribbean and the European Union through Culture and Creativity is an initiative funded by the European Union and implemented by the UNESCO Regional Office in Havana, which aims to offer a framework for training, professional visibility, networking and international mobility to young creators from the Caribbean.

This programme is offering fifteen young photographers from the Caribbean between the ages of 18 and 35 the opportunity to participate in a training programme designed specifically for them and to present their photographic projects to prominent curators, publishers, heads of cultural centres and other stakeholders in the industry.

The jury made up of Luis Prados (Programming Director of Casa de América), Semíramis González (Independent curator), Rubén Bermúdez (Photographer), Valerie Maasburg (Director of artist›s books at Ivory Press) and the artistic direction of PHotoESPAÑA, has selected authors from Cuba, Bahamas, Jamaica, Trinidad and Tobago, Belize, Dominican Republic and Barbados to participate in this programme of activities that will take place between 28 May and 5 June, coinciding with the opening week of PHotoESPAÑA 2024.

Through this joint action on behalf of cultural exchange and cooperation, UNESCO *Transcultura* programme is supporting the international visibility of the chosen artists through different activities, like portfolio viewings, tours through artists' studios and cultural centres in Spain, attendance at press conferences, presentations and openings of the exhibitions included in PHotoESPAÑA's 2024 programme, and in-person and online training workshops custom-designed for the photographers from the Caribbean, thus providing them new tools and professional connections to help them to develop and expand their careers.

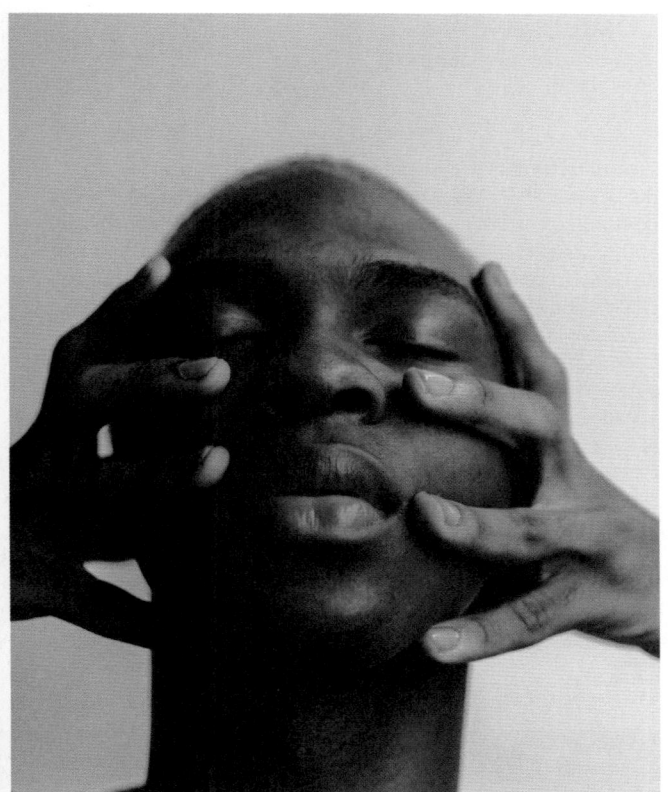

© CORRI ISAIAH

Casa de América
Marqués del Duero, 2
28014 Madrid
www.casadeamerica.es

Organiza
Programa Transcultura de la
UNESCO y PHotoESPAÑA

Descubrimientos PHE

NAVES DE GAMAZO. SANTANDER
Septiembre 2024

Descubrimientos PHE es el encuentro profesional para fotógrafos que PHotoESPAÑA realiza en cada una de sus ediciones. En esta ocasión, se celebra en doble formato: online, durante el mes de abril; y presencial, en septiembre y, por primera vez, con las Naves de Gamazo de Santander como sede del visionado de porfolios.

Esta actividad permite a autores previamente seleccionados la posibilidad de tener citas con expertos nacionales e internacionales, con el fin de crear un espacio donde fotógrafos pueden mostrar sus fotografías a comisarios y editores y recibir asesoramiento individual sobre su trabajo. Como novedad, este año las citas del visionado de porfolio se harán con un grupo de tres fotógrafos y dos visionadores, para que cada participante pueda aprender de la experiencia de sus compañeros.

De entre todos los trabajos presentados tanto en el formato presencial como en la edición online se elegirá a través de un jurado internacional al ganador de Descubrimientos 2024, quien tendrá una exposición individual en la siguiente edición del Festival.

Jorquera
Descubrimientos 2023
© JORQUERA / ARCHIVO PHE

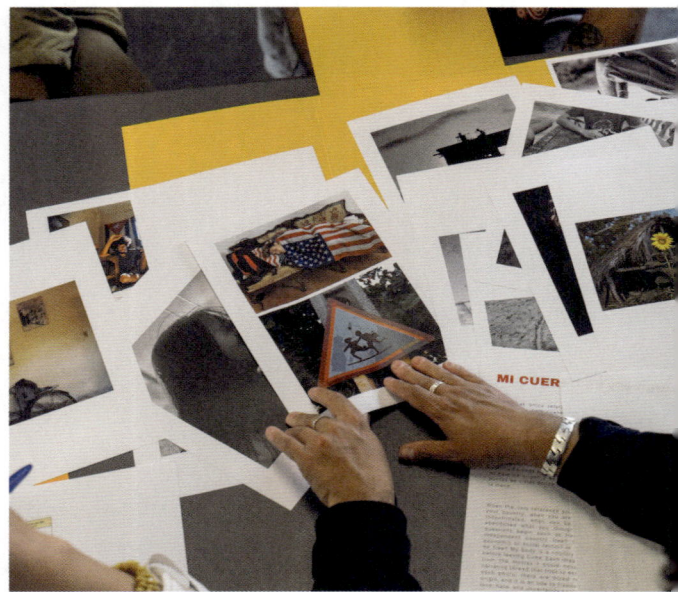

Discoveries PHE is the professional encounter for photographers that PHotoESPAÑA holds every edition. This time, it will be held in two formats: online, during the month of April; and in person, in September and, for the first time, with the Naves de Gamazo in Santander as the venue for the reviewing of portfolios.

The activity gives preselected photographers the chance to meet with national and international experts in order to carve out a space where they can show their pictures to curators and publishers, get individual advice on their work, discover trends in the world of images, share their project with a community of creators and expand their network of professional contacts. As a new feature this year, the portfolio-viewing appointments will be held with a group of three photographers and two viewers so that each participant can learn from their peers' experience.

An international jury will decide on the winner of 2024 Discoveries from all the works submitted both in-person and in the online edition. The winner will be given an individual show in the next edition of the Festival.

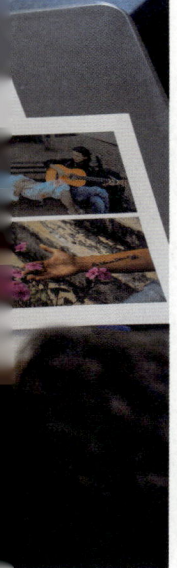

Naves de Gamazo
Av. Severiano Ballesteros, 3
39004 Santander
www.navesdegamazo.com

Organiza
Naves de Gamazo
y PHotoESPAÑA

Colabora
Institut Français Madrid e
institut d'estudis baleàrics

Trasatlántica

BOLIVIA
Octubre 2024

Desde 2008, PHotoESPAÑA y la Agencia
Española de Cooperación Internacional para
el Desarrollo (AECID) organizan Trasatlántica,
un foro itinerante de fotografía y artes visuales
que promueve el encuentro profesional, crea
redes de trabajo y contribuye a la difusión de
nuevos autores.

Latinoamérica fue la primera parada en la
que este foro empezó a desarrollar su actividad,
abriendo las puertas a nuevas voces de la
fotografía en Argentina, Brasil, Bolivia, Chile,
Colombia, Costa Rica, Estados Unidos, Guatemala,
Honduras, México, Nicaragua, Perú, República
Dominicana, Uruguay y Venezuela.

En 2016 Trasatlántica llegó al continente
africano y en 2017 a Asia, demostrando el
compromiso de este foro internacional con
la difusión de la fotografía y las artes visuales
alrededor del mundo.

En 2024, Trasatlántica pone el foco en Bolivia
y propone un visionado de porfolios, acompañado
de otras actividades complementarias (como
ponencias y talleres), en la ciudad de La Paz.

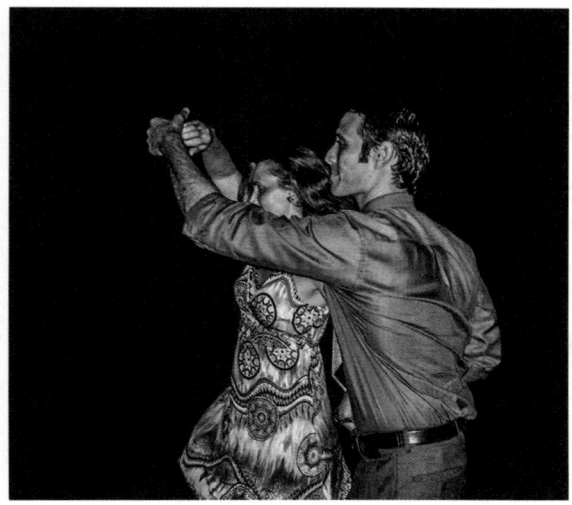

Since 2008, PHotoESPAÑA and the Spanish Agency for International Development Cooperation (AECID) have been organising Trasatlántica, a travelling photography and visual arts forum that promotes professional encounters, creates networks and contributes to the dissemination of new authors.

Latin America was the first stop where this forum began to develop its activity, opening the doors to new voices in photography in Argentina, Brazil, Bolivia, Chile, Colombia, Costa Rica, the United States, Guatemala, Honduras, Mexico, Nicaragua, Peru, the Dominican Republic, Uruguay and Venezuela.

In 2016 Trasatlántica reached the African continent and in 2017 travelled to Asia, demonstrating the commitment of this international forum to the dissemination of photography and the visual arts around the world.

In 2024, Trasatlántica focuses on Bolivia and proposes a portfolio viewing, accompanied by other complementary activities (such as lectures and workshops), in the city of La Paz.

Andy Mendoza
Circunvalación, 2020
© ANDY MENDOZA

Organiza
Agencia Española de Cooperación Internacional para el Desarrollo (AECID) y PHotoESPAÑA a través del programa ACERCA de Capacitación para el desarrollo en el Sector Cultural y PHotoESPAÑA

Máster PHotoESPAÑA
Proyectos fotográficos

LA FÁBRICA
Curso 2024–2025

El *Máster PHotoESPAÑA | Proyectos fotográficos* es un programa con una duración de un semestre, diseñado para fotógrafos que buscan orientar profesionalmente su obra de autor. Con un total de 500 horas lectivas (220 de clases y 280 de prácticas), ofrece un marco para la producción de nuevos proyectos o la culminación de trabajos en proceso, acompañando al alumno en todas las fases de su proceso creativo, desde la conceptualización inicial hasta la materialización final, abarcando aspectos expositivos, editoriales, mercado o de comunicación del propio trabajo.

El Máster apoya la integración del alumno en la comunidad de PHotoESPAÑA y LA FÁBRICA, generando una red de interlocutores entre los profesionales del entorno fotográfico actual. El objetivo del curso es estimular la creación fotográfica y ayudar a los alumnos a encontrar su propia voz, profundizar en el conocimiento del medio y poner en práctica diversas estrategias para realizar y promocionar los trabajos de autor.

Alexandra Karam
*Así cantan
los desiertos*, 2024
© ALEXANDRA KARAM

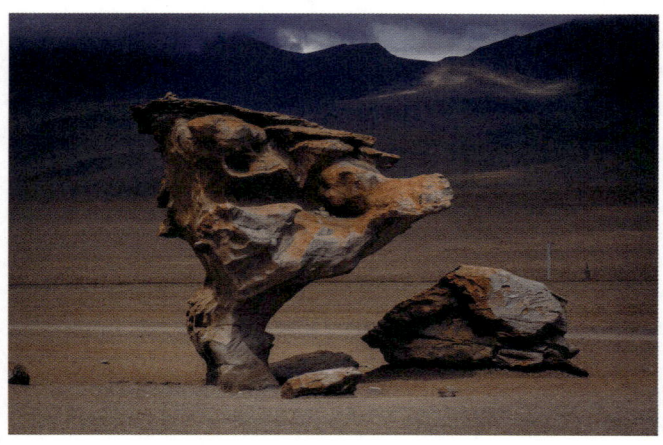

Nelia Azedvedo
Marimbar, 2024
© NELIA AZEVEDO

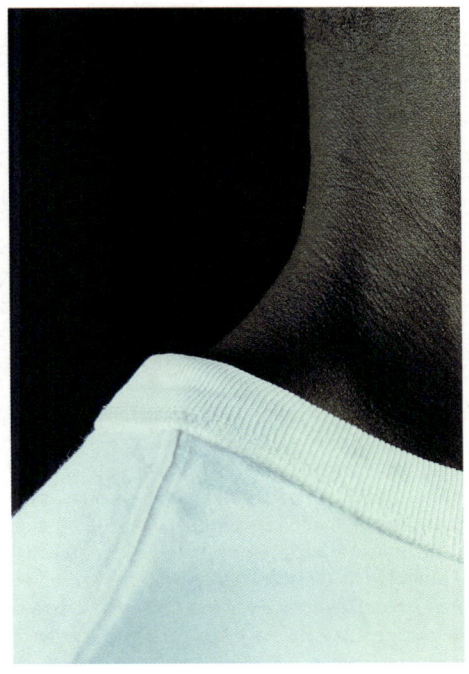

The *PHotoESPAÑA Master's | Photography Projects* is a one-semester programme designed for photographers seeking to professionally channel their original works. The programme lasts 500 hours (220 in classes and 280 in practices) and provides a framework for producing new projects or completing works-in-progress. Students are mentored in all phases of their creative project, from its initial conception to its final materialisation, encompassing aspects related to exhibitions, publishers, the market and communicating their work.

The Master's supports the students' integration into the PHotoESPAÑA and LA FÁBRICA community by creating a network of interlocutors among professionals work- ing in the field of photography today. The goal of the course is to stimulate photographic creation and help the stu- dents to find their own voices, further their knowledge of the medium and put different strategies into practice to create and pro- mote original works in all phases.

La Fábrica
Verónica, 13
28014 Madrid
master.phe.es

Coordinadora
Diana Vilera

Contacto
formacion@lafabrica.com

Imagen futura

PHotoESPAÑA busca con este nuevo ciclo expandir la noción de la fotografía y mostrar la extraordinaria creatividad y diversidad de la práctica artística visual consolidada desde los inicios del milenio tanto dentro como fuera de nuestras fronteras. La sociedad es inherente al hecho fotográfico: hacer y ver imágenes responde a una pulsión colectiva. De hecho, la fotografía ya no se limita a representar el entorno, sino que lo construye y deconstruye. La pregunta adecuada hoy no es qué es la fotografía, sino qué puede llegar a ser.

A dicha pregunta, PHotoESPAÑA plantea una respuesta posible: movimiento perpetuo. La fotografía es un medio dinámico, fluido, inagotable, en permanente transformación. Por eso, el Festival quiere dedicar especial atención a las nuevas prácticas, formatos y canales de creación y producción de imágenes.

En este contexto, PHotoESPAÑA propone a Fundación Telefónica un ciclo de tres encuentros en su sede Espacio Fundación Telefónica Madrid que reflexionará sobre el impacto de la Inteligencia Artificial (IA) en el campo de las artes visuales, junto a creadores y profesionales clave en este ámbito como filip custic, Sofía Crespo o Albertine Meunier.

PHotoESPAÑA seeks to expand the notion of photography with this new programme, and to show the extraordinary creativity and diversity of the visual artistic practice consolidated since the beginning of the millennium both inside and outside our borders. Society is inherent to the photographic act: making and seeing images responds to a collective impulse. In fact, photography is no longer limited to representing the environment, but constructs and deconstructs it. The appropriate question today is not what photography is, but what it can become.

PHotoESPAÑA proposes a possible answer to this question: perpetual movement. Photography is a dynamic, fluid, inexhaustible medium, in permanent transformation. For this reason, the Festival wishes to draw special attention to new practices, formats and channels for the creation and making of images.

PHotoESPAÑA proposes to Fundación Telefónica a series of three meetings at Espacio Fundación Telefónica Madrid that will reflect on the impact of Artificial Intelligence (AI) in the field of visual arts, together with key creators and professionals in this field such as filip custic, Sofía Crespo or Albertine Meunier.

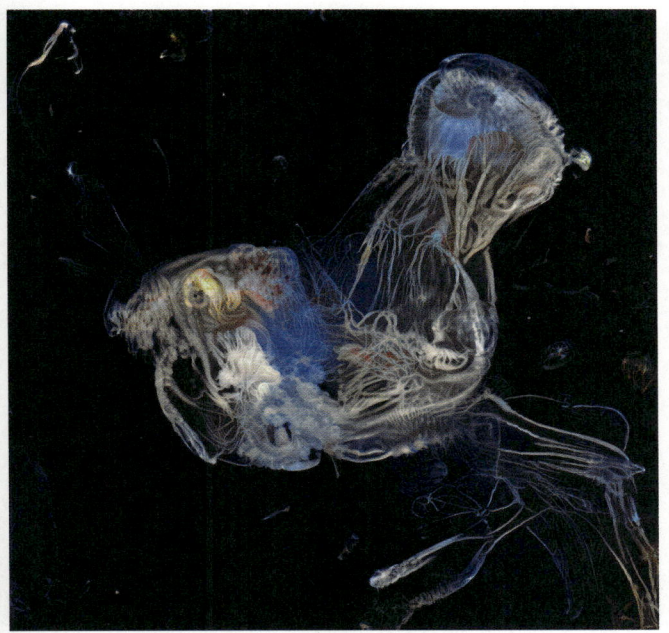

Sofía Crespo
Neural Zoo, 2018 – 2021
© SOFÍA CRESPO

B **Espacio Fundación Telefónica**
Fuencarral, 3
28004 Madrid
espacio.fundaciontelefonica.com

Organiza
Fundación Telefónica
y PHotoESPAÑA

Más info
phe.es

Fototalleres de los sábados
Sonrisa cotidiana

FUNDACIÓN CANAL
18 y 25.05 / 01 y 08.06.2024

Partiendo del modo de mirar de Elliott Erwitt, que protagoniza
la exposición *La comedia humana* en la Fundación Canal,
proponemos una nueva edición de los *Fototalleres de los
sábados*, en los que nos aproximaremos al aprendizaje
de la fotografía de manera lúdica. Erwitt fue un buscador
constante del momento decisivo, concepto clave en la historia
de la fotografía. Su mirada, con un cierto punto de ironía,
consigue que muchas de sus fotografías provoquen una sonrisa
en el espectador.

© DIEGO GONZÁLEZ RAGEL

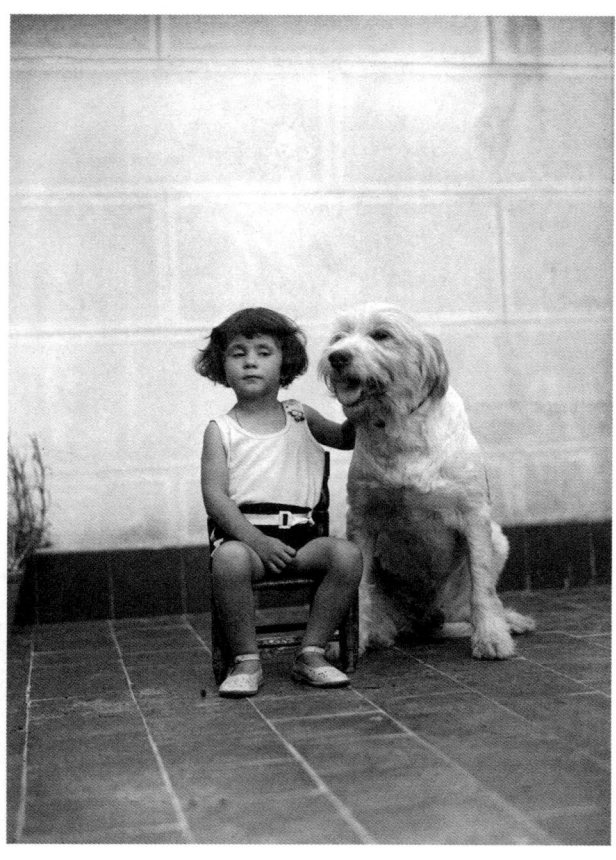

A partir de esta idea, los participantes descubrirán diferentes técnicas para capturar momentos entre testimoniales y humorísticos. Además, a través de la composición, aprenderán a ver la realidad cotidiana con otros ojos, ya que, como decía Erwitt, "se pueden encontrar fotos extraordinarias en cualquier lugar; simplemente hay que fijarse bien en las cosas y organizarlas".

—

Based on Elliott Erwitt's way of looking, who stars in the exhibition The Human Comedy at the Fundación Canal, we propose a new edition of *Saturday Photoworkshops*, in which we will approach the learning of photography in a playful way. Erwitt was a constant Erwitt was a constant seeker of the decisive moment, a key concept in the history of photography, with a look with a certain point of irony, making many of his photographs provoke a smile in the viewer.

From this idea, participants will discover different techniques to capture moments between testimonial and humorous. In addition, through composition, they will learn to see everyday reality with different eyes, since, as Erwitt said, "you can find extraordinary photos anywhere; you just have to take a good look at things and organize them".

C **Fundación Canal**
Mateo Inurria, 2
28036 Madrid
www.fundacioncanal.com

Organiza
Fundación Canal
y PHotoESPAÑA

Más info
Actividad previa inscripción
para niños de entre 6 y 13 años,
distribuidos en grupos por edad
(6-9 y 10-13).

Sábados 18 y 25 de mayo y 1 y 8
de junio, en dos turnos horarios, de
mañana y tarde, en cada jornada.

#RecorridosUrbanosPHE24

ONE SHOT HOTELS
24.04 – 19.05.2024

One Shot Hotels y PHotoESPAÑA ponen de nuevo en marcha la convocatoria *#RecorridosUrbanosPHE24*. Las fotografías a concurso podrán reflejar cualquier aspecto de las ciudades, tanto las propias como las que visitamos. De entre todas las participantes, diez serán seleccionadas como finalistas y sus autores podrán disfrutar de una noche en habitación doble en cualquiera de los establecimientos de One Shot Hotels. Además, cuatro fotografías serán proclamadas ganadoras y sus autores percibirán 500 euros cada uno.

One Shot Hotels and PHotoESPAÑA are launching the *#RecorridosUrbanosPHE23* call for entries. The photographs may reflect any aspect of cities, both our own and those we visit. Ten will be selected as finalists and their authors will be able to enjoy a night in a double room at any of the One Shot Hotels establishments. In addition, four photographs will be proclaimed winners for which each photographer will receive a prize of 500 euros.

Antonio Gutiérrez Pereira
Muxía, A Coruña, 2023
© ANTONIO GUTIÉRREZ PEREIRA

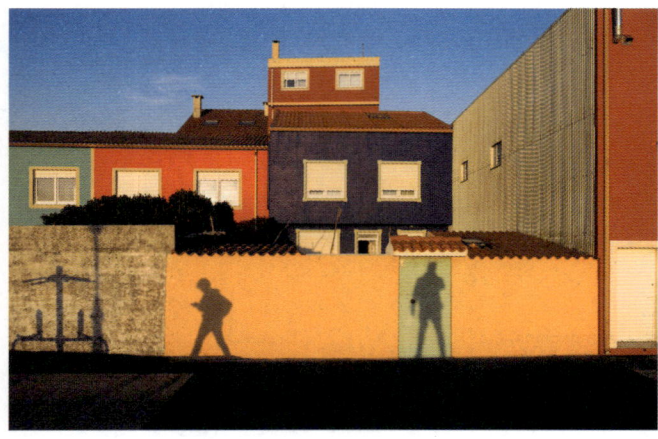

One Shot Hotels
www.oneshothotels.com

Organiza
One Shot Hotels y PHotoESPAÑA

Más info
phe.es

#SonrisaCotidiana

FUNDACIÓN CANAL
03.06 – 30.06.2024

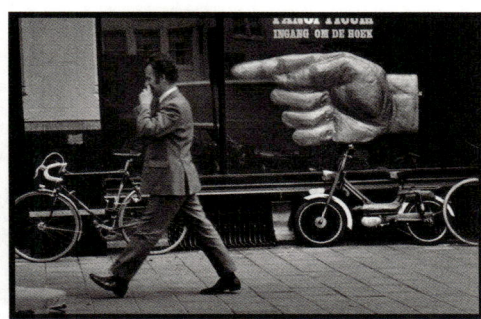

Elliott Erwitt
Amsterdam, Países Bajos,
1972
© ELLIOTT ERWITT /
MAGNUM PHOTOS

Con motivo de la gran exposición dedicada a Elliott Erwitt, la Fundación Canal y PHotoESPAÑA organizan la convocatoria *#SonrisaCotidiana*. Las imágenes a concurso deberán buscar lo extraordinario en lo ordinario, con una mirada inteligente y humorística desde la que plasmar escenas cotidianas que provoquen una sonrisa en el espectador. Un jurado seleccionará una fotografía ganadora cuyo autor recibirá un premio de 1.000 euros y otras dos imágenes finalistas, con un accésit de 500 euros cada una.

On the occasion of the exhibition dedicated to Elliott Erwitt, Fundación Canal and PHotoESPAÑA are organising the *#SonrisaCotidiana* call for entries. The images in the competition must seek the extraordinary in the ordinary, with an intelligent and humorous look from which to capture everyday scenes that provoke a smile in the viewer. A jury will select a winning photograph whose author will receive a prize of 1,000 euros and two runners-up images, with a runner-up prize of 500 euros each.

Fundación Canal
www.fundacioncanal.com

Organiza
Fundación Canal y PHotoESPAÑA

Más info
phe.es

#VuelveLaCalle

ÁMBITO CULTURAL. EL CORTE INGLÉS
Septiembre 2024

Rocío Martín Sanz
Sin título, 2023
© ROCÍO MARTÍN SANZ
Imagen ganadora de la convocatoria
#StreetStylePHE23

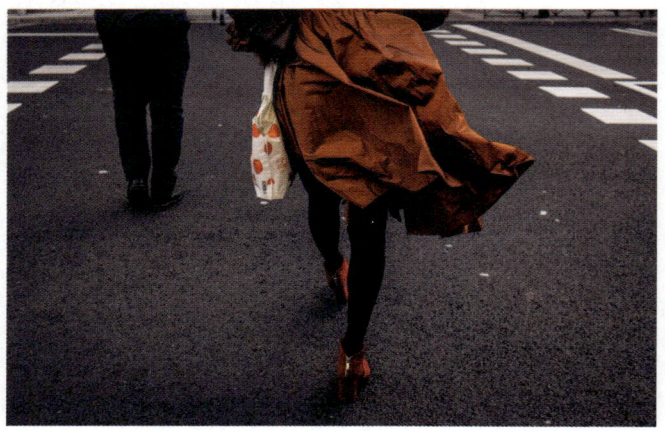

El Corte Inglés, Ámbito Cultural y PHotoESPAÑA celebran el otoño como el momento vital en el que retomamos el ritmo urbano y la moda como vehículo de expresión creativa. Para ello, la convocatoria *#VuelveLaCalle* invita a todos los ciudadanos a compartir fotografías que reflejen las nuevas tendencias de moda, desde la imaginación y el sentido estético. Los autores de las 3 mejores imágenes recibirán un premio de 500 euros cada uno en tarjetas regalo de El Corte Inglés.

El Corte Inglés, Ámbito Cultural and PHotoESPAÑA celebrate autumn as the vital moment in which we resume the urban rhythm and fashion as a vehicle for creative expression. To this end, the open call *#VuelveLaCalle* invites all citizens to share photographs that reflect the new fashion trends, from imagination and aesthetic sense. The authors of the 3 best images will receive a prize of 500 euros each in El Corte Inglés gift cards.

Ámbito Cultural. El Corte Inglés
www.ambitocultural.es

Organiza
El Corte Inglés, Ámbito Cultural
y PHotoESPAÑA

Más info
phe.es

PHotoWalk Lanzarote

CASA MUSEO DEL CAMPESINO
Noviembre 2024

Por undécimo año consecutivo, PHotoESPAÑA y los Centros de Arte, Cultura y Turismo del Cabildo de Lanzarote organizan *PHotoWalk Lanzarote*, una experiencia que brinda a los participantes la oportunidad de profundizar en el patrimonio natural y humano de la isla a través de la imagen y de enriquecer sus proyectos. En esta ocasión, será de la mano de Linarejos Moreno, artista visual, investigadora y docente interesada en las relaciones contemporáneas entre arte y ciencia.

For the eleventh consecutive year, PHotoESPAÑA and the Art, Culture and Tourism Centres of the Cabildo of Lanzarote are organising *PHotoWalk Lanzarote*, an experience that gives participants the opportunity to delve deeper into the natural and human heritage of the island through images and to enrich their personal projects. On this occasion, with the help of Linarejos Moreno, visual artist, researcher and teacher, focused on the contemporary relationship between art and science.

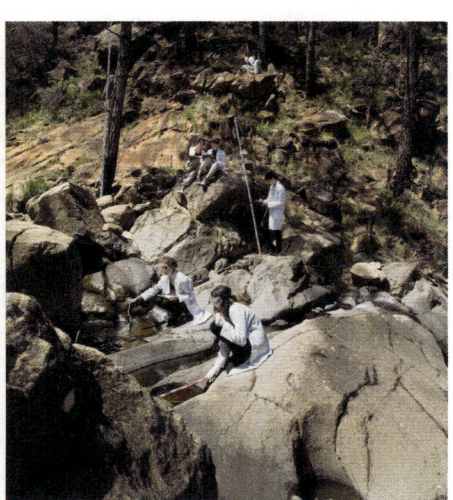

Linarejos Moreno
On the Geography of the River II, 2023
© LINAREJOS MORENO

Casa Museo del Campesino
cactlanzarote.com

Organiza
Centros de Arte, Cultura y Turismo del Cabildo de Lanzarote y PHotoESPAÑA

Más info
phe.es

Truck Art Project
Manuela Lorente, Bubi Canal, Tanit Plana y Ana Palacios

29.05 – 29.09.2024

Para esta edición, en la que la programación gira en torno al concepto de *Perpetuum Mobile*, PHotoESPAÑA se suma de la mano de la empresa de transportes Palibex a la colección Truck Art Project, una iniciativa cultural para difundir arte de vanguardia de manera accesible e innovadora. Así, este proyecto de arte sobre ruedas, puesto en marcha en 2016, posibilita que una flota de camiones se convierta en soporte o lienzo para diferentes artistas de la escena contemporánea. Convertidos en galerías itinerantes, los vehículos industriales mantienen sus rutas habituales por toda la geografía española.

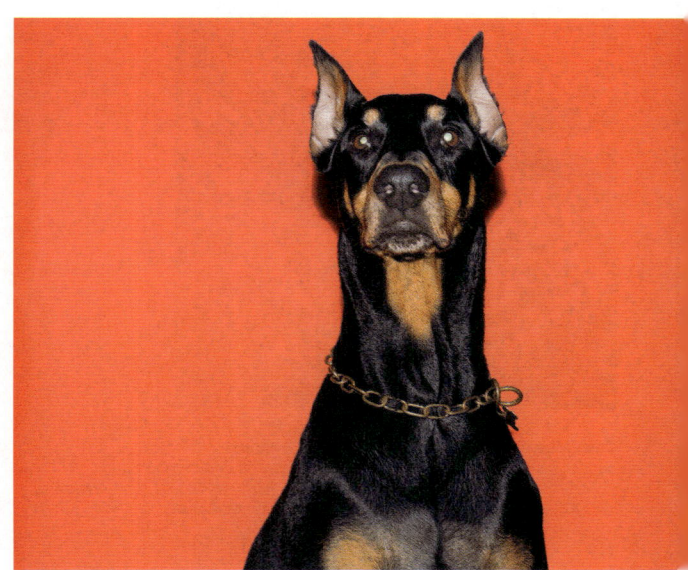

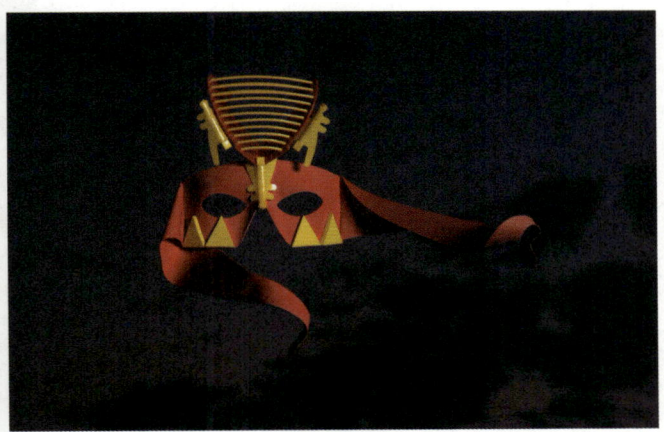

Bubi Canal
Mask in the Sky, 2023
© BUBI CANAL

Manuela Lorente
De la serie *Él pone la música, nosotros bailamos*, 2021
© MANUELA LORENTE

Hasta ahora, Truck Art Project ha estado conformado por un muestrario vivo de las tendencias más actuales de la pintura, el dibujo y el arte urbano en España, alejado del cubo blanco y destinado a un receptor que no es el habitual del arte contemporáneo en contextos que tampoco le son favorables.

En 2024, el proyecto pone el foco en la fotografía y convierte cuatro camiones en soporte de obras artísticas de cuatro artistas visuales: Manuela Lorente, Bubi Canal, Tanit Plana y Ana Palacios. Cada vehículo intervenido realiza su recorrido partiendo de cada una de las cuatro ciudades donde el Festival vuelve a tener una presencia destacada: Madrid, Santander, Valladolid y Zaragoza. El resultado es una colección de arte móvil que reta al artista a enfrentarse a escalas a las que probablemente antes no había atendido y que nos transforma en espectadores involuntarios y fugaces de sus proyectos fotográficos.

For this edition, in which the programme revolves around the concept of *Perpetuum Mobile*, PHotoESPAÑA and the transport company Palibex are joining the Truck Art Project, a cultural initiative aimed at disseminating avant-garde art in an accessible, innovative way. This art-on-wheels project, which was launched in 2016, makes it possible for a fleet of lorries to become the backdrop or canvas for different artists on the contemporary scene. Turned into travelling galleries, these industrial vehicles keep to their regular routes all over Spain.

To date, the Truck Art Project has been comprised of a living sample of the latest trends in painting, drawing and urban art in Spain, nothing to do with the white cube and instead aimed at recipients who are uncommon in contemporary art, in settings that are also not favourable to it.

Tanit Plana
De la serie *Profundidat i superfície*, 2023
© TANIT PLANA

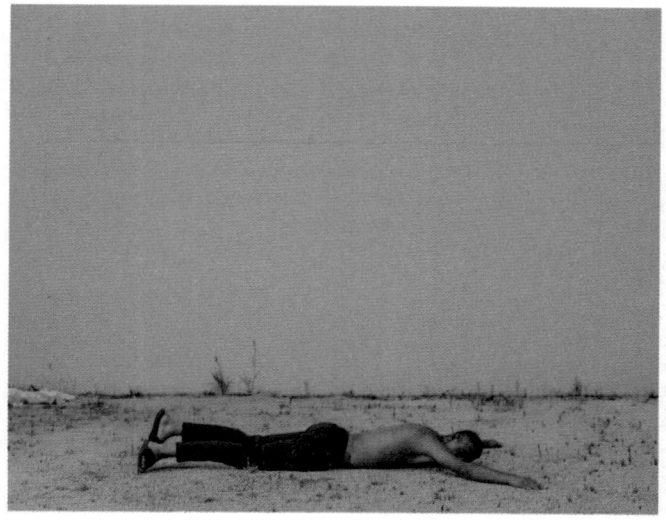

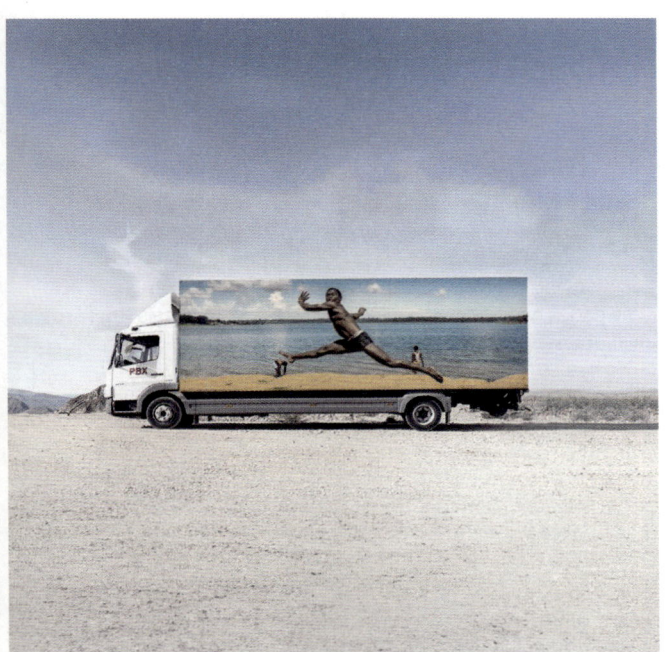

Simulación a partir de la
fotografía de Ana Palacios
De la serie
Art in movement, 2015
© ANA PALACIOS

In 2024, the project is spotlighting photography by turning four lorries into the backdrops of artworks by four visual artists: Manuela Lorente, Bubi Canal, Tanit Plana and Ana Palacios. Each art-clad vehicle will make its routes starting from one of the four cities where the Festival is once again featured: Madrid, Santander, Valladolid and Zaragoza.
The outcome is a mobile art collection which challenges the artists to deal with scales they have probably never worked on before, and which transforms us into unwitting, temporary spectators of their photographic projects.

Organiza
Palibex y PHotoESPAÑA

PHE & FOTOSEPTIEMBRE

Septiembre 2024

FOTOSEPTIEMBRE | Festival Internacional de Fotografía de México, iniciativa surgida en 1993, celebra cada dos años el mes de la fotografía en México. En este 2024, el festival, con sede principal en el Centro de la Imagen, pone en marcha su decimoquinta edición con un programa de exposiciones y actividades que cuenta con España y Jalisco como país y estado invitados, respectivamente.

Bajo la temática de "archivo y memoria", esta edición profundiza en las formas de interpretar, narrar, conservar y olvidar historias propias abordando el papel de la fotografía y la imagen en las prácticas y usos del archivo, a la vez que se analizarán las políticas de la memoria.

La participación de España como país invitado es posible gracias al apoyo de la Embajada de España en México, a través del Centro Cultural de España, con la colaboración de PHotoESPAÑA y del Festival Panoràmic en el desarrollo de parte de la propuesta curatorial.

Desde PHotoESPAÑA presentamos dos propuestas expositivas a cargo de las autoras Ana Teresa Ortega e Ira Lombardía que se podrán ver a partir de septiembre en el Centro de la Imagen y el Centro Cultural de España en México respectivamente. Además, una tercera exposición ofrecerá un recorrido por las portadas de las guías oficiales de PHotoESPAÑA en sus 27 años de historia.

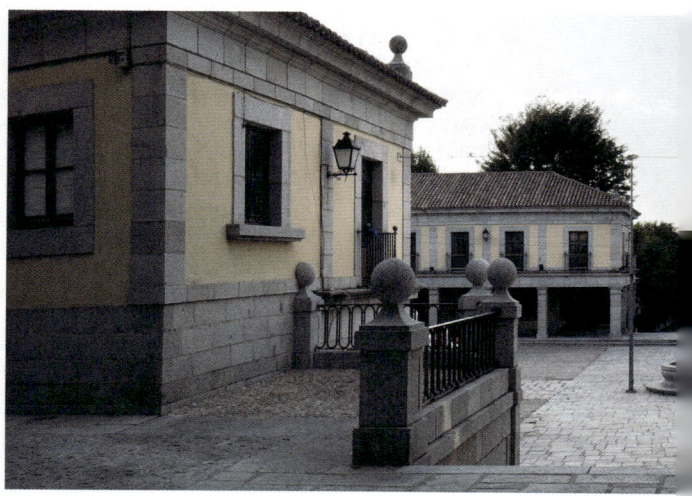

FOTOSEPTIEMBRE | Festival Internacional de Fotografía de México, an initiative that began in 1993, celebrates the month of photography in Mexico every two years. This year, 2024, the festival, whose main venue is the Centro de la Imagen, is launching its fifteenth edition with a programme of exhibitions and activities with Spain and Jalisco as guest country and state, respectively.

Focused on the theme of «archive and memory», this edition delves into the ways of interpreting, narrating, conserving and forgetting one›s own histories, addressing the role of photography and the image in the practices and uses of the archive, while also analysing the politics of memory. Spain's participation as guest country is possible thanks to the support of the Spanish Embassy in Mexico, through the Centro Cultural de España, with the collaboration of PHotoESPAÑA and the Festival Panoràmic in the development of part of the curatorial proposal.

PHotoESPAÑA presents two exhibition proposals by the authors Ana Teresa Ortega and Ira Lombardía, which will be on view from September at the Centro de la Imagen and the Centro Cultural de España en México respectively. In addition, a third exhibition will offer a journey through the covers of the official guides of PHotoESPAÑA in its 27 years of history.

Ana Teresa Ortega
Brunete (Madrid ,1936 – 1945), de la serie
Cartografías silenciadas, 2006 – 2014
© ANA TERESA ORTEGA

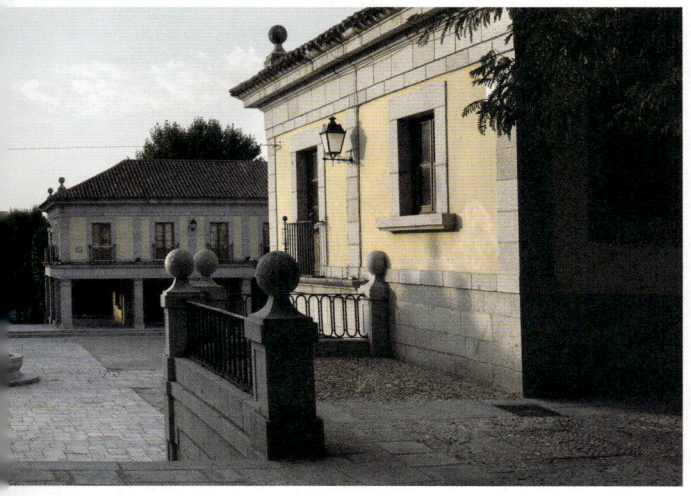

Premio PHotoESPAÑA

Desde su nacimiento en 1998, el Festival reconoce en cada edición la trayectoria profesional de grandes fotógrafos contemporáneos. En 2024, el Premio PHotoESPAÑA es para el ucranio **Boris Savelev**, un artista cuya mirada se formó en la extinta Unión Soviética.

Savelev nació en 1947 en Chernivtsi, Ucrania, y emergió a mediados de la década de 1970 como parte de un grupo de fotógrafos que trabajaban de forma independiente, fuera del sindicato oficial de fotógrafos. No tenían ningún mercado ni lugar alguno donde mostrar sus trabajos, excepto entre ellos mismos. Cuando se materializó la Perestroika, marchantes de Estados Unidos y Europa vieron una oportunidad y recorrieron Moscú y San Petersburgo en busca de "voces auténticas". *Ciudad secreta: fotografías de la URSS de Boris Savelev* (Thames y Hudson, 1988), fue fruto de ese impulso. Fue la primera monografía que apareció en Occidente dedicada a un fotógrafo no oficial de la Unión Soviética.

Su pasión por la fotografía se ha mantenido intacta desde entonces. Trabaja principalmente en las calles, temprano en la mañana, aprovechando la luz transformadora del amanecer. A veces fotografía al anochecer, cuando la luz mortecina del sol infunde a todo una intensidad melodramática. No busca imágenes sensacionales, sino momentos en los que detalles sutiles revelan la poética de la experiencia humana compartida.

Ciertas ciudades aparecen como elementos centrales de su biografía: Chernivtsi, Moscú, Wuppertal, Londres... Boris Savelev y su esposa, Natalia, huyeron de Ucrania al comienzo de la guerra y se refugiaron en Madrid. Se trasladaron a Galicia en 2023 y en la actualidad residen en Vigo.

PHE 23
Edward Burtynsky

PHE 22
Susan Meiselas

PHE 21
Isabel Muñoz

PHE 20
Fotoperiodismo español
Premio Especial PHE
Rosa Ros

PHE 19
Donna Ferrato

PHE 18
Samuel Fosso

PHE 17
Cristina García Rodero

PHE 16
Harry Gruyaert

PHE 15
Paz Errázuriz

PHE 14
Ramón Masats

PHE 13
Bernard Plossu

PHE 12
Alberto García-Alix

PHE 11
Thomas Ruff

Ever since it was founded in 1998, in every edition the Festival recognises the career of great contemporary photographers. In 2024, the PHotoESPAÑA Award is for the Ukrainian **Boris Savelev**, an artist whose eye was trained in the now-defunct Soviet Union.

Savelev was born in Chernivtsi, Ukraine, in 1947 and emerged in the mid-1970s as part of a group of photographers working independently, outside the official photographers' union. They had no market and nowhere to show their work except among themselves. When Perestroika came about, dealers from the United States and Europe saw an opportunity and travelled to Moscow and Saint Petersburg in the quest for 'authentic voices'. *Secret City: Photographs of the USSR* by Boris Savelev (Thames and Hudson, 1988) was the outcome of this effort. It was the first monograph on an unofficial photographer from the Soviet Union to appear in the West.

His passion for photography has remained intact since then. He primarily works on the streets, early in the day, taking advantage of the transformative early morning light. Sometimes he takes pictures in the evening, when the fading sunlight infuses everything with a melodramatic intensity. He does not seek sensational images but moments in which the subtle details reveal the poetics of shared human experience.

Certain cities are core elements in his biography, like Chernivtsi, Moscow, Wuppertal and London. Boris Savelev and his wife, Natalia, fled from Ukraine at the start of the war and took refuge in Madrid. They moved to Galicia in 2023 and currently live in Vigo.

PHE 10
Graciela Iturbide

PHE 09
Malick Sidibé

PHE 08
Martin Parr

PHE 07
Robert Frank

PHE 06
Hiroshi Sugimoto

PHE 05
William Klein

PHE 04
William Eggleston

PHE 03
Helena Almeida

PHE 02
Nan Goldin

PHE 01
Duane Michals

PHE 00
Chema Madoz

PHE 99
Luis G. Palma

PHE 98
Josef Koudelka

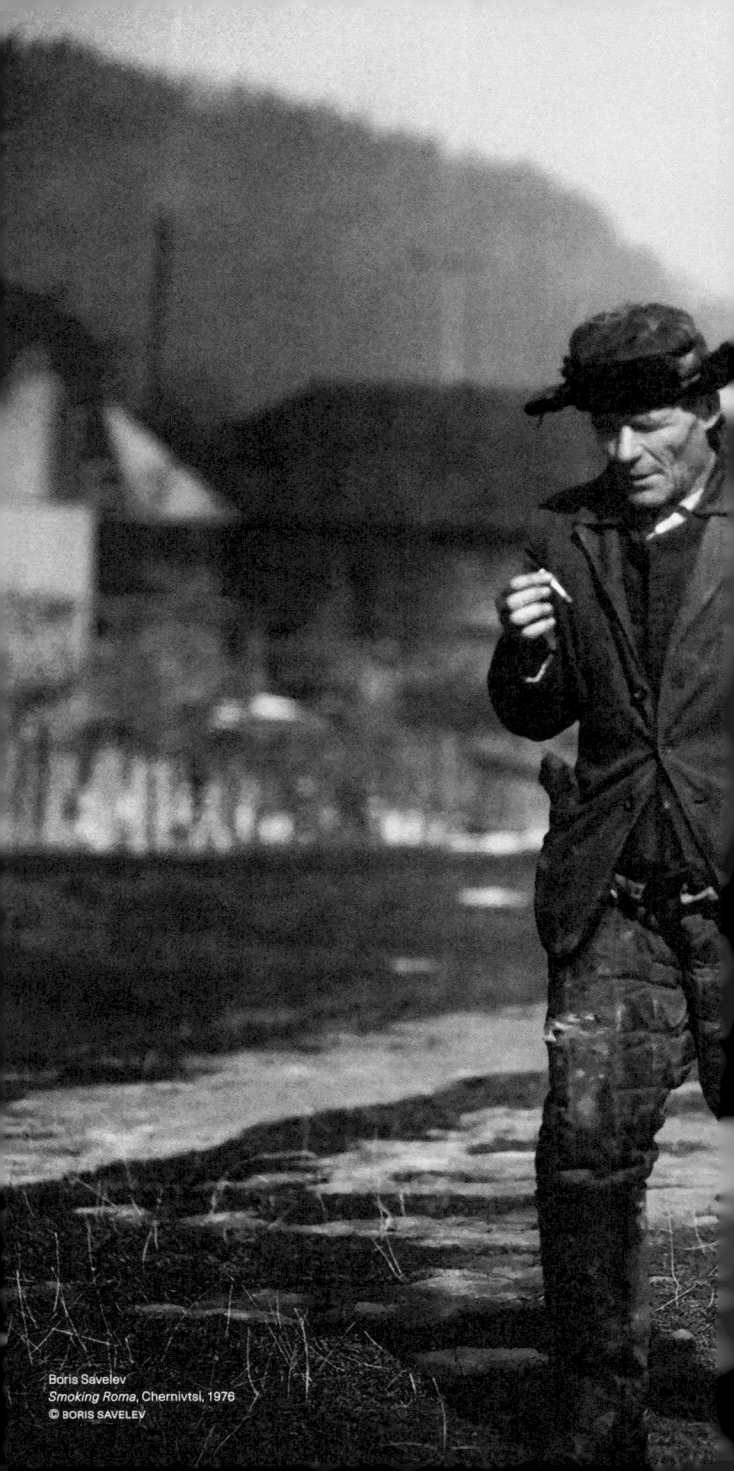

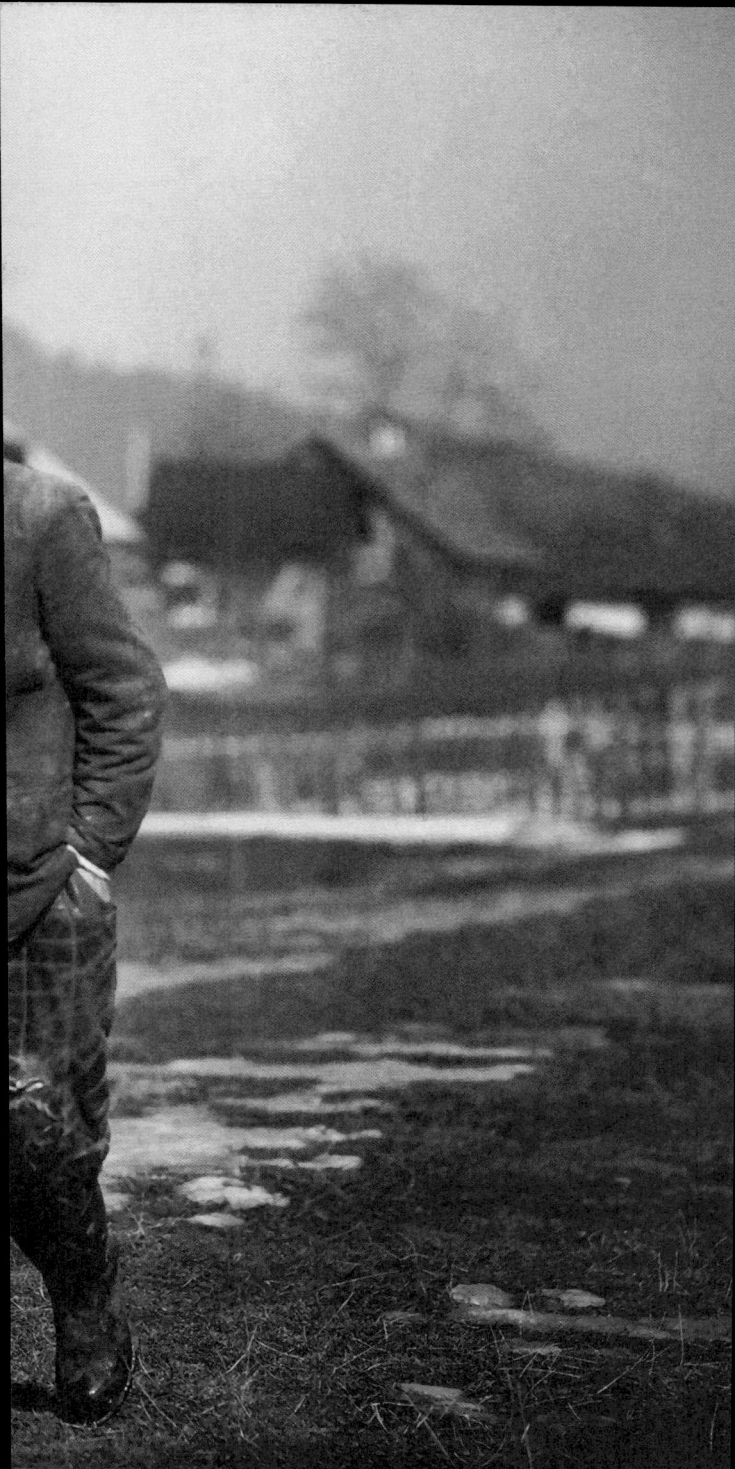

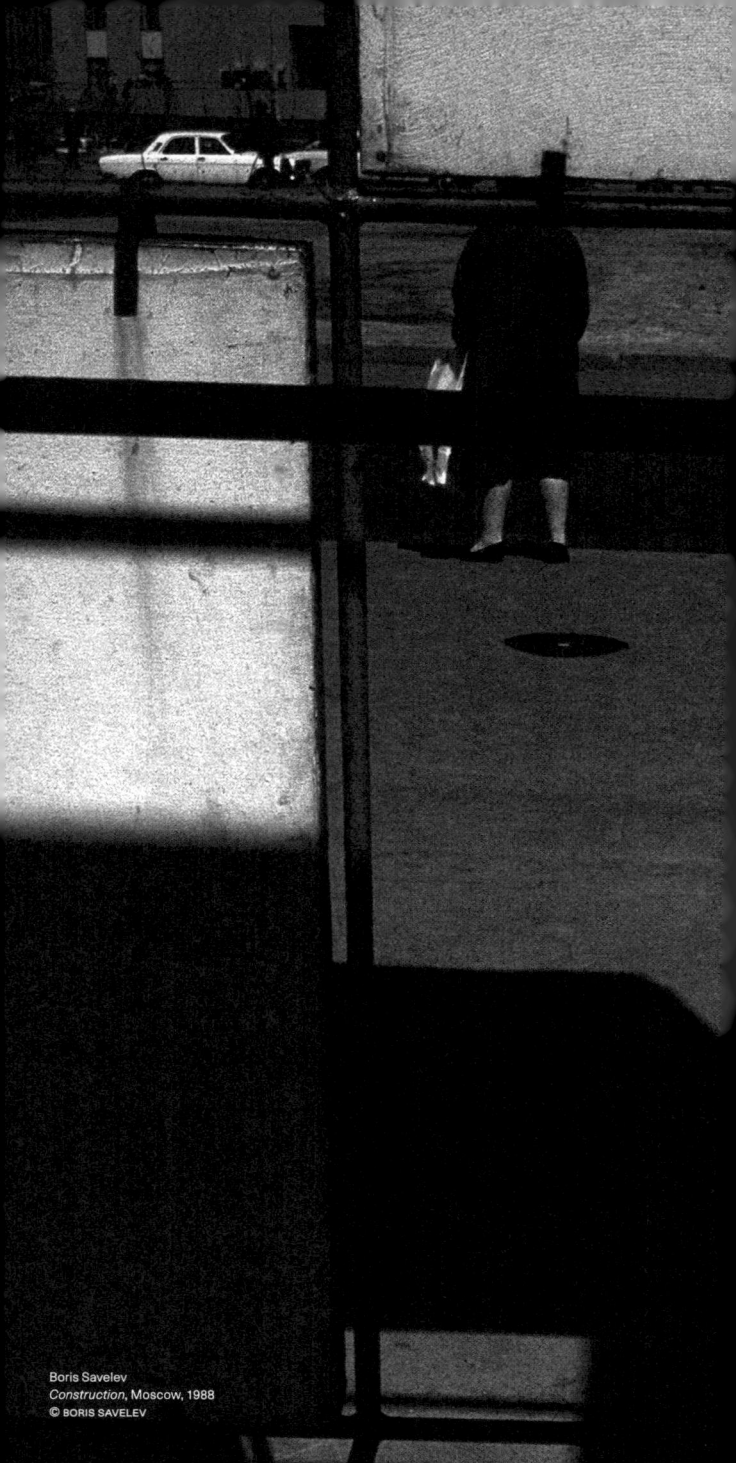

Boris Savelev
Construction, Moscow, 1988
© BORIS SAVELEV

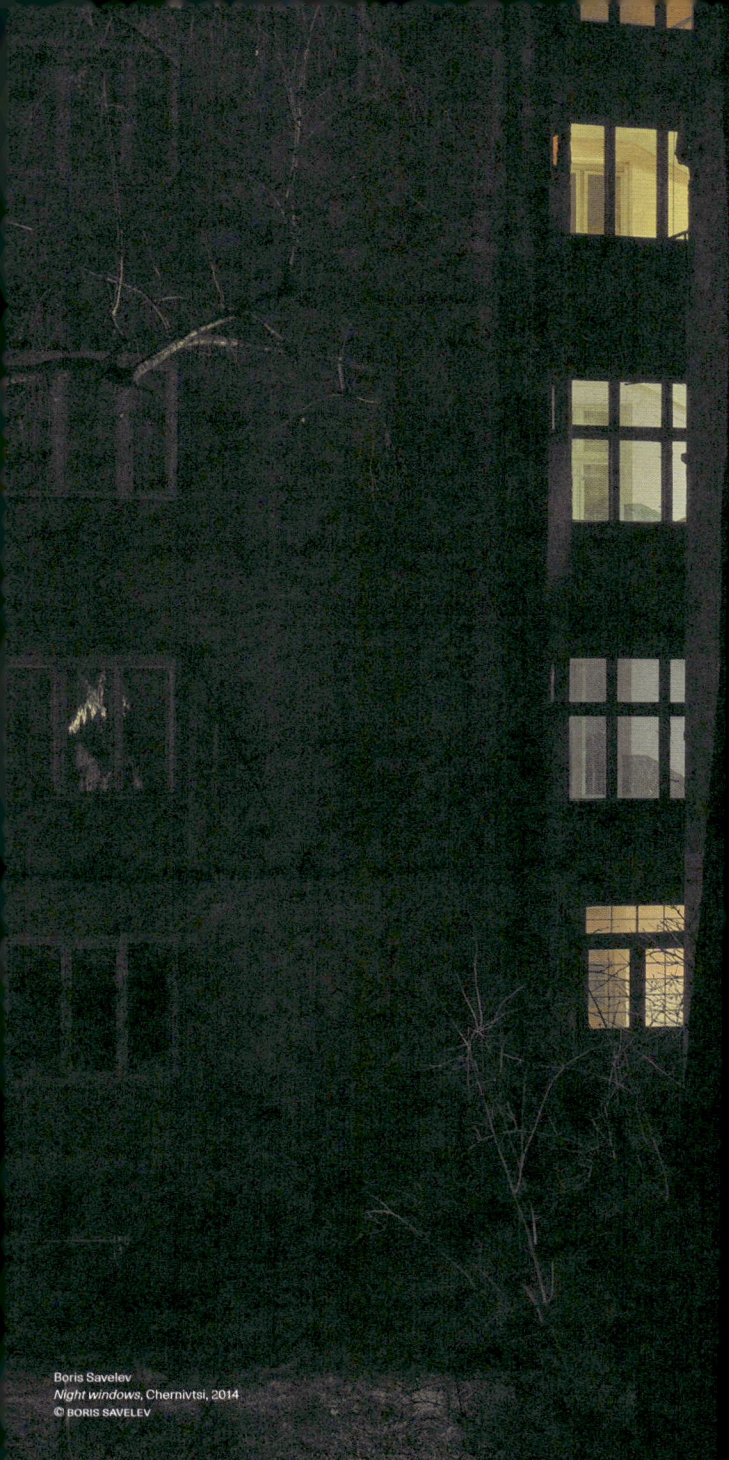

Boris Savelev
Night windows, Chernivtsi, 2014
© BORIS SAVELEV

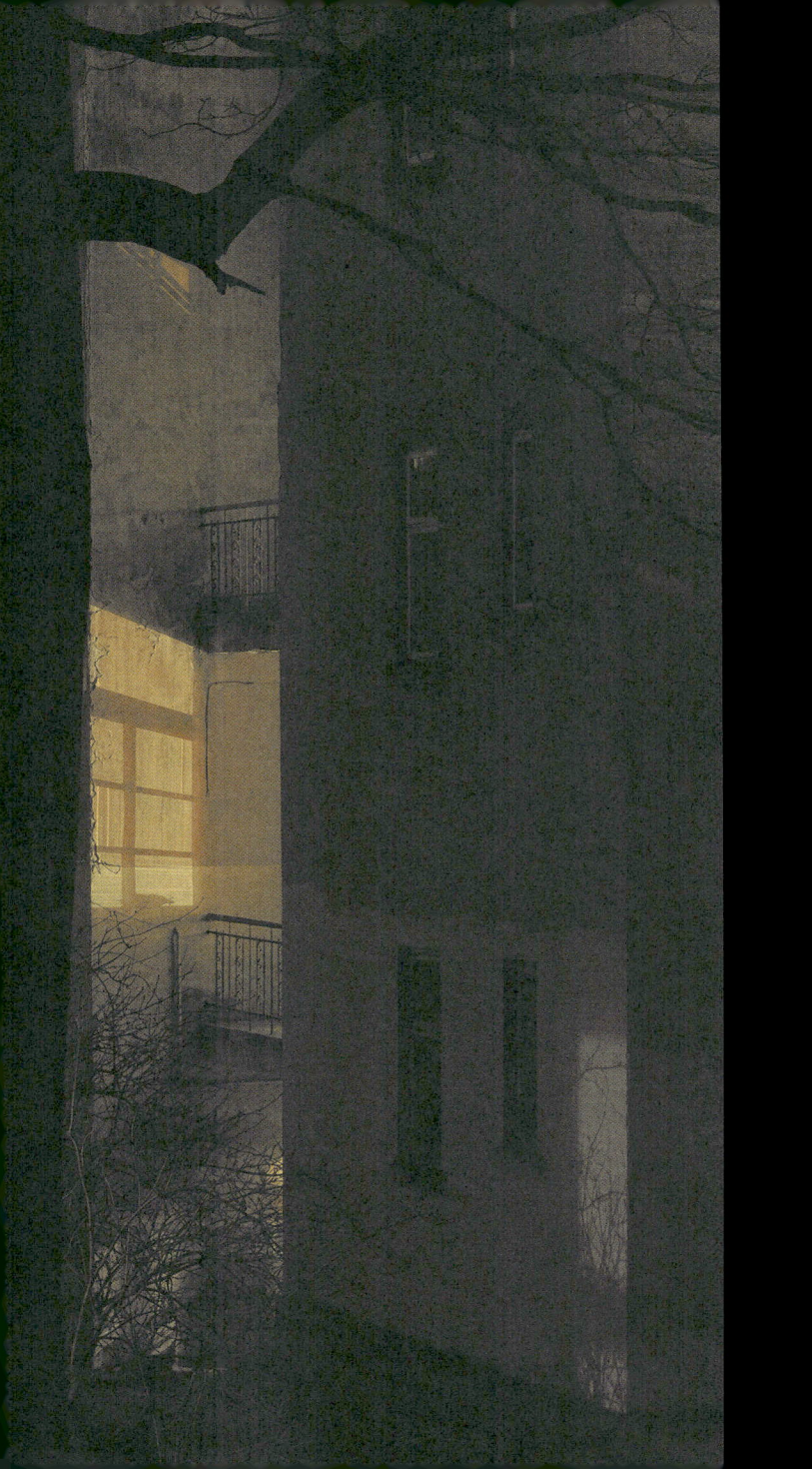

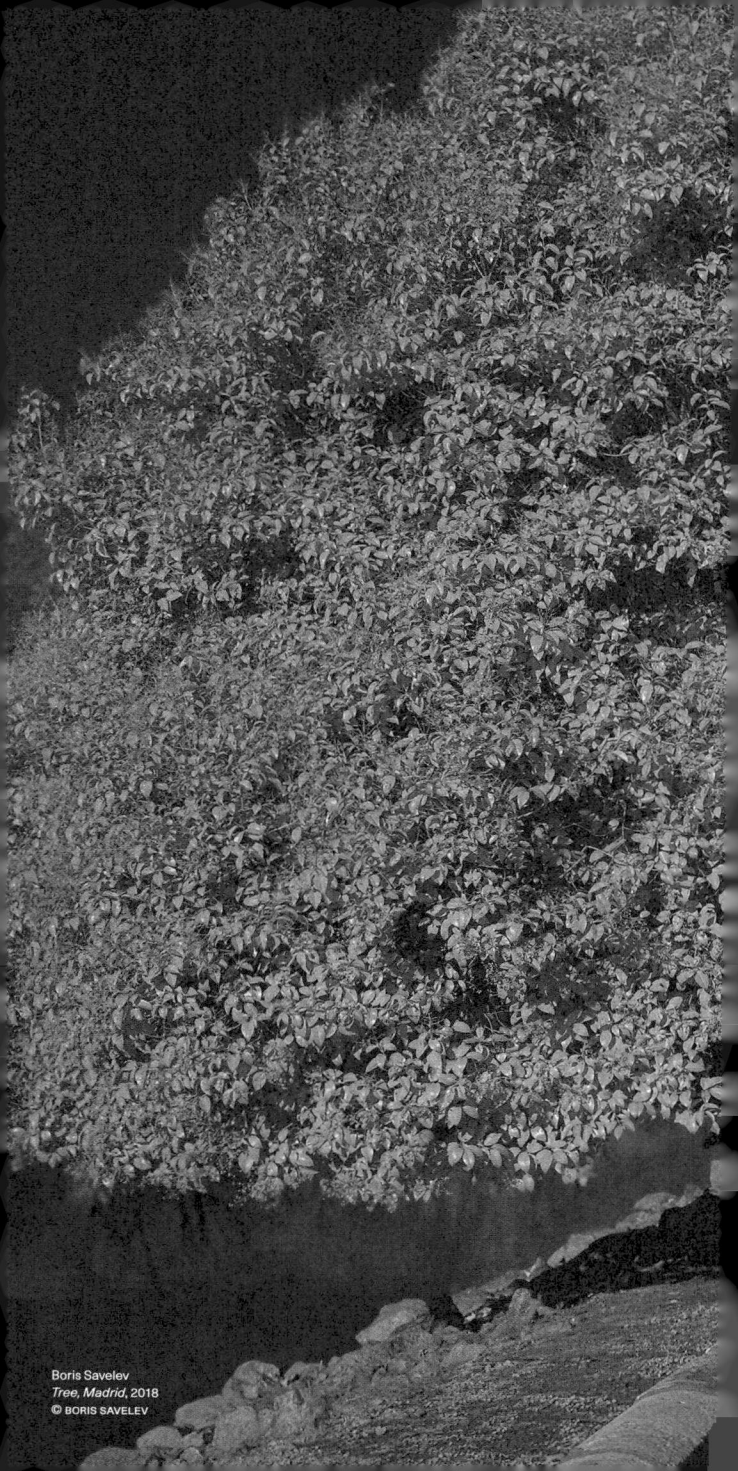

Boris Savelev
Tree, Madrid, 2018
© BORIS SAVELEV

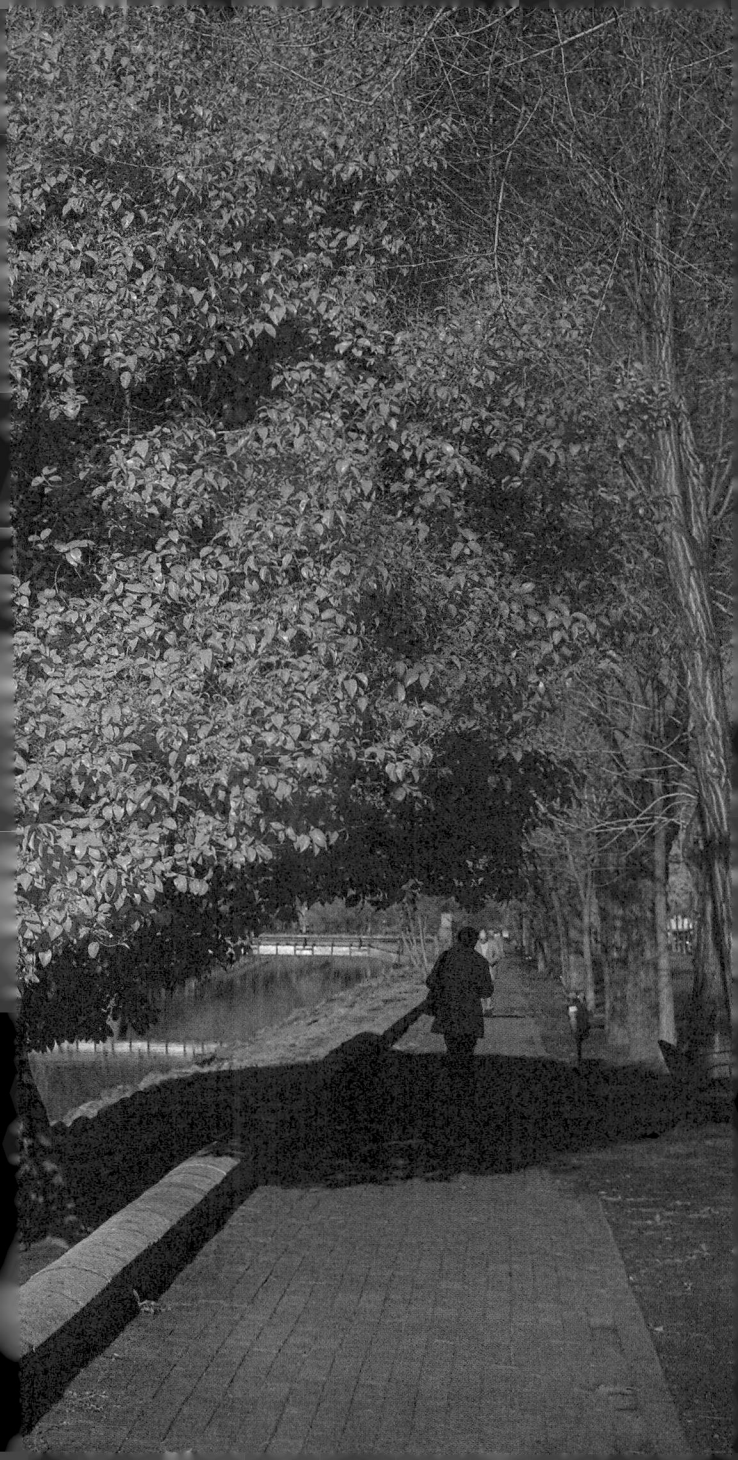

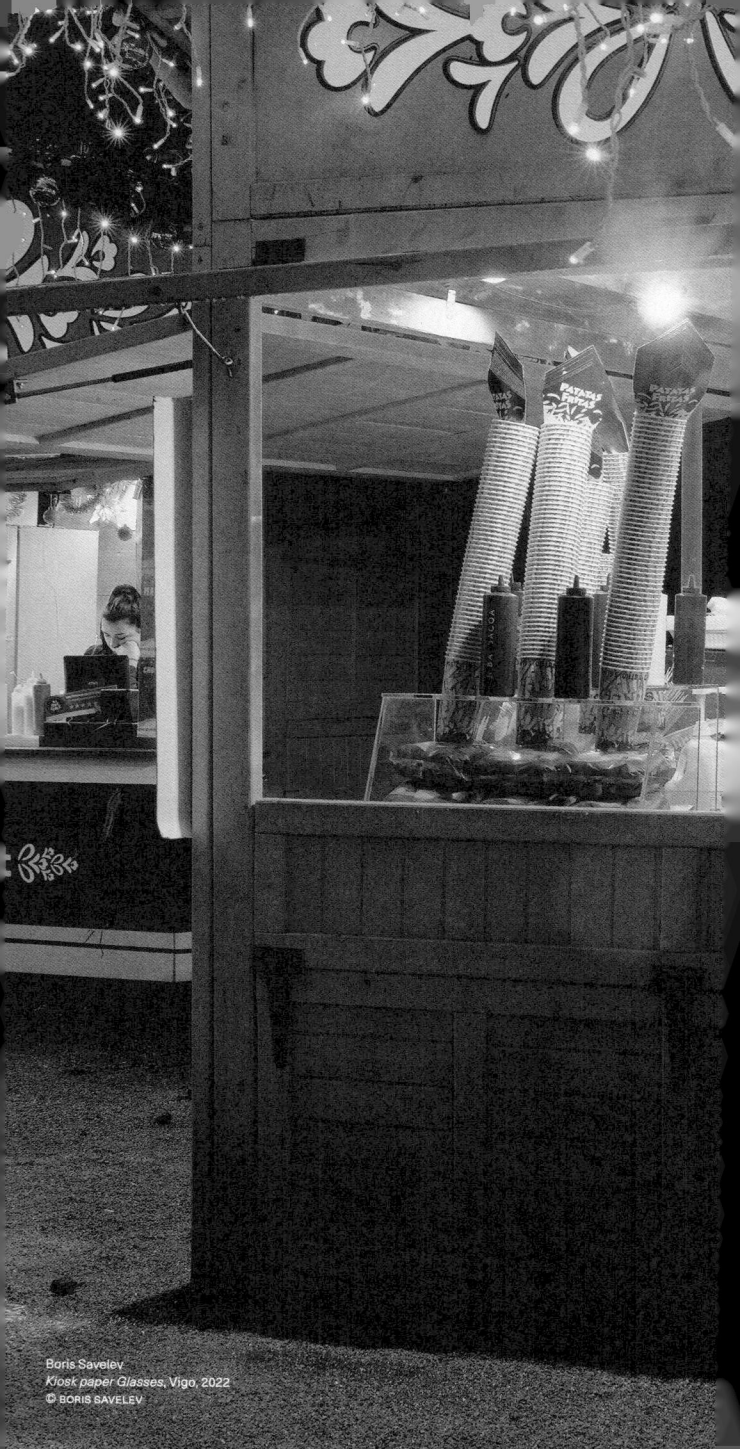

Boris Savelev
Kiosk paper Glasses, Vigo, 2022
© BORIS SAVELEV

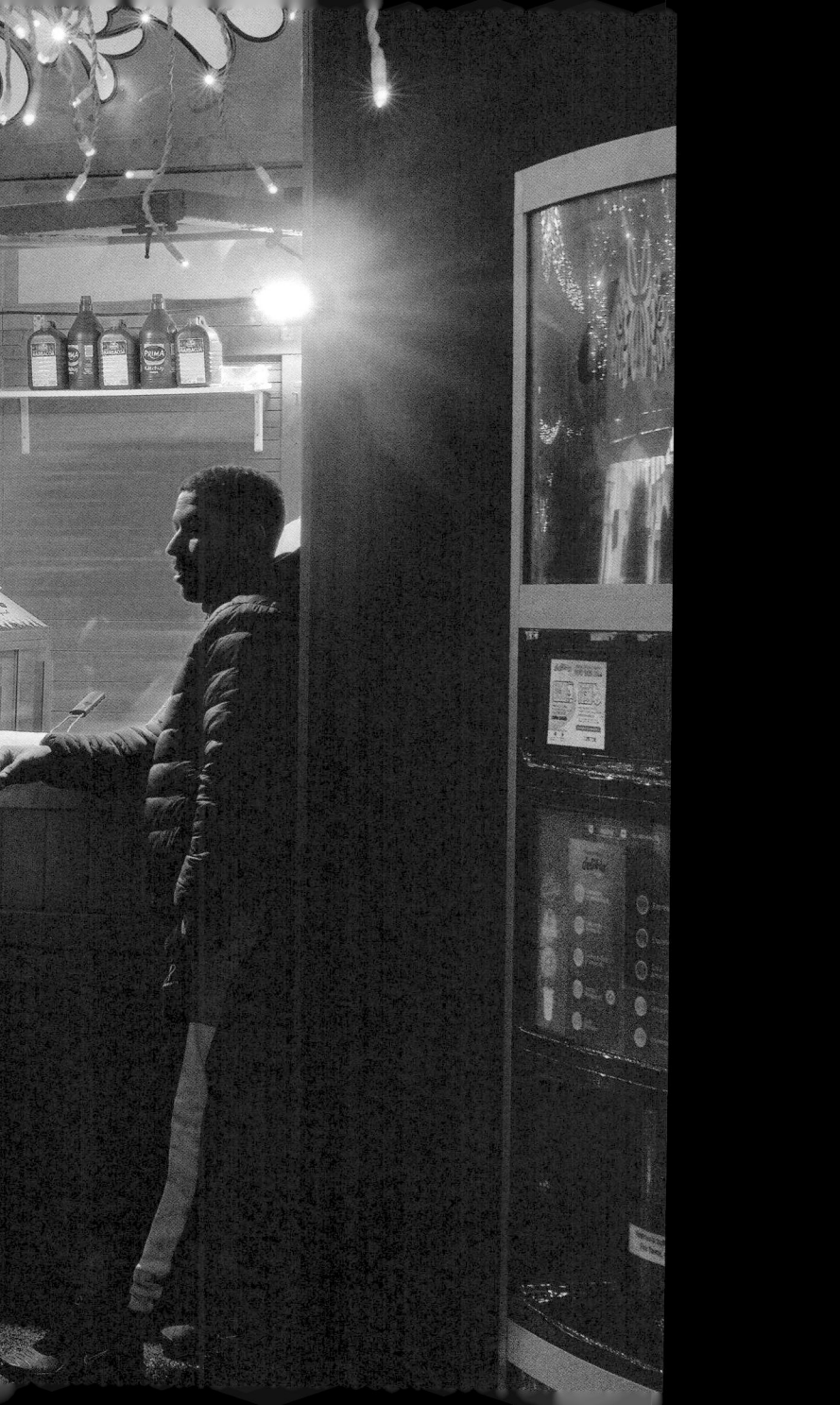

Publicaciones

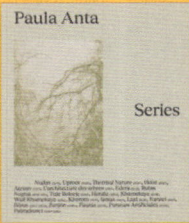

Paula Anta
Series

LA FÁBRICA
40€

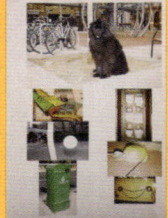

Ricardo Cases
El ficus del parterre

GVA CONSORCI MUSEUS
25€

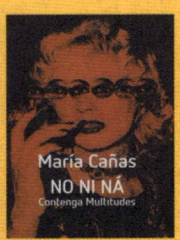

María Cañas
NO NI NÁ. Contenga multitudes

TEA TENERIFE ESPACIO DE LAS ARTES
16€

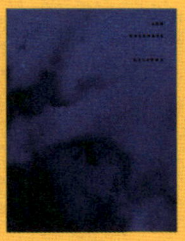

Jon Cazenave
Galerna

DALPINE/ATELIER EXB
42€

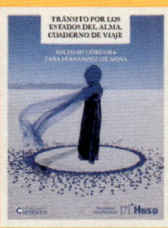

**Soledad Córdoba
y Zara Fernández de Moya**
Tránsito por los estados del alma.
Cuaderno de viaje

EDICIONES HUSO Y CUMBRES
CONSULTAR PRECIO EN PUNTO DE VENTA

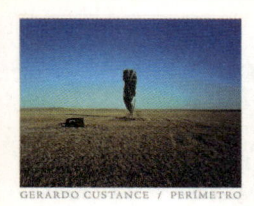

Gerardo Custance
Perímetro

EXIT EDICIONES
19€

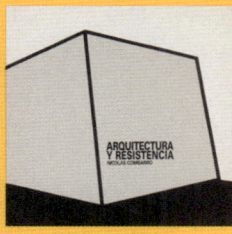

Nicolás Combarro
Arquitectura y resistencia

CABEZA DE CHORLITO
20€

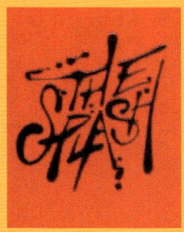

Jon Gorospe
The Splash

PERIPATETIC STUDIES
18€

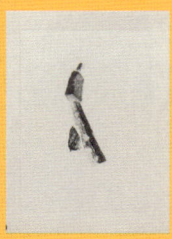

Antonio Guerra
La luz que nos ciega

DALPINE
25€

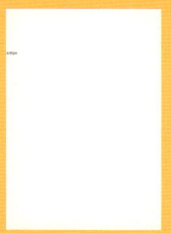

Álvaro Laiz
The Edge

MUSEO UNIVERSIDAD DE NAVARRA
69€

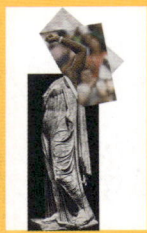

**Ira Lombardía, Jesús Alcaide
y Jon Snyder**
Impudens Venus

METEORO EDITIONS
20€

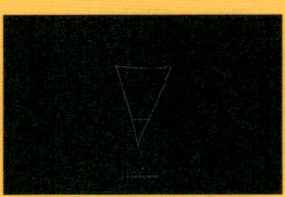

Alejandro Marote
A

EDITORIAL RM
45€

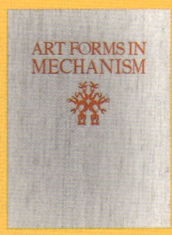

Linarejos Moreno
Art Forms in Mechanism

TURPÍN
55€

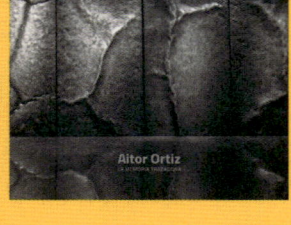

Aitor Ortiz
La memoria trazadora

MUSEO UNIVERSIDAD DE NAVARRA
29€

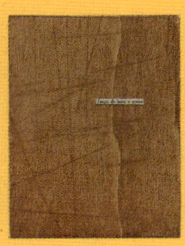

Juanan Requena
Juego de luna y arena

BOEK VISUAL
CONSULTAR PRECIO EN PUNTO DE
VENTA

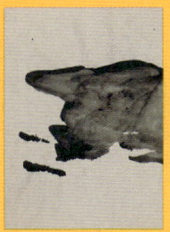

Irene Zottola
Ícaro

EDICIONES ANÓMALAS Y COMUNIDAD
DE MADRID
28€

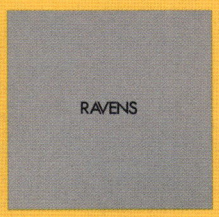

Masahisa Fukase
Ravens

MACK (facsímil de la primera edición)
85€

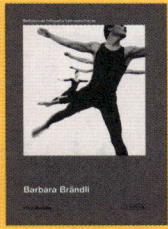

Barbara Brändli
Colección PHotoBolsillo

LA FÁBRICA
14,50€

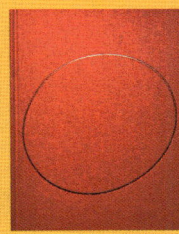

Laura San Segundo
El recinto circular

DISPARA / COMUNIDAD DE MADRID
35€

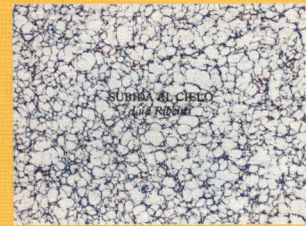

Lúa Ribeira
Subir al cielo

DALPINE
52€

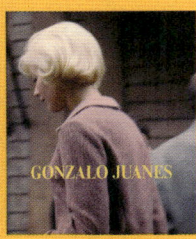

Gonzalo Juanes
Una incierta luz

LA FÁBRICA
38€

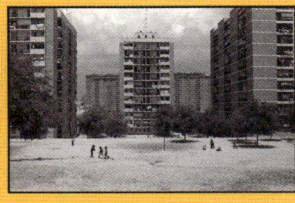

Javier Campano
Barrios. Madrid 1976 - 1980

LA FÁBRICA
36€

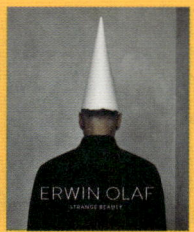

Erwin Olaf
Strange Beauty

HATJE CANTZ VERLAG
45€

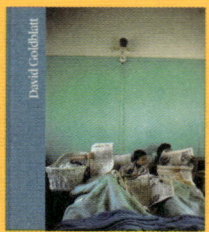

David Goldblatt
David Goldblatt : no ulterior motive

FUNDACIÓN MAPFRE
39,90€

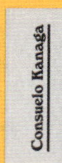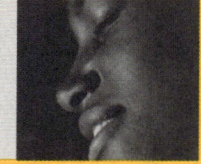

Consuelo Kanaga
Atrapar el espíritu

FUNDACIÓN MAPFRE
Y BROOKLYN MUSEUM
39,90€

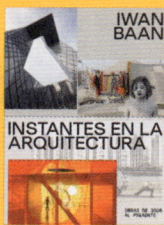

Ewan Baan
Instantes en la arquitectura

LA FÁBRICA Y FUNDACÓN ICO
40€

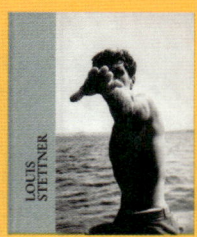

Louis Stettner, Sally Martin Katz, David Campany, Karl Orend y James Iffland
Louis Stettner

FUNDACIÓN MAPFRE
39,90€

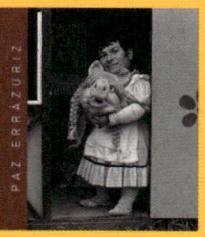

Juan Vicente Aliaga, Gerardo Mosquera y Paulina Varas
Paz Errázuriz

FUNDACIÓN MAPFRE
39,90€

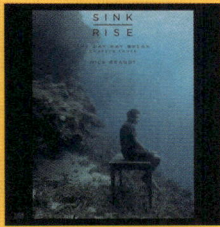

Nick Brandt
SINK / RISE. The Day May Break
– Chapter Three

HATJE CANTZ VERLAG
CONSULTAR PRECIO EN PUNTO DE VENTA

David Jiménez y Bob Colacello
New York Memories

IVORYPRESS
35€

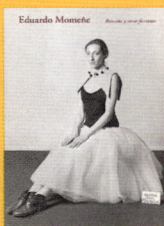

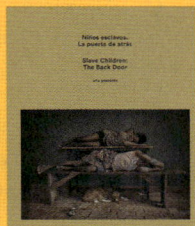

Eduardo Momeñe
Retratos y otras ficciones

CÍRCULO DE BELLAS ARTES
29,50€

Ana Palacios
Niños esclavos. La puerta de atrás

LA FÁBRICA
30€

Equipo

Edición

LA FABRICA

César Martínez-Useros
Director de La Fábrica Editorial

Camino Brasa
Directora editorial

Miriam Querol
Coordinadora editorial

Raúl Muñoz
Director de distribución

La Fábrica
Verónica, 13. 28014 Madrid
+ 34 913 601 320
info@lafabrica.com
www.lafabrica.com

Studio Fernando Gutiérrez
Diseño gráfico

gráfica futura
Diseño y maquetación

Art in Translation
Traducción

Brizzolis
Impresión y encuadernación

La tipografía utilizada en este libro
es Neue Haas Unica y ha sido
impreso en papel Munken Lynx
de 100 g. en el interior y cartulina
estucada de 250 g. en cubierta.

© La Fábrica 2024
© de los textos: sus autores
© de las imágenes: sus autores
© de las reproducciones
autorizadas, VEGAP, Madrid, 2024
ISBN: 978-84-10024-35-9
Depósito Legal: M-12056-2024

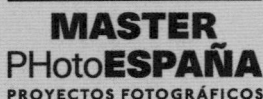

MASTER
PHotoESPAÑA
PROYECTOS FOTOGRÁFICOS

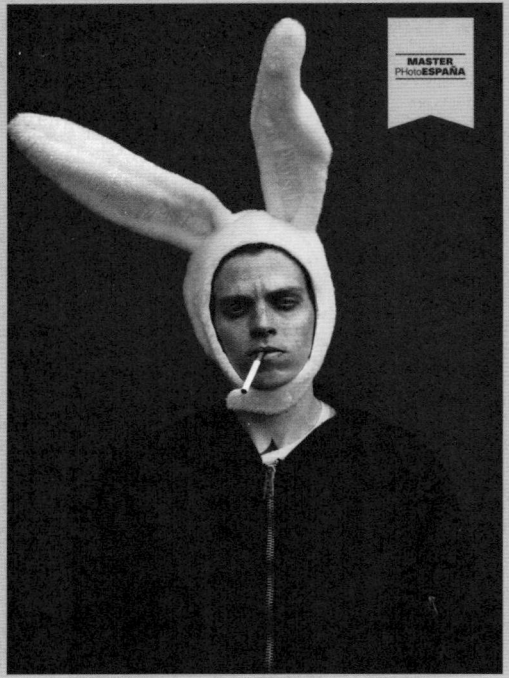

Te ofrecemos la oportunidad de dar forma a tu proyecto de autor y presentarlo en el marco del **Festival PHotoESPAÑA.**
Concreta un ensayo fotográfico de calidad y su estrategia de publicación, exposición y difusión.
Artistas, comisarios y editores te acompañarán en la producción de tu obra desde su concepción hasta su exposición en la próxima edición del Festival.

Reserva tu plaza:

formacion@lafabrica.com +34 674658751
Más información para las convocatorias 2024 - 2025
https://master.phe.es/

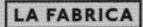   FUNDACIÓN CONTEMPORÁNEA

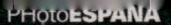

¿QUÉ MIRAS?

Una serie documental
de PHotoESPAÑA y CaixaForum+
en colaboración con Magnum Photos
para aprender a leer imágenes

NOTAS

PHE²⁴